Worship and Spirituality

예배와 영성

최창국 지음

성경에 충실하고 문화에 적절한 통전적 예배 디자인

기독교 예배는 계시와 응답의 통전적 예술이다.
계시와 응답으로 넘치는 예배는 말씀으로 넘쳐야 한다.
말씀으로 넘치는 예배는 설교보다 넓고 크다.

기독교문서선교회

기독교문서선교회(Christian Literature Center: 약칭 CLC)는 1941년 영국 콜체스터에서 켄 아담스에 의해 시작되었으며 국제 본부는 미국의 필라델피아에 있습니다.

국제 CLC는 59개 나라에서 180개의 본부를 두고, 약 650여 명의 선교사들이 이동도서차량 40대를 이용하여 문서 보급에 힘쓰고 있으며 이메일 주문을 통해 130여 국으로 책을 공급하고 있습니다.

한국 CLC는 청교도적 복음주의 신학과 신앙서적을 출판하는 문서선교기관으로서, 한 영혼이라도 구원되길 소망하면서 주님이 오시는 그날까지 최선을 다할 것입니다.

Worship and Spirituality

Written by
Chang-Kug Choi

Korean Edition
Copyright © 2017 by Christian Literature Center
Seoul, Korea

저자 서문

하나님을 경외하는 마음은 신앙의 출발이요 신학의 목적이다. 사람들이 기독교에 귀의하게 되는 동기는 다양하다. 어떤 사람은 인간관계 때문에 기독교를 찾기도 하고, 어떤 사람은 고통 때문에 기독교를 찾기도 하고, 어떤 사람은 실질적인 필요를 채우기 위해 기독교를 찾기도 한다. 하지만 분명 기독교는 실용주의적 차원을 넘어선 진리요 복음이다. 현대인들은 무엇이든 실용주의적인 차원에서 모든 것을 바라보려는 마음을 가지고 있다. 현대 그리스도인들도 기독교를 믿는 목적이 어떻게 그리고 얼마나 삶에 유익한지에 초점이 맞추어져 있음을 본다. 실용주의적 문화는 이득을 사랑하는데 있지만, 하나님의 공동체는 하나님과 이웃을 사랑하는 데 있다. 기독교는 실용주의적 문화를 넘어 하나님의 마음으로 사람들을 조율하여 삶의 리듬을 회복시키는 공동체이다.

하나님이 우리를 부르시고 대화하시며 조율하시는 시간이 바로 예배이다. 예배는 실용주의적 문명을 뛰어넘는 삶의 예술이다. 예배는 소유가 아니라 존재를 사랑하게 하며 지배가 아니라 나눔의 장이기 때문이다. 기독교 공동체의 영성과 활력은 예배로부터 나온다. 예배는 하나님이 함께 하시고 함께 춤추시고 영광을 받으시고 돌보시는 구원의 축제이기 때문이다.

하나님에 대한 신앙과 신학이 지적으로 탁월할지라도 하나님의 진리와 신비에 눈뜨지 못하고 경외심이 없다면, 그런 신앙과 신학은 우상숭배로 전락할 수 있다. 참된 신앙과 신학은 하나님의 마음과 신비를 대면하여 경외심으로 승화되어야 한다. 최고의 신앙과 신학은 지적인 신앙과 신학이 아니라 하나님을 예배하는 신앙과 경배신학이다. 예배의 기쁨이 없는 신앙과 경배가 배제된 신학은 생명력을 상실한 신앙이요 죽은 신학이다. 바울은 하나님을 예배하지 않는 것이야말로 모든 타락과 파괴의 원인이 된다고 밝힌다. 그는 이렇게 말한다. "하나님을 알되 하나님으로 영화롭게도 아니하며 감사치도 아니하고 오히려 그 생각이 허망하여지며 미련한 마음이 어두웠나니"(롬 1:21). 인간은 하나님을 영광스럽게 하지 않으면 자기가 곧 하나님이 된다. 자신의 믿음에 대해 무지해지고 다른 사람에 대해 비정해진다.

기독교 예배는 계시와 응답의 통전적인 예술이다. 계시와 응답으로 넘치는 예배는 말씀으로 넘쳐야 한다. 말씀으로 넘치는 예배는 설교보다 넓고 크다. 예배는 단지 설교를 수동적으로 듣는 것이 아니라 전인을 드리는 행위이다. 예배는 성령의 능력으로 예수 그리스도를 통하여 이루어지는 하나님을 향한 능동적인 움직임이다. 하나님을 향한 능동성으로 충만한 예배는 단지 수동적으로 설교 듣는 것을 넘어 말씀이 낭독되고, 전해지며, 노래되고, 기도되고, 예물이 봉헌되고, 보여진 말씀을 본다. 모든 요소들이 예배로 넘칠 때 지적인 예배를 넘어 말씀으로 충만한 예배가 된다. 예배는 하나님을 영화롭게 하고 우리를 양육한다.

성경 낭독은 설교를 위한 것이 아니다. 성경 낭독은 그 자체로 중요한 예배 요소이다. 예배로 넘치는 성경 낭독은 하나님의 음성으로 넘친다. 예배로 넘치는 성경 낭독은 말씀을 들으며 감사와 경배로 넘친다. 예배는 하나님에 대해서 배우는 시간이기보다는 하나님으로부터 듣는 시간이다. 예배에서 성경 낭독이 정당한 위치로 되돌아갈 수 있도록 새로운 예배 개혁이 필요하다.

설교는 예배에서 매우 중요한 역할을 한다. 하나님은 설교를 통해 말씀하시고 사람들을 세우고 변혁시키는 방법으로 사용해 오셨다. 때문에 설교는 하나님의 나라에서 대단히 중요한 직무이다. 하지만 설교는 예배의 한 요소이지 예배의 핵심은 아니다. 설교는 하나님의 백성이 드리는 예배 전체의 영광스러운 한 줄기이다. 때문에 설교를 위한 예배가 아니라 예배를 위한 설교가 되어야 한다. 예배로 넘치는 설교가 되어야 한다.

성만찬은 하나님의 '불가시적인 은총의 가시적 형태'로 이해된다. 성만찬은 하나님의 불가시적인 은혜를 가장 잘 표현해 주는 상징일 뿐만 아니라 하나님의 은혜의 방편이다. 성만찬을 통해서 우리는 하나님의 구속의 은혜를 깨달으며 구원하시는 능력을 전수받게 된다. 성만찬은 주님의 죽으심을 기억하고 기념하는 차원을 넘어서 감사와 희생과 사랑의 제사이다. 그러므로 예배로 넘치는 성만찬은 기억과 감사와 사랑의 제사로 넘친다.

기도는 기독교 예배의 가장 독특한 특징이다. 기독교 역사에서 '기도의 법이 곧 믿음의 법이다'(*lex orandi lex credendi*)라는 경구가 있다. 이 경구는 믿음의 법과 예배의 법을 형성해 왔다. 예배를 하나님의 계시와 우리의 응답으로 이해하는 것을 우리의 정의로 삼는다면 기도는 예배 중의 예배라고 할 수 있다. 기독교 역사에서 기도는 하나님과 대화에서 가장 핵심적인 위치를 유지해 왔기 때문이다. 기도의 법이 곧 예배의 법이라고도 할 수 있다. 우리가 어떻게 기도하는가에 따라 우리의 예배의 방식이 형성된다고 할 수 있다. 예배의 많은 종류의 기도는 예배의 특성을 형성하는 역할을 한다. 기도는 예배의 이차적인 요소가 아니라 일차적인 요소이다.

찬송은 노래된 말씀이다. 찬송은 하나님이 우리에게 주신 가장 큰 선물 중의 하나이다. 찬송은 하나님을 즐거워하는 가장 복된 행위이다. 최고의 가치 있는 대상이신 하나님을 사랑하고 즐거워하는 영혼은 최고의 복락의 상태가 된다. 찬송은 찬사와 경의를 표하는 것만이 아니라 기쁨이 자연스럽게 흘러넘치는 일이기 때문이다. 예배로 넘치는 찬송은 우리가 기도와 춤으로 하나님을 노래하게 한다. 예배로 넘치는 찬송은 단순히 하나님의 은혜와 영광에 찬사를 드리는 것뿐만 아니라 우리를 리듬 있는 삶으로 나아가게 한다. 찬송은 우리를 기쁨으로 기도하게 하고 감사함으로 하나님을 경배하게 한다.

헌금은 예배의 주변적인 것이 아니다. 예배에서 헌금을 드리는 것은 마음으로 찬양을 드리는 것과 동일하게 중요한 요소이다. 예배는 단지 하나님의 이름을 입술로 부르고 귀로만 듣는 것이 아니다. 진정한 예배는 실천을 수반한다. 헌금은 실천이 결여된 예배를 예방하는 실제적인 표지이다. 헌금은 그리스도인들의 형제애의 가시적 표지이다. 하지만 헌금은 단지 가난한 사람들에게 자선을 베푸는 것만이 아니라 이 세상의 감각적 행복에 대한 절제와 영적인 의미를 담고 있다. 진정한 예배는 하나님의 백성인 우리가 이기심과 물질적인 욕망의 의지를 버리고 하나님의 마음으로 우리의 욕구를 정화하며 가난한 사람들에게 나눔과 정의를 실현하는 것을 포함한다.

본 저서는 예배로 넘치는 성경 낭독과 설교와 성만찬과 기도와 찬송과 헌금을 위해 예배의 성경적 신학적 역사적 이해뿐만 아니라 예배의 다양한 목록과 실천들을 담아내려고 노력하였다. 특히 기독교 예배의 역사에서 개신교회는 예배의 다양성과 문화화와 정의를 위해 매우 중요한 공헌을 하였다. 이는 오늘날 개신교회 예배의 풍성함과 발전을 위해 매우 중요한 지침을 제공해 준다고 할 수 있다. 개신교회는 예배의 풍성함을 위해서 예배의 내용은 협상되거나 변화될 수 없지만 실천은 상황적이라는 종교개혁의 정신을 귀하게 여기고 실천할 필요가 있다. 특히 오늘날 개신교회 예배는 감각적인 예배에서 하나님 중심적 예배로, 수동적 예배에서 참여적 예배로, 설교 중심적 예배에서 예배로 넘치는 성경 낭독과 설교와 성만찬과 기도와 찬송과 헌금의 통전적 예배로 나아가야 한다.

본 저서가 나오기까지 많은 기도와 격려와 도움을 주었던 손길을 잊을 수 없다. 개혁주의생명신학을 추구하는 백석대학교에서 가르칠 수 있도록 장을 마련해 주신 설립자 장종현 박사님께 감사드린다. 또한 학문적 격려와 도움을 아끼지 않으신 백석대학교 신학대학원 교수님들께 감사드린다. 아울러 본서를 출판하도록 도와주신 기독교문서선교회 박영호 목사님과 직원들께 감사드린다. 마지막으로 책의 집필 과정에서 기도로 힘이 되어주신 부모님과 멀리 떨어져서 있으면서도 항상 웃음과 성실함으로 힘이 되어준 사랑하는 딸 지수와 아들 은찬, 그리고 격려와 사랑으로 힘이 되어 준 아내 은심에게 고마움을 표하고 싶다.

2017년 2월
방배동에서
최창국

저자 서문 ⋯ 5

제1부 예배의 인식론적 이해
1 ◆ 예배와 인간 ⋯ 14
2 ◆ 예배와 신학 ⋯ 33

제2부 예배의 이론적 이해
3 ◆ 예배의 성경적 배경과 특성 ⋯ 52
4 ◆ 예배의 신학적 배경과 특성 ⋯ 76
5 ◆ 예배의 역사적 배경과 특성 ⋯ 106
6 ◆ 개신교회 예배 유형과 공헌 ⋯ 125

제3부 예배의 실천적 이해

7 ◆ 말씀 예전으로서의 성경 낭독 … 152

8 ◆ 말씀 예전으로서의 설교 … 172

9 ◆ 보여진 말씀으로서의 성만찬 … 192

10 ◆ 말씀 예전으로서의 기도 … 216

11 ◆ 말씀 예전으로서의 찬송 … 260

12 ◆ 드림 예전으로서의 헌금 … 293

제4부 현대 예배와 영혼의 어두운 밤

13 ◆ 현대 예배의 유형과 예전의 현대적 흐름 … 310

14 ◆ 예배와 영혼의 어두운 밤 … 334

제5부 교회력과 성례

15 ◆ 예배와 교회력 … 351

16 ◆ 예배와 성례로서의 세례 … 366

제1부

예배의 인식론적 이해

1 ◆ 예배와 인간
2 ◆ 예배와 신학

1

예배와 인간

통전적 존재로서의 인간

몸과 영혼의 이원론적 이해는 성경의 창조론에 기초된 것이 아니다. 그것은 그리스-로마의 신념에 기초되어 형성된 것이다. 그리스-로마의 신념은 영혼이 복된 상태에서 몸보다 선재했다가 나중에 조물주 신이 빚은 육체의 올무에 빠졌다고 믿는 것이 보편적이었다.[1] 하지만 기독교에서는 창조를 영혼이 선재했다가 몸에 들어간 것으로 보지 않는다. 성경은 인간이 육체적 차원과 영적 차원 등을 지닌 생명체로 하나님에 의해 창조되었다는 것을 분명히 한다.

게다가 통전적 인간 이해를 간과하는 것은 초대교회 때 복음을 단지 '지식'의 차원으로 왜곡시키고, 몸을 죄악의 발전소로 여겼던 영지주의적 기독교로 전환시키는 결과를 낳는다. 로드니 클랩은 초대교회가 싸워야 했던 영지주의를 다음과 같이 기술하였다.

> 초대교회가 싸워야 했던 가장 끈질긴 이단은 여러 형태의 영지주의였는데, 그것은 물리적 세계는 악하고 결함이 있어서 (영혼만의) 구원은 바른 지식, 즉 '그노시스'(gnosis)를 섭렵해야 이룰 수 있다는 신념이다.… 영지주의에 따르면, 죄는 영혼이나 의식이 감옥과 같은 몸속으로 '떨어지는' 것이다. 몸은 순전히 '고기'로 된 새장에 불과함으로 그것을 버리면 큰 유익이 따른다. 몸과 영혼은 불가분의 관계가 아니며, 몸이 인간됨의 본질적 요소도 아니다.[2]

하나님의 형상으로 창조된 인간은 철저하게 통전적 존재이다. 영혼과 몸은 구분은 되지만 결코 분리되지 않은 통전적 관계 안에 있는 국면들이다. 인간의 창조에 대해서 최초로 기술하고 있는 창세기 2장 7절은 분명히 인간은 통전적 존재로 창조되었다는 것을 알려준다. 하나님께서 땅의 흙으로 사람 모양을 지으시고 '생기' 또는 '생명의 호흡'(네샤마)을 불어 넣었을 때, '생명체'(네페쉬 하야: 생령, 생명체, 인간, 영혼)가 되었다(창 2:7). 여기서 생명체는 전인이다. 인간은 몸과 영혼으로 창조된 것이 아니라 전인으로 창조되었다. 통전적 생명체로 창조되었다. 통전적 생명체로 창조된 인간은 본질적으로 몸(롬 12:1), 육체(행 2:17), 영혼(시 107:7)

등으로 칭해지고 있다. 게다가 인간과 관련되어 '영'이라는 용어가 사용될 때도 몸과 대비되는 개념으로 사용되기보다는 본질적으로 정신의 성향과 상태가 가능한 인간을 의미한다고 할 수 있다. 스테이시(W. David Stacey)는 영(루아흐)과 영혼(네페쉬)을 다음과 같이 비교하여 설명하고 있다.

> 하나님과 관계에서 비추어 인간에 대한 언급을 할 때는 루아흐란 용어가 사용되는 경우가 많다....그러나 다른 사람 혹은 인간의 보통의 삶을 살고 있는 사람과 연관되어 정신상의 용어가 필요한 경우에 인간에 대해 언급할 때는 네페쉬가 사용되는 경우가 많다. 이 두 경우 모두에 전인과 관련된 개념이다.[3]

그러므로 영(루아흐)은 인간과 분리될 수 있는 부분이 아니다. 오히려 영은 전인적 인간의 어떤 한 관점을 표현하는 것으로 보아야 한다.

인간의 인격의 다양한 차원을 말하는 성경의 용어들은 서로 상관관계가 있다. 영혼(네페쉬), 정신(누우스), 혼(프슈케), 영(프뉴마), 몸(소마), 마음(카르디아) 등은 인간의 전체적 인격의 다양한 실체적 차원을 말한다. 이들 용어들은 인간의 다양한 부분(part)을 말하는 것이 아니라 다양한 차원(aspect)을 말한다. 인간은 자기의 전 존재의 다양한 차원에서 응답한다.

보다 더 구체적으로 말하면, 성경적인 인간 이해는 본질적으로 통전적인 이해를 기초로 하고 있다. 영혼, 사람, 영, 몸 등은 인간의 다양한 이름이라고 할 수 있다. 같은 성경 구절도 때로는 영혼으로 번역되기도 하고 사람으로 번역되기도 한다. KJV에서는 인간을 '영혼'으로 NIV에서는 '사람'으로 번역하고 있다. "저가 사모하는 **영혼**을 만족하게 하시며 주린 영혼에게 좋은 것으로 채워주심이로다"(시 107:9, KJV). "주님께서는 목마른 **사람**에게 물을 실컷 마시게 하시고 베고픈 사람에게 좋은 음식을 마음껏 먹게 해 주셨습니다"(시 107:7, NIV).

또한 성경은 인간을 영혼으로 번역하고 있을 뿐만 아니라 몸(롬 12:1), 육체(행 2:17) 등으로 표현한다. 성경에 등장하는 영혼, 영, 몸, 육체 등과 같은 용어들은 본질적으로 인간의 다양한 이름들 또는 국면들이라고 할 수 있다. 다시 서술하면, 인간은 몸과 영혼을 가진 존재라는 것을 설명하는데 목적이 있기보다는 인간은 다차원적 국면과 특성을 지닌 존재라는 것을 묘사하고 있다고 할 수 있다. 통전적 존재로서 인간의 다차원적인 특성은 크게 세 차원으로 정리될 수 있다. 바로 내면성, 외면성, 사회성이다.

- 인간의 내면성에 초점을 둔 인간의 이름들 또는 차원들은 영혼, 정신, 마음, 영, 혼 등이다.
- 인간의 외면성에 초점을 둔 인간의 이름들 또는 차원들은 육체, 몸 등이다.
- 인간의 사회성에 초점을 둔 인간의 이름들 또는 차원들은 영적 존재, 사회적 존재, 관계적 존재 등이다.[4]

기독교에서 '영적'(spiritual)이란 용어는 결코 몸과 대립되는 개념이 아니다. 그리스 사상에서는 영적이란 개념은 몸과 대비되는 것으로 규정되었지만, 히브리적, 성경적 '영적' 개념은 몸과 대비는 개념이 아니라 하나님과 관계 안에서 규정되는 용어이다. 하나님의 영은 인간의 다양한 차원인 몸, 영혼, 마음 모두를 '영적'이 되게 한다. 영적인 사람은 몸을 소외시키는 것이 아니라 건강하고 신령한 몸으로 돌보고 사랑한다. 영적인 사람은 하나님의 영을 받은 자이다. 영적인 사람은 죄로 인하여 하나님과의 관계가 단절이 되었던 삶이 하나님의 사랑과 은혜로 인하여 관계가 회복된 자이다.

몸으로서의 인간

전통적으로 영혼은 몸과 대립되는 개념으로 이해되어 왔다. 이러한 이해의 기원은 플라톤의 사상에 영향을 주었던 고대 그리스의 종교였던 오르페우스교(Orphic religion)였다. 오르페우스교는 영혼은 신적인 기원을 가지지만 몸은 그렇지 않은 것으로 이해했다. 여기서 영혼과 몸의 이원성이 형성되게 되고, 대립된 실체로까지 발전하게 된다. 오르페우스교의 중요한 표어는 몸은 '영혼의 무덤'(soma sema)이었다.

인간의 몸에 대한 그리스 전통의 부정적 이해는 기본적으로 현상적인 경험에서 형성되었다. 이것을 인식하는 것이 매우 중요하다. 고대 그리스인들의 이원론적 사상은 사상가에 의해서만 형성된 것이 아니다. 그들이 처한 삶의 정황과 밀접하게 관련되어 형성되었다.

일반적으로 고대 로마인들은 생활공간과 환경이 매우 취약하였다. 현대인들이 상상할 수 없을 정도로 취약하였다. 그들은 온 식구가 한 공간을 쓰면서 가축과 동거하는 경우가 많았다. 이러한 환경으로 인하여 그들은 질병에 많이 노출되었다. 그들은 치명적인 질병을 날마다 목격하였다. 고대인들은 "신체 부위를 잃은 경우가 아주 흔해서 공적인 기록에서 기형의 신체 모습과 상처로 개인의 신분을 확인할 정도였다."[5] 게다가 고대인들은 현대인들처럼 치아를 관리할 수 없었기 때문에 치아가 빠져 음식물을 씹을 수 없어 생기는 영양실조도 조기사망의 원인이 되었다. 고대인들은 이러한 환경에서 오는 고통과 사망의 원인은 몸의 연약성과 취약성 때문이라고 여기게 되었다. 그래서 그들은 몸에 대한 아름다움보다는 부정적인 인식이 형성되었다고 할 수 있다.

근대 이전의 세계에서는 인간의 수명이 훨씬 더 짧았을 뿐만 아니라 질병과 사고에 더욱 취약했다. 고대 로마세계에서 인간의 평균 수명은 30세 이하였다.[6] 때문에 인간의 몸의 연약성이 아주 뚜렷하게 부각되었다. 인간의 몸은 삶을 힘들게 하고 고통스럽게 하는 실체로 이해하게 되었다. 이러한 환경 속에서 고대의 종교와 철학은 몸에 대하여 긍정적이기 보다는 부정적인 사유를 형성하게 되었다고 할 수 있다. 나아가 몸의 고통을 극복하기 위한 방편으로 어떤 안정되고 영구적인 근원을 찾았기 때문에 몸을 이상화하는 것을 주저했다고 할 수 있다.

고대인들의 이런 환경에서 형성된 몸에 대한 부정적인 사유는 초대 그리스도인들에게도 중요한 영향을 주었다. 왜냐하면 초대 그리스도교는 그리스-로마 문화권에서 형성되었기 때문이다. 초대 그리스도인들은 현대 그리스도인들보다 몸의 취약성과 부패성뿐만 아니라 심지어 죄악의 통로로 여기기까지 하였다. 초대 그리스도인들도 현대 그리스도인들보다 취약한 신체를 날마다 생생하게 목격하였다. 때문에 몸에 대한 부정적인 사유가 형성될 수밖에 없었을 것이다. 로드니 클랩(Rodney

Clapp)은 다음과 같이 서술하였다.

> 신약성경이 쓰인 당시만 해도 그리스인 철학자든 이방인 철학자든 금욕을 철학자 본연의 태도로 여겼다. 정욕은 맑은 정신이 필요한 지식인의 명상을 방해하는 것이었다. 특히 플라톤의 추종자들은 몸을 영혼에 갇힌 무덤으로 보는 이른바 이원론으로 유명하다. 그 가운데 플로티누스라는 철학자는 몸의 존재를 너무나 부정한 나머지 부모나 생일조차 인정하지 않고 아무도 자기 초상화를 그리지 못하게 했다. 기독교가 생기기 한참 전에 로마의 의사들은 성행위를 피하면 몸이 더 건강하고 튼튼해진다고 생각했다.[7]

삶의 환경이 개선되고 자연재해로 인한 사망이 줄어들어 인간의 수명이 늘어났다. 하지만 고대인들이 처한 환경과 철학적 사유에서 형성된 몸에 대한 부정적 인식이 오랫동안 서구 사상에서 지속되었다.

고대인들의 경험과 깊이 관계되어 형성된 그리스 고대 사상은 플라톤의 사상 형성에 중요한 영향을 주었다고 할 수 있다. 이렇게 형성된 플라톤의 사상은 기독교 사상형성에서도 그 힘을 발휘하여 왔다. 영혼과 몸의 이원론적 이해는 서구 사상과 기독교 사상에서 가장 일반적으로 공유되어 왔던 것도 사실이다. 기독교 전통에서 이러한 플라톤적 인간 이해는 상당히 오랜 기간 동안 영향을 미쳐왔다.

보다 더 구체적으로 서술하면, 기독교 사상에서 하나님과 인간의 관계 문제에 대하여 상이한 이해가 있는 것은 인간의 내면세계가 다양하게 표출되는 것에서 비롯된 것이기도 하지만, 다른 한편으로는 기독교 자체 안에 있는 두 근원에서 비롯된 것이기도 하다. 하나는 히브리 사상이고, 다른 하나는 그리스 사상이다. 브린튼(Brinton)은 히브리 전통과 그리스 전통을 다음과 같이 구분하여 정리하였다.[8]

항목	전통	내용
구원	히브리	행함(doing)으로 구원이 가능
	그리스	존재(being)로 구원이 가능
목적	히브리	하나님의 뜻에 복종하는 것
	그리스	올바른 지식을 갖는 것
태도	히브리	의지의 변화
	그리스	천성의 변화
행동	히브리	현세에서 하나님께 순종
	그리스	명상 및 세속에서 물러감
하나님 나라	히브리	하나님과 인간이 결합된 사회가 언젠가 이 역사 속에 도래
	그리스	정신적 세계 안에서 우리 마음에 이미 도래
화	히브리	하나의 기적
	그리스	자연적, 필연적 완성
메시야	히브리	새로운 사회질서를 위해 역사에 나타날 것임
	그리스	하나님의 아들이 끊임없이 생성되고 있음
영감	히브리	이따금 있는 것으로서 기다려야 하는 것
	그리스	계속적으로 있는 것으로서 찾아야 하는 것
악	히브리	인간이 하나님에게 대항한 결과로 오는 것
	그리스	선보다 낮은 정도로 실재하는 것
종교	히브리	현세적인 것
	그리스	내세적인 것

브린튼은 히브리적 사유와 그리스적 사유의 영향과 관련하여, 가톨릭은 플라톤, 아리스토텔레스, 토마스 아퀴나스 등의 그리스적 사고방식에서 많은 영향을 받았다면, 개신교는 히브리적 사유에 깊이 젖어있는 루터나 칼빈의 사상에서 영향을 받았다고 하였다.[9] 기독교 사상과 신앙은 히브리 전통과 그리스 전통의 양쪽 모두에게서 영향을 받은 것은 사실이다. 그러나 분명한 것은 기독교 사상과 신앙은 구약성경에 기초되어 확립된 히브리 사상을 넘어선다. 기독교는 구약성경뿐만 아니라 신약성경에 기초하여 구속사적 사상과 신앙이 형성되었기 때문이다. 분명히 기독교적 구원은 행함(doing) 자체에 있기보다는 하나님의 사랑과 은혜에 기초하고 있기 때문에 히브리적 사유를 넘어선다.

기독교 신학에서도 이러한 플라톤의 영향으로 인하여 '인간은 몸을 가지고 있다'(Human has a body)라고 이해되어 왔다. 위대한 신학자였던 칼빈도 다른 사상가나 신학자들처럼 플라톤의 이원론에 입각하여 인간이 몸과 영혼으로 구성되었다고 생각하였다. 그는 이렇게 말한다. "인간이 영혼과 육체로 구성된다는 사실은 토론의 여지가 없다."[10] 영혼은 그에 의하여 때때로 정신으로 표현되는데, 이들은 동일한 내용으로 사용되기도 하고, 또한 그 둘이 함께 사용될 때는 영혼이 정신보다 우월한 능력과 기능을 갖는 것으로 사용되고 있기도 하다.[11] 플라톤적 사상에 기초하여 형성된 칼빈의 사상도 몸과 영혼의 통일성이나 통전성 보다는 몸에 대한 영혼의 우위성에 기초되어있다고 할 수 있다.

중요한 것은 구약성경에서 '몸'으로 번역된 히브리어 '바사르'(basar)는 뼈나 살을 의미하는 것이 아니라 형태화된 인간 자체이다. 클러렌스 베스(Clarence Bass)는 몸을 나타내는 구약의 표현들에 대해 다음과 같이 설명한다.

몸과 영혼이 거의 혼용되고 있는데 영혼은 살아있는 존재로서의 인간을 나타내기 위해서 사용되고, 몸은 유형적인 가시적 존재로서의 인간을 나타내기 위해 사용된다....몸과 영혼의 이러한 단일성이 몇몇 저술가들로 하여금 구약은 육체적인 몸을 하나의 분별 있는 실체로 보는 시각이 결여되어 있다는 결론을 내리게 했다....그러나 보다 확실하게 말하면, 구약은 몸과 영혼을 하나의 단일체로 구성하기 위한 기능에 있어서 서로에게 스며드는 동등한 실체로 보고 있다.[12]

신약성경에서 몸은 인간의 외적인 공간의 의미로 제한되어 이해되기보다는 전인의 의미로 설명되고 있다. 로마서 12장 1절에서는 몸을 산 제사로 드리라고 말한다. 여기서 몸은 의심의 여지없이 전인을 뜻한다. 신약성경에서 말하는 몸은 하나의 객체로써가 아니라 행동하고 삶을 영위할 수 있는 가능성이고, 또한 하나님께 순종하고 불순종할 수 있는 가능성이다.

몸과 영혼은 분리된 실체로서 부분들(parts)이 아니라 통전적 존재의 다양한 국면들(aspects)로서 인간의 다양한 이름 또는 인격들이라고 할 수 있다. 때문에 인간은 몸을 가지고 있는 것이 아니라 '인간이 몸이다'(Human is a body). 몸은 인간 자신이다.

영혼으로서의 인간

구약성경에서 영혼(soul)으로 번역된 '네페쉬'는 다양한 의미를 지니고 있는 용어이다. 예를 들면, 네페쉬는 '인간에 대한 존재,' 인간과 동물 모두에 대하여 '살아있는 존재,' 총체적인 존재로서 '인간 그 자체,' '욕망의 자리,' '감정의 좌소' 등의 의미로 사용되고 있다.[13] 네페쉬는 인간이 무엇을 소유하였는지에 대한 지시용어가 아니라 인간이 무엇인가에 대한 지시용어이다. 때문에 네페쉬의 가장 바른 번역은 사람 또는 인격이라 할 수 있다.[14]

시편에서도 영혼으로 번역된 네페쉬는 인간의 내면을 말하는 내용보다는 인간 자체를 의미한다. 영혼이라고 번역된 히브리어로 네페쉬는 영혼과 육체가 분리되지 않는 하나인 인격체(person)이며 존재 자체(self)를 의미한다.[15] 시편에 나타난 히브리어 네페쉬는 주로 '영혼'(soul)이라고 번역되어 있는데 이는 실제로 '나 자신,' '나의 존재'를 뜻한다.[16]

영혼이란 용어는 때로 인간의 외모와 외부의 속성 등을 포함하여 전인격을 뜻하기도 한다. 그리고 심지어 시체를 뜻할 수도 있다(레 21:1; 민 5:2 등). 인간은 영혼이고 동시에 몸(basar)이다. 인간은 정신적인 것과 육체적인 것의 합성물이 아니다. 몸도 곧 영혼이다. 그래서 사람을 영혼으로 말할 때와 마찬가지로 "몸도 하나님을 갈망한다"고 말한다(시 63:1; 84:3). 구약성경에서 몸과 영혼의 용어들은 부분들로서 인정하는 것이 아니라, 오직 하나의 전인으로서 말한다. 시편 기자는 말한다. "하나님이여, 주는 나의 하나님이시라. 내가 주를 찾되 물이 없어 마르고 곤핍한 땅에서 내 영혼이 주를 갈망하며 내 육체가 주를 앙모하나이다"(시

63:1). 여기서 영혼과 육체는 하나님과의 관계에서 이원론적으로 대비되는 것이 아니라 이 두 가지 실재는 부조화나 갈등 없이 하나의 유기체를 이룬다. 영혼이란 양적인 의미나 공간적인 의미로 내적인 세계에만 한정되거나 단지 정신적인 세계를 지칭하는 개념이라기보다는 질적인 의미를 지니고 있다고 할 수 있다. 인간을 몸이라는 관점에서 평가할 때도 마찬가지이다. 이때도 공간을 차지하는 보이는 의미에서의 몸이라기보다는 질적인 의미로서 하나님과 관계되어져 있는 인간 존재이다. 인간은 영혼을 가지고 있는 존재(Human has a soul)가 아니라 '인간은 영혼이다'(Human is a soul). 인간은 그 자신이 바로 영혼이기 때문이다.

몸과 정신의 구조적 차원

통전적 인간 이해는 그동안 우리가 이해해 왔던 몸과 정신 또는 영혼 기능에 대한 새로운 인식을 요구한다. 일반적으로 기독교 전통에서 몸은 본능적 차원이며 본능의 장으로 여겨왔다. 영혼 또는 정신은 본체로서 윤리적, 영적 차원을 형성하는 장으로 이해되어 온 경향이 있었다. 하지만 이러한 인식은 성경적으로나 임상적으로 바른 이해가 아니다. 몸은 본능적 차원만을 발산해내는 장이 아니다. 몸도 윤리적 차원과 영적 차원을 지닌다. 우리의 몸은 우리의 정신보다도 훨씬 정직하게 자기 언어를 발산한다. 몸의 병은 몸이 자기 권리를 주장하는 몸의 언어이다. 몸은 정직하게 돌봄을 받아야할 당위성을 병을 통해 발산한다. 병이라는 윤리적 언어로 표현한다. 때문에 몸도 윤리성을 지닌다고 할 수 있다. 게다가 몸도 영적 차원을 지닌다. 안디옥의 성 이냐시오는 다음과 같이 말하였다. "당신이 육체적으로 행하는 것들도 모두 영성적이다. 당신은 모든 일을 예수 그리스도 안에서 하기 때문이다."[17] 영적 삶은 확실히 균형이 잘 잡힌 몸의 조건을 전제로 한다. 몸을 무시하는 행위는 영적 생활을 방해할 수도 있기 때문이다. "우리는 몸으로부터 거리감을 갖고 몸을 무시하며 혹은 가능한 한 육체성을 거부함으로써 하나님과 교통하는 것이 아니다. 오히려 우리는 창조를 거룩한 것으로써 지금 여기에서 경험되는 하나님의 현존으로 축하함으로써 하나님과 교통하는 것이다."[18] 그러므로 성경은 다음과 같이 묘사하고 있다. "내 영혼이 여호와의 궁정을 사모하여 쇠약함이여 내 **마음**과 **육체**가 생존하시는 하나님께 부르짖나이다"(시 84:2).

영혼 또는 정신도 영적 차원과 윤리적 차원만을 지닌 것이 아니라 본능적 차원을 지닌다는 것을 알 수 있다. 예를 들면, 성경은 마음으로 간음한 자는 이미 간음한 자라고 말한다. 이러한 마음으로 인한 간음은 정신의 본능적 차원을 말해 주는 중요한 예라 할 수 있다. 또한 배가 고프지 않을 때도 음식에 대한 탐식이 일어나는 경우는 대부분 정신적 욕구에 의해 일어나는 경우가 대부분이다.

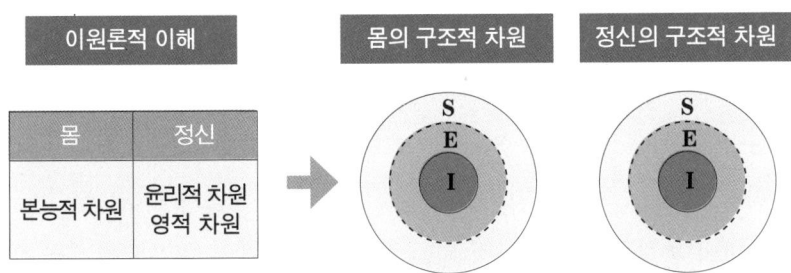

* **S**: Spiritual Aspect(영적 차원)
* **E**: Ethical Aspect(윤리적 차원)
* **I**: Instinct Aspect(본능적 차원)

　성경은 마음이나 정신이 육체의 성격을 띨 수도 있고(골 2:18) 몸도 영적일 수 있는 있다(고전 15:44)는 것을 말한다.[19] 이는 몸도 영적 차원을 수반하고, 정신도 본능적 차원을 수반한다고 할 수 있다. 성경에서 죄된 '육신'이라는 표현 때문에 '육체'에 대한 부정적인 이미지가 형성되기도 한다. 하지만 성경에서 육신(flesh)이란 단어는 몸 또는 육체 그 자체가 아니라 하나님을 대항하여 타락한 또는 하나님으로부터 분리된 몸과 영혼을 통칭하는 것임을 알 수 있다.[20]

　다시 서술하면, 육신이란 의미는 몸과 영혼의 차원을 통해 하나님을 대항하는 기능적 차원을 말한다. 성경에서 언급하는 몸과 영혼은 인간의 '구조적 차원'이지만 육신은 하나님을 대항하는 몸과 영혼의 '기능적 차원'을 의미한다고 할 수 있다. 성경에서 육신은 몸과만 관련된 것이 아니라 영혼을 포함한 전인과 관계된 용어이다.

영혼도 예배한다

성경에 나타난 인간의 이름에서 '영혼'은 인간에 대한 기독교적 표현이기도 하다. 인간을 영혼으로 칭하는 것은 하나님의 피조물로서 하나님과의 관계 안에서 살아야 하는 영적 존재로서 인간을 강조하는 것이다. 인간의 예배의 당위성이 '영혼'이라는 인간의 이름 속에 깊이 내재되어 있다. 예배는 인간이 하나님의 피조물로서 하나님의 은혜와 사랑이 필요한 존재일 뿐만 아니라 하나님의 은혜와 사랑에 감사를 표출하는 가장 거룩한 방편이다. 예배는 영혼이 하나님과의 생동적인 관계를 경험하는 가장 중요한 방편이다.

영혼은 인간이 소유하는 '사물'이 아니며 신체라는 기계 안에 있는 혼도 아니다. 영혼은 인간으로서 자기 자신이며 실체이다. 영혼이란 인간의 정체성을 설명해주는 언어이다. 즉 영혼으로서 인간은 하나님 창조물이라는 것을 설명해주는 존재론적 개념이다. 영혼은 무엇보다도 하나님과 관계를 촉구하는 영적 언어이다. 몸이 음식과 음료가 필요하듯이 영혼은 하나님의 양식이 필요한 존재라는 것을 표현하는 존재론적 언어이다.

인간은 하나님을 사모하는 영적 성향을 지닌 존재이다. 인간은 하나님을 향한 타고난 소망을 이루지 못한다면, 유혹이 그 소망을 다른 방법으로 달랜다. 명예나 부, 권력과 특권으로 달랜다. 하지만 이러한 실체들이 영혼의 소망을 충족시킬 수는 없다. 그리고 이런 대체물을 하나의 신으로 만들 때, 그 대체물은 우리를 파괴한다. 파스칼(Blaise Pascal)이 말했다. "인간의 가슴에는 어떤 것도 채울 수 없는 하나님 모양의 공간이 있다." 인간이 하나님과의 관계를 소홀히 한다면 그것은 인간의 본래 모습보다 못한 존재가 되는 것이다.

영혼은 인간이 그 생명을 하나님의 생명에서 얻는다는 것을 촉구하는 영적이고 생동적인 의미를 지닌 언어이다. 인간의 생명력은 하나님의 생명력에서 나오기 때문에 영혼이란 하나님의 창조물로서 정체성과 관계성에 대한 궁극적 실마리를 제공해 주는 개념이라 할 수 있다. 영혼이란 개념은 하나님과의 교제의 당위성과 창조의 목적을 담지하고 있다. 영혼은 인간과 하나님과의 관계의 중요성을 알려주고, 하나님을 사모하도록 창조된 존재라는 것을 역설해 주는 영적 언어이다.

영혼이란 개념은 인간의 삶의 터전인 은혜로운 신비와 궁극적 의미를 경험하면서 인간존재 기반인 하나님과의 관계 안에서 살아가야 하는 영적 성향을 함축하고 있는 용어이다. 영혼의 이러한 영적 성향은 하나님의 창조물로서 하나님의 사랑을 인식하고 경험하도록 촉구하는 예배적 차원을 시사해준다. 영혼으로서 인간은 하나님을 생각하고, 경험하고, 사랑하고, 예배하도록 창조된 실존이라는 것을 의미한다. 인간을 영혼으로 칭하는 것은 인간이 하나님에 대한 존경과 경외, 간구와 감사, 경이와 섬김을 경험하며 살아갈 때 인간답게 된다는 것을 표현해 주는 것이다.

예배자는 그에게 선물로 주어진 다양한 국면들을 통해 하나님의 사랑의 계시에 응답한다. 또한 하나님을 향한 예배는 예배자의 인격에 영향을 준다. 인간의 전인적 차원에 영향을 준다. 그러므로 전인적 예배자가 되기 위해서 통전적 인간 이해는 결코 간과할 수 없는 과업이라 할 수 있다.

몸도 예배한다

몸은 항상 부정적인 것, 멀리해야 하는 것, 극복해야할 것으로 여겨져 왔다. 때문에 성숙한 예배자란 바로 몸의 조건을 초극한 사람이라고 생각되었다. 무엇보다도 기도할 때 감각은 죽어야 한다고 생각해 왔다. 그러나 외부 자극에서 일어난 감각이 내면으로의 귀환을 방해하는 것은 사실이지만 정신의 열정에 의해 생겨난 감각은 나쁜 것이 아니다. 몸은 항상 나 자신이고 나는 하나님의 형상과 닮음 안에서 창조된 전인이기에 외형적 실체인 몸과 내적인 실체인 정신은 대립하는 것이 아니다.

하나님의 영이 없는 육적인 것에서 내려온 신체적 쾌락은 어디까지나 육적인 것이지만, 하나님의 영이 있는 영적인 것에서 내려온 신체적 기쁨은 영적인 것(*pneumatikon*)이다. 즉 육적인 것에서 발원한 쾌락은 우리의 인간성을 상실하게 하고 하나님과 반대되는 방향으로만 나아간다. 그와 반대로 영적인 것에서 신체로 내려온 기쁨은 신체를 변화시켜 영적인 것으로 만든다. 성경에서 "육으로부터 난 것은 육이고 영으로부터 난 것은 영"(요 3:6)이라는 표현에서 육은 결코 몸 혹은 신체를 의미하는 것이 아니라 하나님의 영이 없는 것을 의미한다. 영적인 차원으로서의 영과 신체적 차원으로서의 몸은 서로 존엄에까지 끌어올리는 행복한 관계이다. 하나님의 영은 우리의 전인에 기쁨을 각인시키실 뿐만 아니라 전인을 통해서 영광을 받으신다. 그러므로 영뿐만 아니라 몸을 통해 체험하는 기도도 거룩한 것이다.

성경적인 예배는 결코 몸을 소외시키지 않는다. 예배는 온몸으로 드리는 전인적인 행위이다. 고전적 예배에서는 몸으로 참여하도록 권하는

데, 거기에는 기도를 비롯하여 세례와 성찬, 발 씻기 등 여러 가지 의식이 포함된다. 이런 의식들은 모두 말로만 진행되는 것이 아니라 몸의 자세와 움직임과 습관으로 이루어져 있다. 기독교 예배는 순전히 정신의 행위만이 아니라 전인적인 것이다. 성령은 창조, 성육신, 부활을 통하여 육신을 고귀하게 만드는 사역을 계속하고 있다. 그리고 신체적인 몸과 예배에 관한 중요한 지침을 제공하는 다윗은 하나님을 찬양할 때 다양하게 몸으로 표현하라고 말한다. 즉 "나팔 소리로 찬양하며 비파와 수금으로 찬양할지어다. 소고치며 춤추어 찬양하며 현악과 통소로 찬양할지어다"(시 150:3-4)라고 말한다.

아프리카계 사람들이 많이 모이는 교회에서의 예배는 생동적이다. 그들은 몸으로 찬양하고 몸으로 기도한다. 몸으로 표현된 그들의 아픔과 기쁨이야 말로 진정한 찬양이고 기도이다. 하나님의 사랑도 단지 언어에만 그칠 수 없어 그의 아들에게 몸을 갖게 하셨다. 하나님의 아들의 수난과 고통과 부활은 그의 몸을 통하여 우리에게 전해졌다.

〈미주〉

1 Rodney Clapp, 『사람을 위한 영성』, 홍병룡 옮김 (서울: IVP, 2006), 39.
2 Rodney Clapp, 『사람을 위한 영성』, 45-6.
3 W. David Stacey, *The Pauline View of Man in Relation to Its Judaic and Helenistic Background* (London: Macmillan), 90.
4 인간의 사회성에 대한 차원들 또는 이름들은 성경에 직접적으로(directly) 나오지 않지만 간접적으로(indirectly) 함축적으로 내포되어 있다고 할 수 있다. 성경은 인간은 하나님과의 관계, 자기 자신과의 관계, 다른 사람들과의 관계, 자연과의

관계 안에서 살아가도록 창조된 사회성을 지닌 존재로 창조되었다. 달라스 윌라드는 인간의 구조적 차원에 몸과 영혼뿐만 아니라 '사회적 존재'(social being)까지 포함시킨다. 다시 서술하면, 그는 인간의 내면성과 외면성 뿐만 아니라 인간은 '사회적 존재'로서 사회성을 지닌 존재라고 주장한다(Dallas Willard, *Renovation of the Heart: Puting on The Character of Christ* (Colorado Spring: NAVPress, 2002), 31-39).

5 Rodney Clapp, 『사람을 위한 영성』, 37.
6 Rodney Clapp, 『사람을 위한 영성』, 36.
7 Rodney Clapp, 『사람을 위한 영성』, 38.
8 Howard H. Brinton, *Friends for 300 Years* (Wallingford, PA.: Pendle Hill Publications, 1994), 56-7.
9 Howard H. Brinton, *Friends for 300 Years*, 56-7.
10 John Calvin, *Institutes of the Christian Religion* (Grands Rapids: Eerdmans, 1995), I. 15.2.
11 이형기, 『종교개혁 신학사상』(서울: 장로회신학대학교출판부, 1984), 363ff.
12 'Body,' *Theological Dictionary of the Old Testament*, vol.1, (Grand Rapids: Eerdmans, 1977), 538-29.
13 Francis Brown, S. R. Driver, Charles Briggs, *Hebrew and English Lexicon of the Old Testament* (Oxford: Oxford University Press, 1963)를 참조.
14 'Psyche,' *Theological Dictionary of the Old Testament*, vol.9, (Grand Rapids" Eerdmans, 1977), 620.
15 Bernard W. Anderson, 『시편의 깊은 이해』, 노희원 옮김 (서울: 대한기독교서회, 1997), 113.
16 Bernard W. Anderson, 『시편의 깊은 이해』, 174.
17 Kenneth Leech, *Soul Friend: A Study of Spirituality* (London: Sheldon Press, 1985), 271에서 인용.
18 Dorothee Solle, *The Silent Cry: Mysticism and Resistance* (Minneapolis: Fortress Press, 2001), 111.
19 Rodney Clapp, 『사람을 위한 영성』, 47.
20 Rodney Clapp, 『사람을 위한 영성』, 46-7.

2

예배와 신학

하나님 인식의 목적으로서의 예배

성경에 예배에 대한 기록들이 많지만, 요한계시록은 시편과 더불어 예배에 대한 가장 포괄적이고 풍부한 상상력을 담고 있다. 요한은 요한계시록에서 예배의 중요성을 역설하고 있다. 요한계시록은 하나님에 대한 예배로의 부름으로 마무리한다. 요한계시록 첫 장에서 예배하고 있는 요한의 모습을 볼 수 있다. 요한은 "주의 날에 내가 성령에 감동하여"(계 1:10)라고 한다. 그는 요한계시록 마지막 장에서 천사에 이끌리어 예배의 중심부로 나아가라는 명령을 받는다. 그는 "오직 하나님을 예배하라"(계 22:9)는 천사의 말을 듣는다.

  1세기 마지막 10년은 요한이 복음을 자신의 독자들에게 선포하고 가르치려고 애쓴 시기였다. 요한의 시대에는 영지주의적인 가르침을 일삼는 자들이 있었다. 영지주의자들은 하나님에 대해 공론을 일삼았다. 그들은 자기들이 하나님에 대해 많은 것을 알고 있다고 주장했다. 하지만 그것은 모두 하나님에 대한(about God) 지식일 뿐이었다. 영지주의자들은 기도하지도 않았으며, 하나님을 예배하지도 않았다. 그들은 자기가 생각하는 바에 대하여 무수한 말을 나누고 장황하게 글을 남겼다. 하나님을 사색과 토론 속에서 여러 모양으로 각색하였다.[1]

  요한계시록에서 언급하는 발람, 이세벨, 그리고 니골라당은 영지주의 경향을 지닌 지도자들이나 분파를 지칭한다. 영지주의자들은 하나님을 예배하기보다는 자신들의 사상과 변덕스러움의 대상으로 낮춰 놓았다. 영지주의자들의 가장 큰 문제는 그들이 '지식' 숭배자들이었다는 점이다. 그들은 엄밀한 의의에서 '지식 우상'을 섬겼다고 할 수 있다.[2] 그들은 하나님에 대한 지식 추구에 몰두하였지만 하나님을 예배하지는 않았다. 그들은 그들의 왜곡된 지식으로 인하여 복음을 왜곡시키는 자들이었다.

  요한이 복음을 전하던 시기에 복음의 왜곡 못지않게 또 하나의 어려움이 있었다. 그것은 로마의 박해로 인한 환란이었다. 그 당시 그리스도인이 되는 것은 위법이었다. 그리스도인이 되면 경제적인 차별과 사회로부터 추방까지 당하였다. 그리스도인이 된다는 것은 고난의 길이었다. 그리스도인들은 위험을 감수해야만 했다. 그리스도인이 되는 것을 포기하는 것은 세속적인 안정이 보장되는 길이었다. 감각적인 축제이기도 한 황제숭배는 보이지 않는 하나님과 십자가에 달린 구세주를 믿는 기독교 신앙보다 더 인상적이었다. 구원을 주시는 하나님에 대한 헌신과 예배는 각종 유혹과 위협으로 위기에 처하게 되었다. 유진 피터슨은 이러한 상황에서 예배의 중요성을 강조한 요한의 가르침을 다음과 같이 기술한다.

> 우리가 복음의 완전함을 염려하려면 어떻게 해야 하는가? 그저 괴로워해야 하는가? 괴로움에 빠져있는 것은 바람직한 전략이 아니다. 요한은 슬픔에 빠져있을 시간이 없었다. 그가 행한 것은 예배였고, 사람들을 예배로 불러들이는 일이었다. 그는 교회 갱신을 위한 계획을 제시하지 않았다. 그는 어떤 일을 할 수 있을 것이지 논의하기 위해 일곱 교회의 회의를 소집하지 않았다. 그는 하나님을 예배하고 하나님의 백성들에게 하나님을 예배하라고 권면했다.[3]

아브람 헤스첼(Abraham Heschel)은 "그리스인들은 이해하기 위해 배웠고, 현대인들은 사용하기 위해 배웠지만, 히브리인들은 예배하기 위해 배웠다"라고 하였다. 그리스도인의 배움이 예배로 승화되지 않으면 교만한 영지주의자로 전락하기 쉽다. 영지주의자들은 하나님에 대한 토론에서는 뛰어난 능력을 발휘하였지만 하나님을 예배하지는 않았다. 영지주의자들은 예배를 통한 하나님과의 인격적인 관계에서 오는 생명력을 경험할 수 없었다. 최상의 기독교적 배움은 진실하신 하나님의 충만하심과 위대하심을 찬양하게 하는 것이다. 인간은 예배를 통해서 하나님,

자신, 다른 사람들, 그리고 세상과 관련된 새로운 통찰력을 수용하는 결과를 낳는다. 이러한 수용성에는 인지적, 심미적, 감성적, 의지적, 신체적, 영적 통찰력이 포함되고, 삶에 더 큰 의미의 온전함과 통합을 가져온다. "예배를 드리는 것은 하나님의 거룩함으로 양심을 자극하는 것이고, 마음에 하나님의 진리를 먹이는 것이며, 하나님의 아름다움으로 좋지 못한 상상을 제거하는 것이며, 하나님의 사랑에 마음을 여는 것이며, 하나님의 목적에 의지를 바치는 것이다."[4]

우리가 창세기부터 요한계시록까지 완벽하게 터득하고 있다고 할지라도 하나님을 예배하지 않으면 하나님을 경험할 수 없을 뿐만 아니라 진정한 변화를 경험할 수도 없다. 우리가 하나님의 통치와 구원의 일부가 된다는 것은 변함없는 사실이다. 하지만 우리 몫은 예배하는 것이다. 예배는 하나님을 경배하고 믿고 순종하는 것이다. 우리가 그리스도 안에 계시되어 다스리고 구원하시는 하나님의 실체에 대해 항상 깨어 있을 수 있는 길은 예배이다. 예배는 우리가 다른 사람들과 더불어 찬양하고 기도하고 듣고 믿는 것이다. 우리는 하나님을 예배하지 않으면 눈에 보이는 것이나 감각적인 것을 예배하게 되어있다. 때문에 예배는 우상숭배를 극복하는 길이다.

우리가 다루는 실체의 대부분은 비가시적인 것들이다. 인간의 실존을 구성하는 요소들인 사고, 감정, 꿈, 사랑, 희망, 인격 등은 우리의 오감으로는 근접하기 힘든 영역에 속해 있다. 인간은 이처럼 비가시적인 사실들 속에 묻혀 살아간다. 그럼에도 우리는 가시적인 것에 집착하고 그것에 중독되는 경우가 많다. 예배는 하나님 속에 우리들을 순응시키기 위해 마련된 가장 중심되고 복된 길이다. 인간이 가시적인 것에만 몰두하게 될 때 사고, 감정, 꿈, 사랑, 희망, 인격 등이 침식당하도록 되어 있다. 그러나 예배는 비가시적인 하나님을 경배함으로 가시적인 것에 종속되는 삶을 극복하게 한다. 예배는 눈에 보이지 않는 것을 보여주는 비전이다. 예배는 우리의 사고와 감정과 꿈과 인격의 실체들을 정화하고 확장한다. "예배를 소홀히 하는 믿음처럼 악하고 나쁜 것은 없다. 하지만 바로 그것이 지금 이 시대에 우리 사이에 전염병처럼 유행하고 있는 경향이다."[5]

에덴동산을 떠나온 이후 인간은 온갖 우상들을 갈망해왔다. 자유의지를 지닌 인간은 거룩하신 하나님 앞에 겸손함으로 엎드려 그분을 예배하기보다는 바알과 아스다롯을 더 섬기려 한다. 영혼의 모든 문제는 동기와 수단에 대한 철저한 조사와 엄격한 감시를 필요로 한다. 예배는 하나님을 영화롭게 하는 행위일 뿐만 아니라 이러한 조사와 감시를 위한 사랑의 시간이기도 하다.

하나님 인식의 요소로서의 예배: 설교는 1등급 예배는 5등급?

예배를 통해 "하나님을 영화롭게 하며, 찬양을 올려드리며, 감사를 함께 드리는 것은 우리가 하나님을 알아가는 방식이며, 우리 자신을 알아가는 방식이다."[6] 이는 예배가 하나님을 영화롭게 하는 실천적인 기능뿐만 아니라 인식론적인 기능을 지니고 있다는 것을 설명해준다. 우리는 예배를 통해서 하나님의 마음(*ethos*)을 키워나가게 된다. 예배를 통해 우리는 우리가 어떤 존재인가를 새롭게 발견하게 되며, 하나님이 어떤 분이신지를 새롭게 발견하게 된다. 예배는 하나님을 알아가는 가장 중요한 길이다.

젊은 목회자였을 때 바르트(Karl Barth)는 한때 "예배 안에서 행해지는 모든 의식에 대해" 깊은 반감을 가지고 있었다고 털어 놓은 적이 있다.[7] 그의 가까운 친구였던 군테르 덴(Gunther Dehn)은 바르트가 집례한 독일의 한 도시인 본에 있는 포폴스도르프 교회의 예배에 참여한 후 이렇게 평하였다고 한다. "설교는 1등급, 예배는 5등급."[8] 바르트는 한때 예배에 대한 부정적인 생각을 가졌던 것이 분명하다. 이는 바르트의 하나님 인식방법론이 문법적이고 지성적 차원의 한계에 머물러 있었다는 증거이기도 하다. 하지만 하나님 인식은 단지 문법적이고 지성적 구조 안에서만 인식될 수 없는 차원이 많다. 바르트가 후에 깨달은 것은 하나님 인식은 하나님의 은총을 통해 이루어지는 인간적 인식으로 기도의 행위와 하나님과의 대화를 갖지 않는다면 불가능하다는 것을 깨닫게 된다.

바르트는 이것을 '인식의 기적'(miracle of acknowledgement)이라고 하였다. 그는 신학의 이러한 특징을 다음과 같이 설명하였다.

> 신학의 본질이 경배하고 감사를 올려 드리고, 탄원하는 예배 행위 가운데 놓여 있다는 사실을 인식하는 것은 선택적인 사항이 아니라 필연적인 사항이다. 그래서 '기도의 법칙이 믿음의 법칙'(lex orandi lex credendi)이라는 오래된 명제는 일종의 경건성을 강조하는 진술이라기보다는 신학적 방법론에 대해 가장 상세하게 진술해 주는 명제로 받아들여야 할 것이다.[9]

바르트의 인식은 신학의 목표인 하나님 인식이 경배와 기도와 분리되어 인식될 수 없다는 것이다. 다시 서술하면, 신학은 예배적인 관점에서 논의되어야 할 특성을 가진다는 것이다. 신학은 하나님께 찬송과 기도드리는 것으로 나타나는 예배로부터 파생하는 특성을 가지기 때문이다.

분명히 신학을 바르게 이해하기 위해서 문법적이고 지성적 차원에서 노력하는 것이 필요하다. 왜냐하면 하나님과 세상, 그리고 교회에 대한 진리를 선포하고 인식하는 것은 언제나 오류를 수반할 수 있는 가능성이 있기 때문이다. 그러나 신학에 대한 이러한 학문적 노력이 기도와 예배를 이차적인 요소로 간주하는 문화가 형성될 수 있는 위험성이 있다는 것도 간과해서는 안 된다. 신학의 목표는 단순히 하나님에 대한 지식이 아니라 하나님께 바르게 감사가 드려지고, 찬양이 드려지며, 하나님께 기도드리는데 있기 때문이다. 그러므로 모든 신학은 신실함으로 출발하는 찬송과 예배의 패턴을 지니게 된다. 예배는 '인간에 대한 하나님의 봉사'에 인간이 응답, 즉 '하나님께 대한 인간의 봉사'이다. 즉, 예배는 하나님의 말씀하심과 인간의 응답이 함께 상호 교류되는 사건이다. 신학은 기도와 예배를 통해서 드러나는 하나님에 대한 이해뿐만 아니라 그것을 구조화하는 데 참여해야 한다.

하나님 인식의 행위로서의 예배

하나님을 아는 것은 사물이나 인간을 아는 것보다 더 복잡하고 신비적이기도 하다. 하나님을 아는 것은 책을 읽고 어떤 철학적 주제를 논하는 것보다 훨씬 더 복잡하고 신비적이다. 하나님을 아는 것은 지성적 차원뿐만 아니라 관계적 차원, 윤리적 차원, 그리고 정서적 차원까지 포함할 정도로 다차원적인 특징이 있다. 하나님께서는 예레미야 선지자를 통해서 말씀하신다. "자랑하는 자는 이것으로 자랑할지니 곧 명철하여 나를 아는 것과 나 여호와는 인애와 공평과 정직을 땅에 행하는 자인 줄 깨닫는 것이다"(렘 9:24). 제임스 패커(James Packer)는 하나님 인식을 위한 함축적인 요소들을 다음과 같이 설명한다.

> 함축하고 있는 여러 요소들을 함께 묶어서 보면, 다음과 같다. 하나님을 아는 것은 첫째, 하나님의 말씀을 듣는 것을 수반하며, 성령께서 그것을 풀어주시고 자신에게 적용시키실 때 그것을 받는 일을 수반한다. 둘째, 하나님의 말씀과 역사로 하나님의 본질과 성품을 나타낼 때 그것을 주목하는 일을 수반한다. 셋째, 하나님의 초청을 받아들이고 하나님께서 명령하시는 것을 행해야 된다. 넷째, 하나님께서 이 신적 교제로 이끌어 들이실 때 보여주는 사랑을 인식하고 즐거워하는 일을 포함한다.[10]

패커의 진술에서 하나님을 아는 요소로써 말씀을 듣는 것, 하나님의 성품을 경험하는 것, 하나님의 초청을 받아들이는 것, 하나님의 사랑을 즐거워하는 것은 대부분 본질적으로 예배의 요소들과 관련된 요소들이다. 예배가 하나님의 계시에 응답하는 행위라고 이해한다면 더욱더 하나님을 아는 것은 결코 예배적인 행위와 분리될 수 없다.

패커는 하나님을 아는 길로써 하나님과의 인격적인 만남의 중요성을 강조한다. 그는 하나님을 아는 것은 그에 관해서 아는 것 이상임을 언급하면서, 하나님 인식의 인격적이고 관계적인 차원을 역설한다.[11] 그는 하나님에 관한 우리 지식의 깊이는 우리가 하나님을 아는 것의 깊이를 재는 척도는 아니라고 강조하면서 이렇게 설명한다.

> 존 오웬(John Owen)이나 존 칼빈(John Calvin)은 존 번연(John BunYan)이나 빌리 브레이(Billy Bray)보다 신학을 더 잘 알고 있었다. 그러나 후자가 전자만큼 모든 면에서 하나님을 아는데 있어서 동등하게 훌륭하였다는 사실을 누가 부인하겠는가? 물론 네 사람 모두 성경에 열심장이들이었다. 그것은 형식적인, 신학적인 수련보다 훨씬 더한 방식을 설명해 준다. 만일 개념적으로 올바른 것이 결정적인 요인이었다면, 학적으로 가장 뛰어난 성경학자들이 하나님에 대하여 가장 잘 알 것이다. 그러나 사실은 그렇지 않다. 직접 마음속에서 그것이 의미하는 실재를 전혀 맛보지 않고 머리로만 바른 개념을 가질 수가 있다. 단순히 성경을 읽고 성령에 충만한 설교를 듣는 자가 많이 배워서 신학적으로 바른 사람들보다 하나님과 훨씬 더 깊은 교제를 나눌 것이다. 그 이유는 그런 사람들은 진리를 자기 삶에 직접 적용시킬 것으로 인정하고 하나님을 대할 것이고, 후자에 속한 자들은 그렇지 않다.[12]

하나님을 아는 것은 인격을 반드시 수반한다. 왜냐하면 하나님은 개념에 종속되는 사물이 아니기 때문이다. 하나님은 인격적인 만남과 교제 없이 결코 알려지지도 인식되지도 않는 본질적 속성이 있다. 시편 기자는 "너희는 여호와의 선하심을 맛보아 알지어다. 그에게 피하는 자는 복이 있다"(시 34:8)라고 하였다. 하나님을 안다는 것은 지적이고 의지적인 교제뿐 아니라 내적이고 정서적인 교제이기도 하다. 마치 사랑이란 내적 실체가 오직 사랑에 의해서만 지각되듯이 하나님의 인격성은 그와 인격적인 관계인 기도와 예배를 통해서 지각되기 때문이다.

하나님 인식의 방식으로서의 예배와 기도

하나님은 토론을 통해서 인식되는 대상이기보다는 사귐을 통해서 인식되는 인격이다. 기도를 통해 하나님을 인식하는 것은 일차자료를 사용하는 것과 같다. 하지만 연구를 통해서 하나님을 인식하는 것은 이차자료를 사용하는 것과 같다. 일차적 신학(first-order theology)은 기도와 예배로부터 파생되어야 한다. 신학을 위한 토론이나 연구는 이차적(secondary) 특성을 가진다. 다시 서술하면, 신학의 일차적이고 핵심적인 요소는 기도이다. 때문에 신학에서 기도를 이차적인 요소로 간주하는 것은 가장 중요한 자료를 간과하는 것이다. 이러한 신학은 영양실조를 초래할 수밖에 없다.

기도와 예배의 주제는 하나님 인식의 본질적 요소가 된다. 우리는 기도 가운데서 하나님을 인격적으로 인식할 수 있다. 기도가 하나님과 질적인 대화를 통해 하나님을 알아가는 행위라면, 책을 통해 하나님을 인식하는 방법은 하나님 없이 하나님을 연구하는 행위가 될 수 있다. 그러므로 신학적 과업은 "단지 기도와 함께 시작하지도 않고, 기도와 단순히 동반하지 않는다. 다만 그 전체성 안에서 기도의 행위를 통해서만 실행되는데, 이것은 신학이 가지는 고유한 특징이다."[13]

하나님을 아는 지식에 있어서 분명한 것은 그것이 공식화된 교리에 의해서 결정되는 것이 아니라는 점이다. 하나님을 아는 지식은 하나님의 말씀과 하나님의 역동적인 존재를 직접 우리에게 나타내 주시도록 청원하는 것에 의해 결정된다. 이때 교리는 하나님 인식에 문법과 같은 역할을 한다. 하지만 교리 자체가 하나님을 인식하게 하는 것은 아니다. 비록 신학은 역사적 지식과 개념적 사고를 필요로 하지만, 하나님이 부르시고 그로 인해 우리가 자유롭게 응답할 수 있다는 사실 위에 세워져야 한다.

이와 같은 맥락에서 "하나님께 기도를 드리는 것은 한 사람의 신학자가 되는 것이다(To pray to God is to be a theologian). 이와 같이 함께 모여 기도를 드리는 교회는 본질적으로 신학을 하는 것(doing theology)이며, 여기에서 비판적 논의와 '이차적 신학'(secondary theology)이라는 보다 추상적인 형태가 등장하게 된다."[14] 우리는 기도하고, 찬양하고, 하나님을 경배하는 것이 어떻게 하나님을 아는 형식 자체가 되는지를 탐구할 필요가 있다. 예배 의식은 우리에게 기도하는 법을 가르친다. 여기서 기도는 단순히 기도의 텍스트를 낭송하는 것이 아니라 하나님을 더욱 깊이 알기 위한 교제이다. 하나님과 생생한 교제로서의 기도는 하나님이 주시는 선물을 깊이 인식하는 것뿐만 아니라 하나님을 더욱 깊이 알아가는 여정이다. 이런 의미에서 기도와 예배는 그 자체가 하나님을 알아가는 방식이 된다.

하나님 인식의 학교로서의 예배와 감사

예배는 감사를 배우는 학교이다. 예배는 하나님의 은혜를 향해 감사를 표현하는 시간이다. 예배의 수준은 감사를 표현하는 정도에 따라 달라진다. 예배의 핵심에는 감사와 찬양의 패턴이 놓여 있다. 우리가 감사를 드리는 것을 배워야 하는 가장 중요한 이유는, 모든 것이 선물로 주어지는 것이기 때문이다. 이러한 사실을 우리가 인식할 때에 비로소 진정으로 하나님께 예배할 수 있게 된다. 감사는 무엇보다도 하나님의 은혜와 사랑을 인식하게 하는 가장 중요한 매개체이다. 감사는 우리로 하여금 우리가 가진 것을 긍정적으로 보게 하고 새로운 것을 인식하게 한다.

인간의 가장 근본적인 죄악은 감사를 잃어버린 것이다. 하나님의 거룩한 이름은 감사를 잃어버린 인간 존재의 깊은 심성을 치유하시는 능력이 된다. 감사를 배우는 것은 내적 여정을 치유하는 것이며, 하나님으로부터 멀어지게 하는 모든 것으로부터 우리를 지킬 수 있도록 해준다. 그러므로 "감사가 구체적인 언어로 표현되고 만물을 지으시고 참으로 놀라운 방법으로 그것들을 구속하시는 하나님 안에서 그것을 드려야 할 온전한 대상을 발견하게 될 때, 우리는 그러한 감사의 언어들을 통해 우리가 누구이며, 우리가 마땅히 어떠한 존재가 되어야 하는지에 대해서 배우게 된다."[15]

감사와 예배는 깊은 관계가 있다. 이러한 관계는 마이클 지가렐리가 임상적으로 연구한 자료를 통해서도 볼 수 있다. 이 연구에서 감사의 품성이 계발된 사람은 감사의 품성이 계발되지 않은 사람들보다 예배, 찬송, 기도생활의 비율이 더 높게 나타났다.[16] 이런 맥락에서 예배가 하나님 인식과 밀접한 관련이 있다면, 감사의 품성이 계발된 사람들이 하나님께 예배하는 비율이 높기 때문에, 하나님 인식에서도 더 깊고 풍성한 인식을 할 수 있다고 볼 수 있다.

마이클 지가렐리는 그리스도인 품성 지수(CCI)[17]에 관한 연구를 위해 미국 내의 50개 주, 전 세계 60개국을 대표하는 5,000명 이상의 그리스도인을 대상으로 인터넷 설문 조사를 하였다. 이 연구는 그리스도인의 태도, 신앙의 우선순위, 종교적 관습, 그리고 광범위하게 분포되어 있는 그리스도인의 덕성 등을 조사하는 것이었다. 이 연구 자료의 분석 결과, 그리스도인들은 세 부류로 분류되어졌다. 예수님의 품성을 가진 (high-virtue) 그리스도인, 평범한(average) 그리스도인, 그리고 예수님의 품성이 부족한(low-virtue) 그리스도인이다. 그런 다음에 이 연구는 예수님의 품성을 가진 그리스도인을 차별화시키고 있는 것이 무엇인가에 초점을 맞추었다.[18]

연구결과 대부분은 평범한 그리스도인의 범주에 속했다. 하지만 성별, 나이, 그리고 신앙연륜 등의 차원에서 예수님의 품성을 가진 그리스도인과 평범한 그리스도인 간의 차이는 아주 많지 않았다. 하지만, 예수님의 품성을 가진 그리스도인은 당연히 모든 인격 면에서 평범한 그리스도인 보다 탁월했다. 게다가 또 하나의 중요한 특징이 발견되었다. 예수님의 품성을 가진 그리스도인들이 평범한 그리스도인들과 구별되게 해 주는 세 가지 요소와 태도가 발견되었다. 그것은 바로 감사, 기쁨의 생활, 그리고 예배와 기도와 찬양과 같은 영적 훈련을 통한 하나님 중심의 신앙이었다.[19] 다음 표는 평범한 그리스도인과 예수님의 품성을 가진 그리스도인의 영적훈련의 유형을 비교하여 보여준다.[20]

훈련 유형	평범한 그리스도인	예수님의 품성을 가진 그리스도인
매일 5번 이상 기도하기	32%	61%
매일 예배하기	50%	77%
삶을 찬양하기	53%	77%
다른 사람을 위해 기꺼이 봉사하기	50%	74%

예수님의 품성을 가진 그리스도인은 성령의 열매인 사랑, 내적 평화, 친절, 관용, 신실함, 온유함, 절제, 긍휼, 그리고 용서의 능력을 경험하였다.[21] 이는 감사와 기쁨의 생활과 하나님 중심의 신앙은 성령의 열매의 원동력이 된다는 것을 보여준다. 그리스도인의 품성을 최대로 산출하는 이 세 가지 요소는 서로 독립적인 관계에 있는 것이 아니라 연동된 요소들이다.[22] 즉, 감사는 기쁨의 삶에 가장 큰 영향을 미쳤다. 또한 기쁨은 하나님 중심의 신앙훈련을 실현하게 만드는 중요한 요소로 작용하였다. 그리고 하나님 중심신앙은 감사와 기쁨의 두 가지 품성을 성장시키는 데 도움을 주었다.

흥미로운 사실은 이렇게 임상적 방법을 통해 밝혀진 지식과 성경적 지식 사이에 어떤 합치를 이루는 결과가 나타났다. 구체적으로 서술하면, 바울은 "항상 기뻐하라, 끊임없이 기도하라, 범사에 감사하라"(살전 5:16-18)고 하였다. 신약성경에서 "이것이 하나님의 뜻이니라"라고 직접적으로 언급하는 일은 흔한 것이 아니다. 하나님이 우리를 향해 직접적으로 밝힌 품성의 청사진인 "기쁨과 기도(하나님 중심의 표지)와 감사"와

지가렐리가 연구를 통해 밝힌 모든 그리스도인 품성의 원동력이 되는 감사와 기쁨의 생활과 하나님 중심의 생활이 일치한다는 것이다. 이는 하나님의 진리는 과학적으로도 옳은 진리가 된다는 것을 보여주는 증거라고 할 수 있다.

예수님의 품성을 가진 그리스도인들이 인격 성장에 성공할 수 있었던 중요한 비밀 가운데 하나는 그들이 감사하는 성품을 유지하는 기술을 습득했기 때문이었다. 감사하는 성품을 유지하는 기술을 습득한 사람들은 대부분이 생각하는 방법이 달랐다. 이러한 사람들은 일반적으로 순수하고 경건한 마음을 가지고 있었다. 그들은 자기가 소유하지 않은 것보다 이미 소유한 것에 초점을 맞추는 마음을 지니고 있었다.[23] 삶에서 상실해버린 것에 대해 "만약 무엇을 했더라면 더 나은 인생이 될 수도 있었을 텐데"라고 생각하기를 거부하는 마음을 가지고 있었다.[24] 그들은 죄악 된 생각을 즉시 떨쳐버리는 데 숙련된 마음을 가지고 있었다. 그들은 그들에게 주어진 것에 대해 온전히 만족하며, 그 축복에 대해 하나님께 자주 감사하였다.[25]

높은 그리스도인의 품성은 부분적으로 고도의 감사에서 비롯된 것이다. 그리고 고도의 감사는 사고방식의 변화를 선택함으로써 시작되는 것이다. 감사의 최대의 적은 시기심이다. 다른 사람이 소유한 것을 우리가 갖고 싶어 할수록, 우리는 현재 우리가 소유한 것에 대해 덜 만족하게 된다.[26] 때문에 마음속의 시기심이라는 틀에 갇혀서 하나님의 은혜를 보지 못하게 된다. 하나님께서 우리 삶 가운데 베푸셨고, 계속 베푸실 그 은혜와 사랑에 대해 감사할 줄 모르게 되는 것이다. 이런 맥락에서 감사의 마음을 기르는 것은 그 자체가 예배 행위라고 할 수 있다.

지가렐리의 연구결과에 의하면, 하나님께 더 가까이 다가갈수록 감사의 품성을 낳는 더 많은 습관들이 형성된다는 것을 알 수 있다.[27] 하나님을 떠나서 감사의 품성을 성장시키는 프로그램에만 참여하는 일은 그리스도인의 품성 계발에 효과적이지 않을 수 있다. 현재 우리의 상황보다 더 하나님 중심의 사람이 되는 것을 보다 더 폭넓은 계획과 함께 감사의 품성을 계발하는 데 힘써야 한다. 하나님을 가까이하는 삶의 다른 이름은 하나님의 임재를 늘 경험하는 생활 예배의 전형적인 패턴이라 할 수 있다.

감사와 예배와 어떤 관계가 있는가? 앞에서 이미 언급하였듯이, 예배는 감사를 훈련하는 학교이다. 진정한 예배는 감사와 같은 품성을 계발해낸다. 예배는 감사의 품성을 기르는 가장 첫째가는 수단 중 하나이다. 때문에 진정한 예배는 우리의 품성을 변화시키는 중요한 역할을 한다. 그러므로 예배는 우리에게 수많은 품성의 특성들을 계발하는 하나님의 능률적이고 효과적인 커리큘럼이라 할 수 있다. 역설적으로도 이것은 진리이다. 즉 감사의 마음이 없는 사람은 진정으로 하나님을 예배할 수 없게 된다는 증거이기도 하다.

성경은 감사를 모든 덕성의 중심에 두고 있다. 예배의 중심에는 항상 감사가 있다. 하나님을 예배하는 공동체 가운데서 핵심 되는 요소는 바로 감사이다. 하나님을 예배하는 그 행위는 감사드림이다. 즉 "감사드림은 하나님의 은혜로우신 행하심을 인정하는 것이고, 하나님은 오늘도 역사하시는 분이심을 고백하면서 찬양하는 행위이다."[28] 감사를 드리는 것은 "값없이 주시는 은혜의 선물을 인식하는" 것이다.[29] 그러므로 예배는 감사의 풍성한 형태를 끊임없이 인식하는 여정이라 할 수 있다.

⟨미주⟩

1 Eugene B. Peterson, *Subversive Spirituality* (Grands Rapid: Eerdmans, 1997), 80.
2 현대 그리스도인들이 성경과 하나님에 관한 지식추구에만 몰두하고, 하나님 앞에 무릎을 꿇어 기도하는 삶을 간과하며, 하나님을 경배하는 삶을 추구하지 않는다면, 현대판 영지주의자들이라고 할 수 있다. 모든 신학은 반드시 예배신학 또는 경배신학을 포함해야 한다.
3 Eugene B. Peterson, *Subversive Spirituality*, 88.
4 William Temple, *Reading in John's Gospel* (London: Macmillan, 1950), 68.
5 Eugene B. Peterson, *Subversive Spirituality*, 90.
6 Don E. Saliers, 『거룩한 예배』, 김운용 옮김 (서울: WPA, 2010), 51.
7 Eberhard Busch, *Karl Barth* (Philadelphia: Fortress Press, 1976), 235.
8 Eberhard Busch, *Karl Barth*, 235.
9 Karl Barth, *The Humanity of God* (Richimond: John Knox Press, 1960), 90.
10 James I. Packer, 『하나님을 아는 지식』, 서문강 역 (서울: CLC, 1991), 44.
11 James I. Packer, 『하나님을 아는 지식』, 47.
12 James I. Packer, 『하나님을 아는 지식』, 47-8.
13 Karl Barth, *Evangelical Theology: An Introduction* (New York: Holt, Rinehart & Winston, 1963), 160.
14 Don E. Saliers, 『거룩한 예배』, 150-51.
15 Don E. Saliers, 『거룩한 예배』, 57.
16 Michael zigarelli, 『예수의 품성을 가진 그리스도인』, 김창범 옮김 (서울: 국제제자훈련원, 2005), 81.
17 CCI는 Christian Character Index의 약자이다.
18 Michael zigarelli, 『예수의 품성을 가진 그리스도인』, 45-46ff.
19 Michael zigarelli, 『예수의 품성을 가진 그리스도인』, 47-8.
20 Michael zigarelli, 『예수의 품성을 가진 그리스도인』, 81.
21 Michael zigarelli, 『예수의 품성을 가진 그리스도인』, 48.
22 Michael zigarelli, 『예수의 품성을 가진 그리스도인』, 49.
23 Michael zigarelli, 『예수의 품성을 가진 그리스도인』, 57.

24 Michael zigarelli, 『예수의 품성을 가진 그리스도인』, 57.
25 Michael zigarelli, 『예수의 품성을 가진 그리스도인』, 57
26 Michael zigarelli, 『예수의 품성을 가진 그리스도인』, 58.
27 Michael zigarelli, 『예수의 품성을 가진 그리스도인』, 70-1.
28 Don E. Saliers, 『거룩한 예배』, 136.
29 Karl Barth, *The Christian Life: Church Dogmatics*, 1.v.14 (Grand Rapids: Eerdmans, 1981), 86.

제2부

•

예배의 이론적 이해

3 ◆ 예배의 성경적 배경과 특성
4 ◆ 예배의 신학적 배경과 특성
5 ◆ 예배의 역사적 배경과 특성
6 ◆ 개신교회 예배 유형과 공헌

3

예배의 성경적 배경과 특성

예배의 성경 언어적 의미

구약성경에서 예배로 사용된 단어는 '샤하아'(shachah)이다. 이 단어는 행동을 표현하는 단어이다. 이 단어의 의미는 '엎드리다,' '절하다,' '몸을 굽히다'라는 의미를 가지고 있다. 이 단어는 시편 66편 4절에 사용되고 있다.

온 땅이 주께 '경배하고'…주의 이름을 노래하리이다(시 66:4).

땅이 여호와 앞에 절하고 여호와의 이름을 찬양한다는 묘사는 의미가 깊다. 느헤미야와 율법낭독의 갱신 이야기에서도 똑같은 단어가 사용된다. 포로로 잡혀갔다가 돌아온 유대인들에게 에스라가 율법을 읽으라고 하나님의 말씀을 펼칠 때, 모든 백성이 일어나서 손을 들고 '아멘 아멘'하고 화답하며 몸을 굽혀 그들의 얼굴을 땅에 대고 여호와께 경배(shachah)하였다(느 8:5-6). 이것은 상호작용적인 예배이다. 예배로 번역된 '샤하아'는 수동형이 아니라 언제나 능동형이다. 예배하는 이스라엘 백성들에게 행동이 이루어진 것이 아니라 그들이 행동했다.

신약에서 예배를 의미하는 단어로 가장 많이 사용되는 용어는 '프로스퀴네오'(proskuneo)이다. 히브리어 '샤하아'가 70인 역(LXX)에서 '프로스퀴네오'로 번역되었다. 이 단어는 '엎드리다,' '경의를 표하다,' '입을 맞추다'는 의미를 가지고 있다. '프로스퀴네오'는 마태복음 2장에서 동방박사들이 예수님에게 경배를 했을 때 사용된다(마 2:11). 사단이 예수님을 유혹할 때 예수님께서 "주 너의 하나님을 경배하고 다만 그를 섬기라"(마 4:10)는 본문과 예수님이 사마리아 수가 성의 여인에게 "하나님은 영이시니 예배하는 자가 영과 진리로 예배할지니라"고 한 것에서도 사용되었다(요 4:24). '프로스퀴네오'는 사랑과 존경의 관계가 있는 상대방에게 존경과 사랑을 표시하는 것이다.

히브리어 단어 중에서 예배와 관련해서 가장 많이 사용되고 있는 단어는 '아바드'(abad)이다. 이 단어는 '일하다,' '섬기다'의 뜻을 가지고 있다. 즉 예배한다는 것은 하나님을 주님으로 섬기는 것이다. 이 일은 제사장과 레위인들이 성전 예배의 세부사항을 돌보는 일을 가리킨다. 이 일에는 희생 제물을 드리고, 등불을 켜고, 새로운 진설병을 준비하고, 성전문을 지키고, 악기를 연주하고, 성전성가대에서 노래하면서 행하는 일들을 포함한다.

신약성경에서 '예배'라는 용어로 번역된 헬라어는 '레이투르기아'(leitourgia)도 일을 뜻한다. 바울이 "그러므로 형제들아 내가 하나님의 모든 자비하심으로 너희를 권하노니 너희 몸을 하나님이 기뻐하시는 거룩한 산 제물로 드리라 이는 너희가 드릴 영적 예배니라"(롬 12:1)고 한 내용에서 '레이투르기아'(예배)는 예배, 섬김, 사역을 뜻한다. '레이투르기아'는 '봉사하다,' '섬기다'라는 뜻을 가진 말이다. 진정한 의미는 믿음에 의해 행동으로 발현하는 실천으로서, 신자의 일상생활 전반에 걸쳐서 이루어지는 것을 뜻한다. '레이투르기아'는 중세기에 생활 예배가 아니라 예배 의식에 참여하는 것으로 뜻이 바뀌어 버렸다. '레이투르기아'가 예배당 안과 밖에서 드려지는 생활 예배를 분명하게 뜻하고 있음에도 예배를 예배당에 가두어버리는 결과를 낳았던 것이다.

예배와 예전의 성경적 의미

그리스도인들이 가장 많이 쓰는 '워십'(worship)이란 용어는 '워스'(weorth: worthy, 존경할 만한)와 '사이프'(scipe: ship, 신분을 의미)의 결합어로서 고대 영어의 '워스사이프'(weorthscipe)에서 왔다. 이 고대 용어는 어떤 사람에 대한 가치, 혹은 존경을 돌린다는 의미를 갖고 있다. '예배'(worship)란 말은 상대방에 대한 존경을 표시하고 가치와 존중을 의미하는 말이다. 영어의 '존경하다,' '숭배하다'(revere), '받들어 모시다'(venerate), '숭배하여 찬미하다'(adore)라는 말들은 원래 '두려워하다'(fear), '사랑하다'(love), '기도하다'(prayer)를 의미했던 라틴어에 그 어원을 두고 있다.

신약성경에는 예배를 의미하는 여러 가지 용어가 사용되고 있는데 그 대부분의 용어들은 약간씩 서로 다른 뜻을 가지고 있다. 아주 빈번하게 사용되고 있는 용어 가운데 '레이투르기아'라는 단어는 종종 '봉사'(service) 혹은 '예배'(worship)로 번역되고 있다. 로마서 9장 4절, 히브리서 9장 1절과 6절에서 이 용어는 성전에서 드리는 유대적인 예배를 지칭하고 있지만, 요한복음 16장 2절에서는 종교적 의무를 의미하는데 쓰이고 있다. 로마서 12장 1절에서 이 단어는 예배(worship)로 번역되지만 생활 예배를 의미한다.

또한 봉사로서의 예배는 '인간에 대한 하나님의 봉사'와 '하나님께 향한 인간의 섬김'(God's service to us and our service to God)으로 이해하는 것이다. 원래 서비스란 말은 다른 사람을 섬기기 위해 사로잡혀 있는 노예를 의미하는 라틴어 '봉사'(service)에서 유래된 것이다. 서비스 혹은 의무를 의미하는 라틴어 '오피시움'(officium)에서 유래된 '오피스'(office) 역시 예배의 서비스를 의미하기 위하여 사용되기도 한다.

서비스와 비슷한 개념인 예전(liturgy)의 기원은 '사람'(people)과 '일'(work)이라는 두 용어가 합성된 것이다. 예전(liturgy)이라는 용어의 어원은 원래 노동과 국민에 해당하는 말로 합성된 희랍어 '레이투르기아'(leitourgia)에 있다. 고대 그리스의 아테네 시민들은 공공사업이나 연회를 위해 돈을 지불했거나 혹은 군대를 위해 장비를 공급했을 경우, 예전을 수행했다는 표현을 사용했다고 전해진다.[1] 그러나 예전은 점차 종교적인 의미를 함축한 용어로 사용되기 시작했는데, 곧 구약성경의 헬라어 번역인 70인 역에서는 성전의 제사장이나 레위인에 의해 수행되는 직무를 지칭하는 단어로서, 그리고 신약에서는 하나님의 사역을 의미하는 용어로 사용되었다.[2] 그 후 예전이란 용어는 성직자가 집전하는 교회의 공식적 기능만을 지칭하는 한정적인 개념을 지니게 되었고, 동방교회에서는 이를 단지 성만찬 예식만을 지칭하는데 사용하게 되었다.[3]

점차 이 용어는 종교적 영역의 공식적 행위를 지칭하는 의미를 함축하는 용어로 전환되어, 개인적 차원의 기도나 자발적인 헌신 행위와는 분명하게 구별되는 교회의 공식적 의례(rites)나 예식(ceremonial)을 지칭하는 용어로 사용되었다. 즉, 예전이란 용어가 신앙 공동체 구성원들이 함께 모인 자리에서 공식적으로 드리는 예배만을 지칭하는 용어로서 사용하게 된 이후, 광의적 의미로서는 신앙 공동체의 공식적 예배만을 지칭하는 용어로서, 그리고 협의적 의미로서는 예배의 형식과 순서 혹은 예배학을 가리키는 용어로 사용되고 있다.[4]

바울의 영적 예배의 의미

바울이 로마서에서 말한 '영적 예배'의 의미를 이해하는 것은 대단히 중요하다(롬 12:1). '영적'이라는 단어는 '로기코스'를 번역한 것이다. '로기코스'는 여러 의미로 번역되었다. 이 단어는 '합리적'(개역판), '영적'(RSV, 개역 한글판, 새번역), '마음과 심성으로 드린'(표준 새번역, 표준 신약성서) 등으로 번역되었다. '로기코스'는 동사 '생각하다'와 명사 '말씀'과 관계가 있는 단어로써 어떤 것의 참되고 핵심적인 본질에 부합한다는 의미의 '진정한'을 뜻하기도 한다. 또한 여러 번역서들이 '이성적'(KJV, STV, NBG)로도 번역하고 있다.

바울의 관점에서 이성은 매우 중요한 주제이기 때문에, 비록 '로기코스'를 '이성적'으로 번역하는 것이 가장 타당하다고 하더라도, 여기서 말하는 것은 이성 그 이상을 의미한다. 바울이 말한 예배는 하나님에 의해 변화되고 갱신된 정신을 가진 이들이 드리는 믿음의 복종이기 때문이다. 즉, 영적 예배는 이 시대의 가치, 태도, 행동, 삶의 방식을 더 이상 따르지 않는 모습과 관련된 것이기 때문이다(롬 12:2; 비교 골 3:9-10; 엡 4:22-24).

게다가 '로기코스'는 단순하게 '이성적'으로만 번역할 수 없는 특성이 있다. 왜냐하면 '로기코스'는 문자적인 의미만 함축하고 있는 것이 아니라 '비유적'(figurative), '영적'(spiritual) 의미로 쓰이고 있다고 보아야 하기 때문이다. 구체적으로 서술하면, 몸을 비유적이고 영적인 의미로 사용하는 것과 같이 '로기코스'도 비유적이고 영적으로 쓰고 있다고 보아야 한다. 바울이 몸을 살과 뼈만의 문자적인 개념이 아니라, 전인으로써 비유적이고 영적 의미로 사용하는 것과 같다. 이는 구약시대의 '제사'는 문자적인 의미로서 '동물'을 죽여 제물로 드리는 것이었지만, 바울이 '몸을 드리라'는 의미는 문자적인 의미가 아니라 비유적인 의미로서 온전히 하나님의 뜻에 순종하는 사람이 되는 것과 같은 것이다. 때문에 '로기코스'란 단어는 '비유적,' '영적'으로 번역하는 것이 더 타당하다고 할 수 있다.

구약의 헬라어 번역인 70인 역은 '로지코스'를 사용하지 않지만, 구약의 선지자들은 하나님이 의식을 통해서가 아니라, 참다운 영적, 윤리적 관계를 통해서만이 경배드릴 수 있다고 가르친다(시 1:10-16; 미 6:6-8).

하나님이 가장 요구하시는 것은 회개, 믿음, 복종이다. 특별히 하나님의 공동체 안에서 의와 거룩함을 바로 세우는 노력을 통해 드러나길 기대했다. 제사제도는 이러한 반응을 격려하는 방편이었지 죄를 덮는 방편이 아니었다.

바울시대 당시에 헬라 문화는 일반적으로 내면화된 예배를 의미했고, 비인격적이고 간섭하지 않는 신 앞에서 침묵으로 나가야 할 필요를 가르치는 경향이 강했다. 이에 반해 유대교에서는 제의의 윤리적 의미를 더 강조하였다. 어떤 면에서는 신약성경은 헬라 문화보다는 하나님의 뜻의 실천을 더 강조했던 유대 사상가들의 영향을 받았다. 그렇지만 바울의 특징은 제사라는 개념을 단지 윤리적으로 그리고 영적으로 해석하는데 주요한 목적이 있지 않았다. 도리어 속죄제로 예수의 죽음이라는 기초에 의지하여, 성령 안에서 우리를 하나님께 드리는 것이 영적 예배라고 정의했다고 할 수 있다. 바울이 '영적 예배'라는 표현을 사용한 이유는 다음과 같이 설명될 수 있다.

> 이것이 표현하는 영적 해석의 전통과 의미 때문이다. 이것이 피를 보는 동물 제사와는 다른 영적 윤리적 제사, 로고스를 따라 삶의 의미를 찾는 행위, 침묵 기도의 신비주의적 경향 속에서 설명된다. 바울은 당시 일부에서 일반적으로 사용된 종교적 표현을 그대로 인용한다. 그럼으로써 당시 불투명하게 이해되었던 영적 예배라는 개념에 반대하여, 전혀 다른 정의를 제시한다. 과거의 피를 보는 동물 제사는 더 이상 필요하지 않다. 그러나 신비주의자들의 철저한 내면적 정의도 반대한다. 기독

교의 영적 예배는 가장 극적인 현실을 포함한다. 그리스도께서 자신의 몸을 제물로 바치신 것 말이다.[5]

우리는 예수님의 죽음과 부활을 통해 죽음에서 생명으로 옮겨진 자로서 '산 제물'로 하나님의 소유가 되었다. 성도로 부름 받은 사람은 생활의 실제적인 구별됨을 통해 변화된 관계를 드러내고, 하나님이 기뻐하시는 삶을 살아야 한다. 바울은 로마서 12-15장에서 그리스도의 몸 안에서 서로 섬기는 것, 그리스도의 공동체 밖에도 사랑과 용서를 베푸는 것, 그리스도의 공동체 안에서 다른 의견을 가진 사람에게 사랑을 보여주는 모습도 예배의 일부로 여기고 있다. 바울은 예배를 광의적인 차원으로 확장시키고 있다. 구약의 성전 예배에서 삶의 예배와 일상 예배로 확장시키고 있다.

패러다임 전환으로서의 영적 예배

바울이 언급한 영적 예배는 구약 제사의 패러다임에서 '몸' 또는 '삶'으로의 패러다임 전환(paradigm shift)을 역설하고 있다고 할 수 있다. 바울이 영적 예배를 이야기하면서 전인으로서 '몸'(롬 12:1)을 표현한 이유는 이것이 구약시대의 제물이었던 '짐승'에 비유되고 있기 때문이다. '제사'로 번역된 '뛰시아'는 제물을 뜻한다. 제물이란 원래 죽여서 드리는 것이었다. 죽지 않은 것은 제물이 될 수 없었다. 왜냐하면 "피 흘림이 없은즉 사함이 없기 때문"이다(히 9:22). 하지만 그리스도인들에게 어떤 문자적 의미에서도 더 이상 '제의'(cult) 또는 '희생 제사'(sacrifice)가 없다.

신약의 예배는 구약의 예배보다 넓은 관점에서 이해되고 있을 뿐만 아니라 중요한 차이점이 있음을 존 프레임(John Frame)은 다음과 같이 설명한다.

> 분명하게 드러나는 하나의 차이점은, 예배에 대한 전통적인 용어는 이제 신약에서 폭넓은 의미에서 사용되게 되었다는 것이다. 그것은 기대되어 왔던 점이다. 문자적인 성전은 더 이상 존재하지 않는다. 더 이상 동물의 제사는 드려지지 않으며, 더 이상 아론의 제사장직은 존재하지 않는다. 할례와 매년 가지는 절기들도 더 이상 요구되지 않는다. 우리는 이 모든 제도들은 그리스도를 증거하기 위한 것으로 알고 있으며, 일단 그 분이 오셔서 구속을 성취하신 이상, 이제는 더 이상 문자적인 의미에서 그것들을 준수할 필요가 없는 것이다. 실로, 그러한 의식들의 문자적인 준수는, 우리들로 하여금 그리스도 안에서 주어진 구원의 최종적인 성취로부터 멀어지게 할 것이다. 그러므로 하나님께서는 우리들이 그러한 의식들에 더 이상 참여하라고 요구하지 않으신다. 그러나 의식들이 더 이상 요구되지 않을 때, 남게 되는 것은 무엇인가? 본질적으로 남게 되는 것은 넓은 의미에서 예배가 된다: 하나님의 말씀에 순종하는 삶, 우리 자신들을 그 분의 목적에 맞게 드리는 희생의 삶. 우리의 모든 삶은 우리에게 제사장적 섬김의 장이요, 우리의 언약의 여호와의 위대하심 앞에 드려지는 경배의 장인 것이다.[6]

바울은 신약시대의 예배는 제사에 의한 예배보다 삶의 예배로 전환되었다는 것을 역설하고 있다(롬 12:1). 구약의 제사에 의한 예배는 동물과 같은 대상을 드리는 예배였지만 신약의 예배는 전인을 드리는 예배로 전환되었다는 것이다. 희생 제사에서 생활 예배로의 전환이다.

바울은 새로운 예배관을 제시한 것이다. 예배는 특별한 공간이나 시간에 제한되지 않고 삶의 모든 차원이 하나님께 드리는 예배가 된 것이다. 예배를 교회 안에서 하는 행위로만 제한하는 것은 바울의 예배관을 부각시키지 못하고 있다고 할 수 있다. 모든 삶의 차원에서 하나님께 예배해야 한다면, 예배를 교회 안에서만 행해지는 것으로 여기거나 제한하는 것은 새로운 예배에 부합되는 것이 아니다. 때문에 교회 안에서 드리는 '공동체 예배'가 무엇을 의미하는지를 좀 더 정확하게 규명 할 필요가 있다. 바울은 같이 모이는 목적이 교회의 덕을 세우는 일에 참여하는 것이라고 강조한.[7] 하지만 모이는 목적이 덕을 세우는데 있다고 해서, 교회에서 공적으로 행하는 형식적 예배(formal worship)가 필요하지 않다는 의미는 아니다. 교회 공동체의 주요 목적은 덕을 세우는데 있지만, 이러한 것들이 하나님의 영광을 위해서 사용된다면, 이것은 또 다른 예배의 표현으로 이해해야 한다.[8]

바울의 예배관은 교회의 공적인 예배와 교회의 덕을 세우는 일은 분리될 수 있는 것이 아니라 서로 유기체적이어야 함을 의미한다. 교회에서 행해지는 기도와 찬양은 우리가 복음에 믿음으로 반응할 때 같이하는 예배의 모습이다. 그러나 기도와 찬양도 성도들을 세우는 방법으로 사용되어야 한다. 하나님에 대한 믿음과 감사를 표현하는 '시편과 찬양과 영적 노래'도 서로를 가르치고 훈육하는 도구다. 다시 서술하면, 기도나 찬양이 덕을 세우는 사역에 종속되었다는 의미는 아니다. 우리는 하나님의 하나님 되심과 우리를 향한 사랑과 은혜 때문에 예배드린다. 예배의 목적은 분명히 하나님께 영광을 돌리는데 있다. 하지만 하나님께 영광을 돌린다는 의미가 단지 정신적 행위와 입술의 행위로만 국한될 수는 없는 것이 분명하다. 그리스도의 몸을 세워가는 사역에 참여한다는 것은 하나님께 드리는 예배의 중요한 표현방법이다. 그러므로 예배의 수직적 차원과 수평적 차원을 분리시켜서는 안 된다. 교회에서 찬양과 기도는 '예배 시간'으로 여기고, 가르치거나 덕을 세우는 것은 단지 '사역 시간'으로만 취급해서는 안 된다.

영적 예배가 삶 전체를 드리는 예배를 뜻한다고 하여 공동체로 모여 함께 예배를 드리는 것이 필요하지 않다고 여겨서는 안 된다. 왜냐하면 공동체로 함께 모여 하나가 되어 예배할 때 더 풍요롭게 하나님을 경험할 수 있기 때문이다.

통전적 예배로서의 영적 예배

바울이 "몸을 산 제사로 드리라"는 표현에서 몸은 단순히 살과 뼈를 말하는 것이 아니라 전인 또는 우리의 전부를 의미한다(롬 6:13, 16). 산 제사를 전인으로서 몸을 드리는 것과 관련시키고 있다. 바울은 예배를 우리의 내적 변화와만 관련된 것이 아니라 우리 전체를 헌신하고, 세상 속의 실제적인 관계를 통해 하나님께 복종하는 것으로 이해하고 있다.

영적 예배는 어느 특별한 공간이나 교회 건물에 갇힌 예배가 아니라 오히려 일상생활의 장에서 드리는 예배이다. 바울이 헬라 사상에 영향을 받은 로마 그리스도인들에게 '몸'을 드리라고 했을 때, 그들은 충격을 받았을 수도 있다. 플라톤적 사상을 배경으로 교육을 받은 그들은 몸은 오히려 거룩한 삶의 방해물이라고 여겼을 것이기 때문이다. 헬라인들의 중요한 표어는 '소마 세마 에스틴'(*soma sema estin*), 즉 '육체는 무덤이다'였다. 다시 서술하면, 인간의 영혼은 육체 안에 갇혀있으며, 육체로부터의 탈출이 구원이었기 때문이다. 많은 기간 동안 그리스도인들은 이원론적 사고의 틀 속에서 우리 '몸'이 아니라 '마음'을 하나님께 드려야 한다고 여겼다. 몸은 오히려 방해물이 된다고까지 여겼다. 이러한 결과로 인하여 바울이 세속적인 몸의 언어를 사용한 것에 당황한 사람들은 "너 자신을 그 분께 드리라"(REB)는 대안을 제시하기도 하였다. 하지만 분명한 것은 우리의 예배는 몸으로 수행하는 구체적이고 실체적인 행위여야 한다.

바울이 말한 몸은 단지 보이는 몸이 아니라 전인이다. 바로 머리와 가슴과 장을 담고 있는 몸이다. 몸은 우리가 자신과 타인과 창조물과 하나님과 관계 속에서 그토록 간절히 바라는 조화를 이루고 있는지 들을 수 있는 실체다. 우리의 몸은 하나님께서 주신 선물이며 우리가 성장할 수 있는 법에 대한 정보를 담은 보물 상자이다. 몸은 우리의 사고와 인간관계와 경외심을 가지고 주의를 기울이며 소통할 수 있는 실체다.

마르바 던(Marva Dawn)은 예전에서 몸의 중요성과 형언할 수 없는 경험에 대해서 다음과 같이 묘사하였다.

> 참으로 절묘한 몸동작이었다. 처음으로 접한 예전적 댄스

(liturgical dance)에서 나는 그만 그 고요한 아름다움에 압도되고 말았다. 한 수녀가 춤으로 주기도문을 표현했는데, 거기에는 더 이상의 말이나 음악이 필요치 않았다. 그녀의 손과 몸에서 흘러나오는 상징들과 천사 같은 미소, 그녀의 전 존재에서 발하는 빛이 이미 충분히 모든 것을 말해 주고 있었기 때문이다. 사실상 그것은 형용할 수 없는 것들을 표현해 주는 기도였다. 그 춤을 본 이후 나는 많은 수화노래를 배우게 되었다. 곡조가 붙은 기도는 깊이가 더해진다. 어거스틴의 말처럼 "노래로 기도하는 이들은 두 배로 기도하는 것"이기 때문이다. 그런데 몸으로 부르는 노래는 내 자신이 마치 세 배로 기도하는 듯한 느낌이 들게 했다. 메시지 속으로 손짓과 몸짓을 들어 올려 말과 음악이 강조될 때 나는 더욱 철저히 기도에 몰입하게 된다.[9]

우리의 살과 뼈, 생각과 감정, 꿈과 춤 등이 복잡하게 얽힌 삶은 하나님을 알기 위한 우리의 기관이다. 성경 전체에 걸쳐 그러한 기관에 대한 관심, 즉 신체의 각 부분, 감정의 상태, 물리적 상황, 정신적 과정, 지리적 배경 등의 특성과 조건에 집중하는 것은 그리 놀라운 사실이 아니다. 인간의 모든 세부적인 요소들은 하나님에 대한 반응의 방편들을 이루는 차원들이다. 이러한 요소들은 하나님께 나아가는 것을 방해하거나 나아가도록 하는 유기체적인 것들이다.

우리 몸을 드리라는 바울의 제안에는 여러 가지 실제적인 의미가 있다. 몸으로 드리는 영적 예배는 "단순히 입으로만 아니라 우리의 전 존재로 예배할 것과, 목사의 설교와 오르간 연주자의 연주를 듣기만 하는 수동적 청중이 아니라 적극적인 예배자가 될 것을 요구한다. 단순히 지적으로만 그리스도인이 될 수는 없다. 우리의 모든 말과 태도, 감정과 행동, 전인적 사랑으로 하나님의 사랑에 반응해야 한다."[10] 그러므로 몸으로 드리는 영적 예배는 전인적이고 통전적인 예배라고 할 수 있다.

생활 예배로서의 영적 예배

바울이 "너희 몸을 하나님이 기뻐하시는 거룩한 산 제제사로 드리라"(롬 12:1)고 말한 것은 성전에서 제사장이 짐승을 잡아서 하나님께 드리듯이 우리 몸을 하나님께 제물로 바치라는 의미이다. 구약시대에는 소나 양과 같은 '동물'을 잡아서 하나님께 드렸지만, 이제는 우리의 '몸'을 하나님께 드려야 한다는 뜻이다. 바울이 말한 '몸'은 살과 뼈를 말하는 것이 아니라 전인을 뜻한다. 바울이 몸을 '산 제물'로 드리라는 뜻은 삶을 드리라는 의미이다. 하나님의 뜻에 순종하는 생활을 의미한다. 바울은 예배의 범위를 삶의 모든 차원으로 확장한다. 즉 구약의 제의에 초점을 맞추는 행위와 언어가 이제 우리의 생활의 모든 차원을 포함하는 것으로 확대되고 있다. 때문에 신약의 그리스도인들은 한 장소나 한 때에 국한되는 것이 아니라 모든 장소와 모든 때를 포함하는 예배를 드리도록 부름받았다.

바울의 영적 예배에서 흥미로운 것은 몸의 습성과 태도를 '마음을 새롭게'하는 일과 영적 예배와 서로 연계시키는 방식이다. 몸과 산 제물이 영적 예배와 대비되는 것이 아니라, 그것이 곧 영적 예배라는 것이다.

바울이 여기서 사회적 몸인 교회와 관계지어 이런 말을 하고 있음을 알 수 있다. 이는 바울이 바로 뒤따르는 내용에서 그것을 시사하고 있기 때문이다(롬 12:3-5).

그런 맥락에서 바울은 교회 지체들의 구체적인 몸을 언급하면서 성도들의 쓸 것을 공급하는 일, 낯선 사람을 대접하는 일, 기뻐하는 자들과 함께 기뻐하고 우는 자들과 함께 우는 것, 소외된 사람들과 사귀는 일, 원수에게 먹을 것을 주는 일 등 여러 가지 가시적이고 신체적인 실천사항을 인용한다(롬 12:13-20). 바울은 몸과 마음을 대립관계로 규정하지 않을 뿐만 아니라 분리시키지도 않는다. 손님을 대접하고 원수를 먹이는 일 등 몸으로 하는 여러 행위는 영적 예배의 중요한 요소들이다.

바울이 말하는 영적 예배는 기본적으로 일상생활의 구체적인 현실 속에서 자신의 삶을 하나님께 드리는 것이다. 크리소스톰은 생활 예배로서 몸을 산 제물로 드리는 예배를 다음과 같이 말하였다.

> 그러면 몸이 어떻게 제물이 될 수 있는가? 눈으로 일체 악한 것을 보지 않게 하라. 그러면 눈이 제물이 될 것이다. 혀로 일체 불결한 것을 말하지 않게 하라. 그러면 혀가 제물이 될 것이다. 손으로 일체 불결한 행위를 하지 않게 하라. 그러면 손은 온전히 드리는 번제가 될 것이다.[11]

매주 정해진 주일에 모여 공동체가 하나님께 찬양과 경배를 드리는 모임은 중요하다. 이런 모임에서 일어나는 것은 분명 예배이다. 그러나 주일에 모여 드리는 예배의 시간들은 우리 각자가 매일 하나님께 몸을 제물로 드리는 부단한 예배의 한 국면이다.

영적 예배는 전인적 생활과 관련된 예배이다. 몸을 개인적 인격을 가리키는 의미로 해석할 때, 영적 예배는 삶의 모든 차원을 제물로 드리는 자세이다. 영적 예배는 어느 한 공간에 제한된 예배가 아니라 삶의 모든 공간이 예배의 장이 될 수 있다. 때문에 영적 예배는 공간을 넘어서는 예배라고 할 수 있다. 영적 예배는 십자가가 아름답게 장식되어 있는 공간이나, 화려한 현대식 시설을 갖춘 건물이나, 찬송이 큰 소리로 울려 퍼지는 기도원과 같은 특별한 장소나 행동이 있는 곳에서만 경험할 수 있는 것은 아니다.

우리의 일상이 더 영적 예배가 될 수 있다. 우리가 공적인 장소와 공적인 시간에 드리는 형식적인 예배가 비영적 예배도 될 수 있다. 예배 중에 하나님을 경험할 수 없으면 그것은 진정한 예배가 될 수 없다. 우리의 가정이나 일터가 예배당보다 더 깊은 영적 예배의 장이 될 수도 있다. 그러므로 영적 예배란 하나님과 관계에서 규정되기 때문에 장소와 구역의 문제만은 아니다. 하나님의 사랑과 임재를 경험할 수 있는 곳이라면 그곳이 바로 영적 예배의 장이 될 수 있다.

루이스(C. S. Lewis)가 말했듯이 한 여름날 꽃이 만발한 가운데 하나님은 "내 마음 안에 함께" 하실 수 있다. 바로 그와 마찬가지로 설거지를 하는 주방에서 혹은 일터에서도 그러할 수 있는 것이다. 하나님 체험의 장소는 제한될 수도 없고, 그렇게 할 수도 없다. 하나님을 위하여 적합한 곳이라고 여겨지는 교회조차도 루미가 말했듯이 '비장소성'의 예배의 '장소'라고 할 수 있다.[12] 이는 예수님과 사마리아 여인의 대화에서도 드러난다. "우리 조상들은 이 산에서 예배하였는데 당신들의 말은 예배할 곳이 예루살렘에 있다 하더이다. 예수께서 이르시되 여자여 내 말을 믿으라 이 산에서도 말고 예루살렘에서도 말고 너희가 아버지께 예배할 때가 이르리라....하나님은 영이시니 예배하는 자가 영과 진리로 예배할 지니라"(요 4: 20-21, 24). 예수님의 가르침은 하나님의 영과 진리에 의한 예배로의 전환뿐만 아니라 예배의 '민주화'를 선언하신 것이라고도 할 수 있다. 예배의 장소의 제한성으로부터 직분의 차별성으로부터 민주화라고도 할 수 있다. 예배의 민주화는 바로 예배의 확장성과 다양성으로의 전환이다.

삶의 변화로서의 영적 예배

바울은 로마서 12장 1절에서 '영적 예배'로서 몸 또는 자신을 하나님께 드리는 예배의 상관적 의미를 다음 구절인 2절에서 설명한다. 로마서 12장 2절은 1절에 종속되어 1절의 포괄적 권면을 수행할 수 있는 수단을 제공하고 있다고 할 수 있기 때문이다.[13] 바울은 "너희는 이 세대를 본받지 말고 오직 마음을 새롭게 함으로 변화를 받아 하나님의 선하시고 기뻐하시고 온전하신 뜻이 무엇이지 분별하도록 하라"(롬 12: 2)고 말한다.

바울은 '이 세대'와 '마음을 새롭게 하는 것'을 대조하고 있다. 이것은 세상을 본받는 것이 마음을 새롭게 하는 것과는 상반되는 사고방식을 포함한다는 것을 암시한다. 우리는 "이 세상을 본받지 않고," "마음을 새롭게 함으로 변화될" 때에만 우리의 몸은 제물로 주님께 드릴 수 있기 때문이다. 바울의 그리스도인의 삶에 대한 이해의 개발과 표현에 기본이 되는 구속사의 틀이 여기서 표출되고 있다고 할 수 있다.

1절의 '몸'과 2절의 '마음'이 엄격하게 구분되는 것이 아니다. 바울은 인간을 전인으로 생각하기 때문이다. 다시 서술하면, 전인으로서 몸과 마음은 부분(part)이 아니라 국면(aspect)이기 때문에 이 두 국면은 분리될 수 없다. 때문에 전인으로서 몸은 마음이며, 마음은 또한 몸이라고 할 수 있다. 그러므로 몸을 드리는 것과 마음의 변화, 생각하는 것과 행하는 것은 통전적 관계라고 할 수 있다. 그리스도인들은 종종 '본받다'(시스케마티조마이)와 '변화를 받다'(메타모르포오)를 구분하여, 전자는 표면적으로 따르는 것을 의미하고, 후자는 내적이고 진정한 변화를 의미하는 것으로 이해하였다. 하지만 이러한 이해는 성경적인 이해가 아니다.[14] 이 동사들은 종종 상호교환적으로 사용되기 때문에, 현재는 이 두 동사가 어느 정도 동의어라는 견해에 대체로 의견일치가 이루어지고 있다.[15]

더욱이 '변화를 받다'는 동사 '메타모르포오'는 내적인 변화뿐만 아니라 표면적인 형태를 가리킬 수도 있다. 마가복음 9장 2절에서 이 동사는 예수님이 변화하실 때 경험했던 외적인 변화를 가리킨다. 때문에 '시스케마티조마이'와 '메타모르포오'를 구분하려는 시도는 받아들여지지 않는다. 바울이 말하는 마음의 변화는 생각의 변화, 가치관의 변화, 행동의 변화를 함축한다고 할 수 있다. 인간은 전인이기 때문에 진정한 마음의 변화는 가치관의 변화나 행동의 변화와 아무런 관계가 없다는 생각은 불가능하기 때문이다.

바울이 말하는 영적 예배는 전인으로 드리는 예배다(롬 12:1). 전인으로 드리는 예배는 마음의 변화를 목적으로 한다(롬 12:2). 영적 예배는 마음 또는 의식의 변화(renewing of the mind)와 관련이 있다. 영적 예배는 의식의 변화가 일어나는 예배이다. 여기서 마음 또는 의식의 변화는 사고(thinking), 가치(value), 동기(motive), 삶의 방법(method)과 관련이 있다.

바울이 말하는 마음 또는 의식의 변화는 단지 우리의 사고뿐만 아니라 우리의 행동이 바뀌는 것을 말한다. 그러므로 영적 예배는 우리의 마음의 변화이며 우리의 사고와 가치와 동기와 삶의 방법이 바뀌는 것과 관련이 있다. 단지 하나님의 이름만을 부르는 것이 아니다. 영적 예배는 우리의 의식이 하나님의 영역으로 변화되는 예배이다. 영적 예배는 우리의 의식의 고양과 삶의 고양을 지향하는 예배다.

바울이 언급한 '변화'를 현대적 용어로 보면 토마스 쿤(Thomas S. Kuhn)이 말한 '패러다임 변화'(paradigm shift)와 비견될 수 있다. '패러다임 변화'라는 용어는 토마스 쿤이 만들었는데, 그는 패러다임을 '믿음, 가치, 기술 그리고 주어진 공동체 구성원에 의해 공유되는 전반적 인식체계'라고 정의한다.[16] 몸과 마음과 영혼이 일체라는 것을 인정하고 받아들이는 것은 인식체계에서의 패러다임 변화이다.

우리는 단지 드리는 예배에서 변화를 수반하는 예배로 새롭게 추구할 필요가 있다. 영적 예배는 하나님의 영광을 위한 것이지만 동시에 우리의 의식과 삶의 변화를 추구한다. 영적 예배를 위해서는 패러다임 변화가 필요하다. 예배의 패러다임이 변한다는 것은 새로운 이론이나 프로그램에 관한 것이 아니라 의식의 변형에 관한 것이다. 우리의 예배는 하나님을 향한 의식과 삶을 위한 의식이 함께 수반될 때 영적 예배를 드릴 수 있다. 예배는 단지 정신을 드리는 행위가 아니다. 예배는 단지 마음을 드리는 것이 아니다. 예배는 하나님의 영광과 의식의 변화와 삶의 변화를 위한 것이다.

예수님이 세리와 죄인들과 함께 먹기 위해 앉은 것을 비판하는 것에 대한 응답으로 예수님은 새 포도주는 새 부대에 넣어야 할 필요에 대해 말씀하셨다. "새 포도주를 낡은 가죽 부대에 넣는 자가 없나니 만일 그렇게 하면 새 포도주가 부대를 터뜨려 포도주와 부대를 버리게 되리라 오직 새 포도주는 새 부대에 넣느니라 하시니라"(막 2:22). 예수님의 복음과 가르침은 믿음체계의 변화에 있었다. 예수님의 복음은 새 포도주와 같은 것이었다. 사람들은 자신의 마음과 행동의 변화 없이 예수님의 메시지를 받아들일 수 없었다. 예수님은 다양한 사람들로 구성된 새 공동체, 즉 새 부대를 만들고 계셨다. 이 새 공동체는 하나님의 뜻을 행하는 사람들로 구성된 새 가족이 되어야 했다(막 3:35). 새 공동체를 위한 의식의 전환을 하고 계셨던 것이다. 주님이 원하는 예배는 새로운 공동체를 위한 의식의 전환이 있는 예배다.

켈리포니아 팔로 알토에 있는 정신연구소의 폴 와츨라위크(Paul Watzlawick)와 그의 동료 존 위크랜드(John Weakland)와 리차드 피시(Richard Fisch)는 사람들이 어떻게 변화하는가를 연구했다. 그들은 사람들이 두 가지 변화를 한다는 것을 발견했다. 그들은 그것을 일차변화(first order change)와 이차변화(second order change)라고 말한다. 일차변화에서 사람들은 현 상황에 맞게 조정한다. 더 잘 기능하는 것을 배우지만 그들의 기본 상황은 변화하지 않는다. 이차변화는 패러다임 변화로써 현실에 대한 새로운 지각으로 인해 믿음과 태도와 행동 전체가 바뀌는 것을 말한다. 이차변화에서는 전체체계가 바뀐다.[17]

영적 예배를 변화라는 관점에서 본다면 예배를 통해 우리가 감동을 받고 은혜를 받고 기쁨을 누리는 것은 일차 변화에 머무는 것이 될 수 있다. 예배를 통해 우리의 믿음과 의식과 태도와 행동의 변화가 일어나야 한다. 예배의 목적은 일차변화에만 있지 않다. 진정한 예배는 이차변화를 가져온다. 예배생활에서 일차변화는 예배를 정기적으로 드리고 예배를 통하여 삶의 기쁨을 누리는 것이다. 예배의 환경에 적응하고 누리는 것이다. 예배를 단지 드리는 것이다. 그러나 예배생활의 이차변화는 우리의 의식과 가치와 행동이 바뀌는 것이다. 삶의 예배로 이어지는 것이다. 예배를 통해서 받은 힘과 에너지를 삶 속에서 경험하며 누리는 것이다.

일상의 축제로서의 영적 예배

우리가 매주일 드리는 형식적인 예배(formal worship)가 매우 귀하고 아름다운 행위이지만 다른 삶을 상대적으로 등한히 여길 때는 문제를 낳을 수 있다. 우리의 영성생활에서 가장 큰 유혹은 익숙한 것만을 사랑하는 것이다. 부르스 디마레스트(Bruce Damarest)는 "익숙하지 않은 것들에 대해 마음의 문을 열지 않는 사람은 하나님을 자신의 관점과 방법으로 가두어 버리는 실수에 빠지게 된다. 이것은 하나님께서 자신의 형상대로 우리를 만드시는 작업을 방해하고 반대로 하나님을 내 형상대로 만드는 데로 나가게 만든다"라고 말한다.[18] 우리에게 익숙해져 있는 형식적인 예배가 우리의 영성생활에서 중요한 차원이지만 자칫 형식적인 예배에만 메이게 되면, 다른 일상적인 차원들을 보지 못하게 되는 결과를 가져 올 수 있다. 왜냐하면 영적 예배는 형식적인 예배안에만 제한되면 안 되기 때문이다. 영적 예배는 어떤 특수한 요소나 영역에만 제한될 수 없을 정도로 다양하고 신비한 요소들로 가득하기 때문이다.

나아가 형식적인 예배는 거룩한 것으로 여기지만 일상적인 삶은 영적인 삶과는 무관한 것으로 자기도 모르게 취급해버리는 현상이 발생할 수 있다. 예배가 우리의 일상생활을 속된 것으로 여기게 만드는 동기가 되어버린다면 예배는 일상의 거룩함을 속된 것으로 여기게 만드는 동인으로 작용할 수 있다.

초대교회 교부들은 삶을 거룩한 것과 속된 것으로 구분하여 이해하지 않았다. 그들에게는 삶을 포함한 모든 것이 다 거룩하였다. 하지만 헬라인들의 사고방식에 의하면 예배와 기도와 같은 행위는 거룩한 삶의 영역에 해당하는 것으로 여기고, 일이나 놀이와 성 또는 몸의 일은 거룩한 삶의 영역에서 분리하여 세속적인 삶의 영역에 속한다고 생각하였다. 당연히 세속적인 삶의 영역에서 '하나님과 동행'도 잠시 유보되기 마련이다. 하지만 초대교회의 성경적인 사고방식에서는 주일뿐만 아니라 모든 날과 삶의 전 영역, 즉 일과 놀이, 몸의 일 모두가 거룩한 영역에 포함된다. 예배와 기도와 성경 묵상이 우리의 영적인 삶에서 엔진과 같은 역할을 하지만 마치 차가 엔진의 기능으로만 움직일 수 없듯이 우리의 영적 삶에서 예배와 기도가 다른 요소들을 누리지 못하게 한다면 이는 통전적인 성장에 부정적으로 작용할 수도 있다.

우리는 익숙한 것에 중독되기 쉽다. 우리의 예배생활에서도 형식적인 예배에만 치중하게 될 때 자칫 중독이란 덫에 빠지는 결과를 초래 할 수 있다. 우리의 예배생활이 우리에게 아름다움을 가져다주지만 자칫 그 행위 자체에만 익숙해지도록 하는 기능으로 축소되어 버릴 수 있다. 이러한 현상은 제랄드 메이(Gerald May)가 지적했듯이 우리의 영적 확장성을 제한하는 중독으로 기능할 수 있다. "중독은 자유를 향한 우리의 확장성을 구속하고 제한한다."[19] 우리의 예배생활이 하나님과의 관계에서 발생하는 성장보다는 영적 중독의 도피처가 될 수 있다. 이러한 현상은 우리를 퇴보하게 할 뿐만 아니라 우리의 영적 확장성을 구속하고 제한할 수 있다. 그러기에 바울은 몸이 소외된 예배가 아니라 너의 몸을 거룩한 산 제사로 드리라고 지혜롭게 제안하였다. 때문에 우리의 예배는 반드시 일상 속에서 구원의 축제로 확장되어야 한다. 영적 예배는 삶 속에서 구원의 축복을 경험하는 것이기 때문이다.

〈미주〉

1 James F. White, *Introduction to Christian Worship* (Nashville: Abingdon Press, 1987), 23-4.
2 James F. White, *Introduction to Christian Worship*, 23-4.
3 James F. White, *Introduction to Christian Worship*, 24.
4 John Harper, *The Forms and Orders of Western Liturgy from the Tenth to the Eighteenth Century: A Historical Introduction and Guide for Students and Musicians* (Oxford: Clarendon Press, 1995), 12.
5 R. Corriveau, *The Liturgy of Life: A Study of the Ethical Thought of St Paul in His Letters to the Early Christian Communities* (Bruxelles and Paris: Desclee de Brouwer, 1970), 179.
6 John M. Frame, 『신령과 진정으로 드리는 예배: 예배회복을 위한 개혁신학의 원리』, 61.

7   R. J. Banks, *Paul's Idea of Community*, 92.
8   I. H. Marshall, 'How Far Did the Early Christian Worship God?' *Churchman* 99 (1985), 226-29.
9   Marva J. Dawn, 『희열의 공동체』, 이종태 옮김 (서울: 복있는 사람, 2004), 27-8.
10 Marva J. Dawn, 『희열의 공동체』, 28.
11 Marva J. Dawn, 『NICNT 로마서』, 손주철 옮김 (서울: 솔로몬, 2011), 1014에서 인용.
12 Dorothee Solle, *The Silent Cry: Mysticism and Resistance* (Minneapolis: Fortress Press, 2001), 97.
13 C. Evans, "Romans 12: 1-2: The True Worship," in Lorenzi, Dimensions, 25, 『NICNT 로마서』, 1014에서 인용.
14 James Dunn, "Romans," in *The Word Biblical Commentary* (New York: Word Books, 1988), 712.
15 Thomas S. Kuhn, *The Structure of Scientific Revolutions* (Chicago: University of Chicago, 1962), 175.
16 Paul Watzlawick, John Weakland, and Richard Fisch, *Change: Principles of Problem Formation and Problem Resolution* (London: W. W. Norton & Co, 1974), 10.
17 Bruce A. Demarest, 『영혼을 생기나게 하는 영성』, 김석원 역 (서울: 쉴만한 물가, 2007), 63.
18 Gerald G. May, 『사랑의 각성』, 김동규 역 (서울: IVP, 2006), 64.

4

예배의 신학적 배경과 특성

예배의 신학적 의미

계시와 응답으로서의 예배

　기독교 예배는 먼저 다가오시는 하나님의 은혜와 우리를 자유롭게 하나님께 드리는 반응의 만남이다. 진정한 예배는 언제나 그 근원이 하나님의 은혜에 있지만, 그 은혜는 의지적인 반응을 불러일으킬 수 있는 능력을 지니고 있다. 레드먼(Matt Redman)은 예배를 '계시와 응답'이라고 정의하였다.[1] 예배는 우리로부터 시작되는 것이 아니라 하나님이 먼저 우리에게 자신을 계시해 주셨고, 그 다음에 우리가 하나님께 반응하는 것이다. 이러한 하나님의 계시와 우리의 반응, 즉 우리를 향한 하나님의 사랑과 하나님을 향한 우리의 감사와 찬양과 경배가 바로 참된 예배다.

예배는 하나님의 계시에 인간이 응답하는 행위이다. 중요한 것은 하나님의 계시와 인간의 응답에서 하나님은 양편 모두에 역사하신다는 것이다. 왜냐하면 "하나님의 은사(gift)가 하나님에 대한 인간의 헌신을 불러일으키기 때문이다."[2] 즉 예배는 하나님을 향한 인간의 경배는 하나님의 선취적인 자기 주심의 은혜에 의해서 가능하기 때문에 계시가 먼저 발생하고 인간의 응답을 낳게 된다.[3] 예배는 그리스도이신 예수님 안에서 자신을 보여주신 하나님의 계시와 그에 대한 인간의 응답으로서 상호관계적이다. 즉, 하나님은 그리스도이신 예수님을 통하여 인간에게 계시하시고, 인간은 다양한 말과 감정과 몸 등을 통하여 그리스도이신 예수님을 통하여 응답하게 된다.

봉사와 섬김으로서의 예배

예배는 '인간에 대한 하나님의 봉사'와 '하나님께 향한 인간의 섬김'으로 설명될 수 있다.[4] 이는 예배를 통해 인간은 하나님께 영광을 돌리며 섬기지만 동시에 하나님도 인간을 회복시키시고 돌보시고 치유하시는 일을 행하신다.

인간에 대한 하나님의 봉사와 하나님께 향한 인간의 섬김으로서의 예배는 "하나님의 백성들의 공동의 예술"(common art)을 낳는다.[5] 공동의 예술로써 예배는 그것을 통해 공동체가 인간 삶의 깊은 희로애락의 감정(emotion)을 하나님의 에토스를 향하여 가지고 나아오게 하고, 우리가 누구인가를 새롭게 발견하게 되며, 하나님이 어떤 분이신지를 새롭게 발견하게 할뿐만 아니라 하나님의 뜻과 사역을 이 세상 가운데서 행하게 한다.[6]

그러므로 예배는 단순히 생각만으로 이루어지는 것이거나, 단지 열정적으로 노래를 하는 것이거나, 단지 설교를 듣는 것이 아니라, 말씀을 통해 하나님의 음성을 듣고, 기도를 통해 올려드리는 것이며, 찬양으로 성호를 송축하는 것이며, 함께 은혜를 경험하고 나누며, 하나님의 뜻과 사역을 이 세상 가운데서 행하는 모든 차원을 통해 이루어진다.

구원 역사의 재현으로서의 예배

기독교 예배는 "예수 그리스도를 통한 하나님의 구원 역사의 요약"이라고 정의할 수 있다.[7] 하나님의 구원 이야기를 기억하는 것은 창조와 언약과 그리스도 안에서 구원, 하나님 나라 완성이라는 이야기에 초점을 맞춘다. 우리는 구원 이야기를 기억함으로써 하나님의 이야기를 현재의 선물로서 다시 인정할 뿐 아니라 하나님의 여정에 있는 하나님의 백성으로서 함께 자란다.

우리는 예배를 통해 하나님의 말씀을 듣고, 찬양하고, 기도를 드리며, 성만찬에 참여하는 것은 하나님의 구원 사건의 재현이며, 그 구원 사건에 대한 우리의 응답 행위이다. 그 구원 사건은 복음선포와 성만찬으로서 재현된다. 이 재현되는 구원 사건에 대한 인간의 응답은 기도와 감사와 찬양 등이다. 때문에 "예배는 예수 그리스도 안에서 하나님의 구속

행위를 즐거워하는 것이다."⁸

구원 역사의 재현으로서의 예배는 그리스도를 통해서(through), 그리스도를 위해서(for), 그리스도 안에서(within), 그리스도와 함께(with)하는 인격적인 대화와 전인적인 삶과 하나님 나라를 지향하는 열정으로 이끈다.

예배의 신학적 특성

예배의 그리스도 중심적 특성

신약학자 랄프 마틴(Ralph Martin)은 신약의 의식에서 예배의 세 가지 특성 중의 한 가지로 예수 그리스도의 중심성을 들고 있다. 그리스도의 중심성을 나타내는 직접적인 두 가지 특성은 먼저 부활하신 예수님의 이름으로 예배하고 기도하는 것과 다른 하나는 주일에 예배하는 것이다. 그리스도 중심의 첫 번째 특성을 보면 교회 공동체의 예배생활 초기에 그리스도인들은 예수님을 예배하고 그분의 이름으로 기도하기 시작하였다. 그러나 예수님을 예배하고 그분의 이름으로 기도한 것은 놀라운 일이다. 그리스도 중심 예배의 두 번째 특성은 예배를 주일에 드렸다는 것이다. 신약에서 예배와 관련된 행동들이 주일에 있었다는 것을 언급하고 있다(행 20:7-12; 고전 16:2; 계 1:10).⁹

그리스도 중심의 예배의 중요한 특성은 예수 그리스도의 삶과 죽음과 부활과 승천과 재림에 대한 이야기가 예배의 내용을 구성한다는 것이다. 이것은 기독교 예배에서 가장 중요한 것이다. 모든 기독교 예배 행위를 통해 하나님은 누구시며, 하나님이 예수 그리스도 안에서 우리를 위해 행하신 구원의 이야기와 그 이야기가 재현될 때 진리가 선포된다. 기독교 예배는 예수 그리스도를 중심으로 노래하고, 기도하고, 선포하고, 재물을 봉헌하고, 성만찬에 참여하고, 세상을 위해 기도하는 것을 통해 하나님의 구원 역사에 참여한다.

그리스도 중심적 예배의 핵심적인 특성은 종교적인 생각들을 논의하기 위해 모이는 것이 아니라 살아계신 주님을 만나기 위해 모이는 것이다. 진정한 그리스도 중심적 예배는 그리스도에 대한 것이 아니라 그리스도를 향한 것이다. 다시 서술하면, 그리스도 중심적 예배의 목적은 그리스도에 관한 지식을 얻는데 있는 것이 아니라 그리스도를 안에서 그리고 그리스도를 통해서 진리를 경험하는데 있다. 예배를 통해서 그리스도의 임재를 경험하는 것은 대단히 중요하다.

그리스도 중심적 예배는 예수 그리스도의 제사장직, 즉 그리스도께서 우리의 예배를 중재하시고 인도하신다는 확신에 기초한다. 제임스 토랜스(James Torrance)는 예배에서 그리스도의 제사장적 역할을 다음과 같이 묘사하였다.

> 복음은 예수 안에 있는 하나님이 우리에게로 와서 우리를 대신하고 예배와 교제의 목적을 성취한다는 것이다. 예수님은 피조물의 제사장이 되셔서 우리가 실패한 일을 우리를 위하여 하시고, 우리가 실패한 예배와 찬양을 성부께 드리고, 온전한 사랑과 순종의 삶으로 하나님을 영화롭게 하고, 참되고 유일한 주

님의 종이 된다....그리스도께서 깨어진 우리의 삶과 자격 없는 기도를 가져가셔서 깨끗하게 하시고, 흠이나 구김이 없이 성부께 드리시고, 우리에게 돌려주심으로써 우리가 감사로 그리스도를 취하게 하신다. 그리스도께서는 우리의 기도를 취하셔서 주의 기도로 만드시고, 주님의 기도를 우리의 기도로 만드신다. 우리는 "예수님을 인하여" 우리의 기도가 성부께 드려진다는 것을 안다.[10]

그리스도는 우리의 예배의 제사장이시다. 그리스도는 우리의 예배를 도우시고 인도하시고 간구하신다. 그리스도는 우리의 기도와 찬양을 인도하시는 중재자이시다.

그리스도 중심적 예배는 예수님의 구원 이야기를 통해 그리스도의 임재 경험과 인도를 통하여 하나님의 나라를 세우는데 있다. 다시 서술하면, 그리스도 중심적 예배는 "과거에 있었던 하나님의 구원 사역을 기억하고 온 피조계를 다스릴 하나님의 통치를 소망하며, 사람과 공동체 그리고 온 세상을 그분의 이야기로 변화시키도록 현재 이 순간 예수 그리스도의 이름으로 모인 자리에서 하나님의 과거와 하나님의 미래를 그대로 실행하는 것이다."[11]

예배의 공동체적 특성

기독교 예배는 근본적으로 개인이 아닌 공동체적 행위이다. 여기서 공동체란 지역교회뿐만 아니라 하나님 나라까지 포함하는 의미이다. 기독교 예배는 공동체적 특성이 강하다. 기독교 예배는 본질적으로 하나님 나라의 의식과 특성을 가지고 있다. 예배는 하나님 나라의 구원 이야기에 참여하는 행위이기 때문이다. 로버트 웨버(Robert Webber)가 말한 '창조의 예전'(the creation liturgy)에서 분명히 드러난다.[12] 웨버는 기독교 예배는 하나님 나라의 계획을 반영해야 한다고 말한다. 다시 서술하면, 기독교 예배는 예배의 몇 가지 요소를 실천하는 것에 근본적인 목적이 있기보다는 세상을 향한 하나님의 내러티브를 실행해야 하며 장차 모든 만물이 그 죄로부터 구속받아 하나님께서 작정하신 본래의 계획대로 회복될 미래를 추구해야 한다. 웨버는 이렇게 말한다. "예배는 인류 역사와 온 세상을 향한 하나님의 미래를 미리 소망하고 실행해야 한다는 사실을 아는 것만으로도 우리가 매주 드리는 예배를 어떻게 새롭게 갱신시켜야 하는지에 관한 새로운 창문을 열어준다. 예배는 하나의 세상을 건설하는 것(world-building)이다. 왜냐하면 예배는 성육신하신 말씀과 성령 하나님이라는 하나님의 두 손으로 완수하신 재창조의 사역을 나타내 보여주기 때문이다."[13]

하나님은 인간과 땅을 모두 구원하시며 창조의 일부를 구원하기 위해 다른 일부를 무시하거나 파괴하지 않는다. 이러한 관점에서 예배의식은 과거에 있었던 하나님의 구원 사역을 기억하고 온 피조 세계를 다스릴 하나님의 통치를 소망하며 사람과 공동체 그리고 온 세계를 그분의 이야기로 변화시키도록 현재 이 순간에 예수 그리스도의 이름으로 모인 자리에서 하나님의 과거와 하나님의 미래를 그대로 실행하는 것이다. 기독교 예배에서 사람들은 하나님을 주로 구세주로 경배하며, 예배 전체의 초점이 독생자의 죽음에 집중한다. 물론 예수 그리스도의 구속사건은 성경이 지속적으로 강조하고 있다. 하지만 하나님의 창조에 관한 주제들과 균형을 이루지 못하거나 하나님의 성육신은 온 피조물의 재창조를 위한 것임을 강조하지 못하면 하나님의 구원 이야기가 한 개인의 구원만을 강조하는 개인주의로 축소되고 만다. 때문에 기독교 예배는 역사 속에서의 하나님의 일하심이라는 내용이 선포되는 '말씀의 예전'(the service of the Word)과 하나님의 이야기가 다시 들려지고 재현되며 구원의 드라마로 실행되는 '성만찬의 예전'(the service of the Eucharist)을 통해서 하나님의 구원 이야기에 대한 기억과 예상이 올바로 회복되어야 한다.[14] 이 두 예전은 피조물의 재창조를 통해 하나님 나라 건설을 위한 '창조의 예전'으로 이어져야 한다.

샐리어즈는 기독교 예배의 공동체적 특성을 성만찬의 상징과 정신을 통하여 다음과 같이 기술하였다.

> 우리가 봉헌한 미천한 빵과 포도주의 상징 속에서 말씀과 성만찬을 통해 신앙 공동체에게 그리스도 자신을 주시는 신비이다. 성만찬 속에서 주어진 은총은 봉헌되고, 축복되고, 나누어주기 위해서 쪼개지고, 우리의 삶을 이 세상에 필요한 사람과 나눌 때 은총이 된다. 이것이 우리의 잃어버린 정체성이고, 이러한 신비는 분리되고 자신의 소유만을 강조하는 세상의 눈으로 볼 때는 숨겨진 비밀이다.[15]

초대 그리스도인들의 공동체적 삶은 가르침과 교제와 떡을 떼는 것과 함께 기도하는 삶(행 2:42-47)이라는 네 가지를 실행하였다. 이러한 것들은 회중 예배의 공동체 형성을 하는데 있어서 기초가 되는 요소들이다. 이러한 예배는 말과 혀로만 드리는 것이 아니라(요일 3:18), 진실함으로 하나님을 사랑하고 서로 간의 사랑과 교제로 이어졌다. 그리스도인들은 하나님을 찬미하였을 뿐만 아니라 온 백성에게도 칭송을 받았다(행 2:47).

예배의 신비적 특성

기독교 예배에서 신비 의식은 매우 중요한 요소이다. 만약에 예배가 하나님에 대한 신비 의식을 제거해버리고 오로지 우리의 이성과 감성과 몸의 기능에만 의존한다면 그것을 진정한 예배가 될 수 없다. 우리가 예배에서 하나님께 기도하는 그 자체가 하나님의 신비적 임재를 기대하는 것이다. 이처럼 예배에서 신비 의식은 결코 이차적인 요소로 간주할 수 없는 중요한 요소이다. 샐리어즈(Don Saliers)는 "최선의 기독교 예배는 하나님의 신비 속에서 창조되고, 유지되고, 보존되는 인생의 비전을 제공한다. 우리가 하나님을 인정하면서 함께 행하는 것은 세상을 이해하며 세상 안에서 존재하는 방식을 훈련(schools)시킨다"라고 하였다.[16]

교회 역사에서 '신비'에 대한 잘못된 이해로 말미암아 신비라는 개념 자체를 부정적으로 여기는 현상을 초래했지만, 성경과 기독교 신앙에서 신비성은 대단히 중요한 요소라고 할 수 있다.

> '마법이 아닌 신비와 기적'이라는 발견은 인간의 행위와 의지에 대한 한계와 책임성과도 관련이 있다. 마법과 기적의 차이는

고의성(willfulness)과 용의성(willingness)의 차이를 반영한다. 고의성은 변화를 요구한다. 자신의 변화이기도 하지만 대부분은 자기 외에 실재들의 변화를 요구한다. 용의성은 자신에게 주도권이 없다는 사실을 인정하고 비록 내가 주도하지 않은 상황이더라도 존재의 변화 가능성에 마음을 여는 것이다.[17]

때문에 '기적' 또는 '신비'와 '마법' 또는 '미신'은 구분될 필요가 있다. 예를 들어 구분하면, 예배를 성의껏 잘 드리면 내 사업이 잘 될 것이라고 생각하며 드리는 것은 미신적인 행위라고 할 수 있다. 그러나 예배를 통해서 신실하신 하나님의 임재를 경험하며 변화를 추구하는 것은 예배의 신비적 특성이라고 할 수 있다. 왜냐하면 하나님의 임재 자체가 신비스런 특성을 내포하고 있기 때문이다. 다시 서술하면, 신을 얼려서 이기적인 욕구를 채우려고 하는 것은 미신적인 행위라고 할 수 있다. 하지만 우리 자신의 한계와 부족함을 인정하여 하나님의 인도하심을 추구하는 것은 그 자체가 이미 신비적인 행위라고 할 수 있다. 기독교적 정신과 삶을 표출하는 언어에서 신비는 믿음, 소망, 사랑, 구원, 은혜, 예배 등과 같은 언어들에 비해 결코 낮은 차원의 언어가 아니다. 단지 왜곡된 이해로 인해 파생되는 부정적인 현상이 초래되고 있지만 신비는 지극히 기독교적 언어이다.

기적이란 자연의 법칙들을 정지시키는 외적인 힘의 개입을 뜻한다. 자연, 몸, 시간, 이 땅의 실재에 대한 하나님의 통치는 초자연적인 사건을 통하여 보이게 된다. 신비적으로 놀라워하는 것은 반면에 존재 그 자체 안에서, 창조 안에서, 장미가 피어나는 것 안에서 본래적 기적을 보는 것이다. 물론 절름발이가 걷게 될 때, 귀머거리가 듣게 될 때, 배고픈 자가 먹게 될 때도 역시 신비주의자는 보게 된다. 그러나 지배적인 개입이 결정적인 측면은 아닌 것이다. 그것은 치유와 회개에 따라 요청되는 "본성"과 "은혜"의 개입 사이에서의 상호 관계성 안에 있는 것이다.[18]

예배에서 하나님을 경외하는 마음은 그 어떤 요소보다도 중요하다. 이러한 경외감은 하나님을 존경하는 마음이다. 경외감은 외양이 아니다. 그것은 하나님과의 진정한 관계로부터 흘러나오는 것이다. 때로 이 자질은 토마스 롱이(Thomas Long)이 묘사한 것처럼, 다스리는 방식(presidential style)으로 언급되어왔다.

만약에 리더들이 진정으로 예배는 하나님의 임재 안에서 행해진다고 믿는다면, 그 위에 그것은 믿음이란 전염성이 있다는 것을 보여준다. 리더들이 능변이거나 혹은 평범하거나, 격식이 있거나 혹은 격식이 없거나, 경험이 많거나 혹은 초보자거나 상관없이 그들이 예배는 거룩한 신비라는 맥락에서 발생한다는 것을 인지한다면 목소리, 자세, 언어, 몸짓 등 모든 것이 변한다.[19]

예배에서 거룩한 신비감이 사라지면 회중들은 외양적인 어떤 실체에 집중하게 되고 하나님을 바라는 마음이 사라지게 된다. 이렇게 되면 사람들은 설교자의 능변이나 감정을 사로잡는 음악과 같은 것에 마음을 빼앗기게 된다. 이러한 예배는 잘못된 예배 문화를 형성하게 된다. 윌리엄 윌리몬(William Willimon)은 이러한 왜곡된 문화는 대중매체의 거물들을 매우 숭배하는 결과를 낳게 한다고 말하면서 다음과 같이 기술하였다.

> 설교자들이 특별히 공적인 예배에서 텔레비전 설교자들의 버릇과 방식을 자신들의 리더십에 있어서 무의식적으로 받아들인다는 사실을 경고한다. 공연자로서, 싱글거리는 성격으로서의 목사가 교사로서, 제사장으로서, 회중의 리더로서의 목사의 역할을 대체한다.[20]

신비적 경외감은 하나님이 성령의 열매를 자라게 하시는(갈 5:22-25) 것을 사모하는 영적인 마음과 자세이다. 하지만 신비적 경외감은 뛰어난 능변과 감성을 사로잡는 분위기 그 자체에 계속적으로 시험을 받으며, 또한 기도를 하지 않음으로써 방해를 받는다. 본회퍼(Dietrich Bonhoeffer)는 우리가 그저 함께 하기만 갈망하면 어떤 사회적 경험을 만드는 것이 가능하다고 생각하듯이 우리가 소망하는 아이디어인 '종교적인 교제'와 진정한 '그리스도인의 형제애'를 혼동해서는 안 된다. 즉 "그리스도인의 형제애는 이상적인 것이 아니라 신적인 실재(divine reality)이다"라고 말한다.[21] 오직 그리스도 안에서 함께 할 때만이 감정의 자질을 공유하는 예배의 공동체가 형성될 수 있다. 예배에서 신비적 경외감이 사라지게 되면 설교자의 능변이나 외형적이고 눈에 보이는 감각적인 것에 몰두하게 된다.

예배의 통전적 특성

'통전적'(holistic)이란 말은 '전체적'이란 개념과 유사한 의미로 전체를 보는 것과 전체를 이해하는 것과 관련된 단어이다. 통전적이라는 단어는 '모든 것을 다 포함한, 모든 것을 하나로 묶는'다는 의미와 '구분은 될 수 있지만 분리는 될 수 없는' 이란 뜻도 지니고 있다. 이 단어는 다양성 가운데서 획일성을 고집하지 않고 오히려 통합(unity) 또는 부분과 전체의 유기체적 '관계'의 중요성을 이루려는 특성을 가지고 있다. 통전적 사고는 예배의 요소들의 유기체적 관계에 중요한 지혜를 제공해준다.

'통전적'이라는 단어 속에 내포된 또 다른 의미는 바로 '온고지신'이다. 온고지신의 사전적 의미는 '옛것을 익히고 그것을 미루어서 새것을 앎'이다. 이는 예배사적으로도 의미심장하다고 할 수 있다. 실제로 예배의 역사 속에는 '전통'과 '변화' 간의 긴장이 오늘까지 계속 이어져 오고 있다. 옛것을 잘 익히고 장단점을 파악하여 온전한 새것을 창출해내는 것이야말로 예배의 중요한 과제라고 할 수 있다. 이런 의미에서 예컨대 '전통적인가 변화인가'라는 양분된 사고나, '옛것이냐 새것이냐'와 같은 이분법 혹은 양자택일적인 사고의 틀에 얽매인 것이 아닌, 그것이 전통이든 변화이든 아니면 옛것이든 새것이든 오늘 가장 유효한 예배의 원리가 될 수 있다. 왜냐하면 하나님의 뜻을 이룰 수 있는 것이라면 지혜롭게 활용하려는 정신이 바로 '통전적'이라는 용어 안에 내포되어 있기 때문이다.

예배의 통전적 특성은 전체성과 유기체성을 지향한다. 예배의 전체성이란 예배를 구성하는 전체 요소들을 보지 못하면 부분적인 요소를 바르게 볼 수 없다는 것을 뜻한다. 전체를 보지 못하면 부분을 바르게 볼 수 없기 때문이다. 때문에 설교가 예배라고 이해하는 사람을 풍성한 예배를 경험할 수 없다. 예배는 설교보다 크기 때문이다.

예배의 유기체성이란 예배의 여러 요소들이 서로 약화시키기도 하고 강화시키기도 한다는 것을 의미한다. 예배의 어느 한 요소만을 핵심 위치에 놓고 다른 요소들은 이차적인 요소들로 간주하게 되면, 이차적인 요소로 여긴 것들만 약화되는 것이 아니라 핵심 요소인 것도 약화를 초래하게 된다. 왜냐하면 예배의 모든 요소들을 유기체적 관계 안에 있기 때문이다. 하지만 어느 요소가 약화되어 있을 때, 그 요소를 보완하거나 회복하면 다른 요소들도 강화된다. 상실한 요소를 회복하거나 약한 요소를 보완하면 다른 요소들도 강화된다. 이는 마치 몸의 어느 한 부분이 약할 때 전체에 영향을 주지만, 약한 부분을 치료해 주면 함께 고통을 받던 다른 부분도 자유함을 얻는 것과 같다.

대부분의 개신교회 예배는 설교를 중요하게 여긴다. 설교 중심적 예배는 역사적 배경을 가지고 있다. 중세 서방교회가 말씀 예전을 약화시키고 성만찬 중심적 예배 전통을 형성하였지만, 종교개혁자들은 예배에서 말씀 예전을 회복시키기 위해 예배에서 설교를 중요하게 여기고 실행하였다. 하지만 칼빈과 같은 개혁자는 말씀 예전과 성만찬 예전을 균형 있게 시행하기를 원했지만, 츠빙글리는 성만찬 예전보다는 말씀을 가르치는 설교 중심적인 예배를 강화시켰다. 개신교회 설교 중심적 예배는 츠빙글리 이후에도 청교도들도 설교 중심적 예배를 강화시키고 성만찬을 년 4회 시행한 것에서 비롯되었다.

개신교회 설교 중심적 예배는 바람직하지 못한 예배 문화를 초래하였다. 설교가 다른 예배 요소들보다 중요하다는 신념을 낳았기 때문이다. 또한 설교를 예배의 다른 요소와 격리된 방식으로 실행하는 경향을 낳았기 때문이다. 바람직한 예배는 설교로 넘치는 예배가 아니라 예배로 넘치는 설교가 되어야 한다. 로버트 웨버는 설교 중심적 예배에서 비롯된 문제에 대해 다음과 같이 기술한다.

> 목사가 관심의 초점이 되어있는 교회에서 예배드리거나 혹은 설교할 때 마다 나는 위압당하고 숨이 막히는 것을 느낀다....나타내는 모든 반응이 이상하거나 적절치 않은 것으로 보여 질 때가 자주 있다....나는 내가 마치 예배를 드리고 있는 것이 아닌 것처럼 느껴진다. 오히려 그 목사가 나를 위해서 모든 것을 해주고 있는 것 같다. 나는 단순히 받는 사람이며, 단지 다른 사람이 대신 행동하는 것을 수동적으로 받아들이는 수령자일 뿐이다.[22]

개신교회의 설교 중심적 예배가 설교자 중심의 예배가 되어가고 있는 점 때문에 예배에 대한 바른 이해가 요구된다. 먼저 예배에서 설교에 대한 바른 인식이 필요하다. 특별히 선포로서의 설교는 우리가 현재 이해하고 있는 의미와 다르다는 것을 인식할 필요가 있다. 선포(preaching)는 설교하는 것(sermonizing), 즉 성경과 청중을 연구하여 설교할 내용을 작성하여 전달하는 것 이상이다. 선포는 설교하는 것보다 넓은 의미이다. 러셀 미트맨(Russel Mitman)은 헬라어 케루쎄인(*kerssein*), 유앙겔리세인(*euangellisein*), 카탕갈레인(*kataggallein*)과 같은 세 단어의 관찰을 통하여 이러한 단어들은 단순히 설교(sermon)의 의미보다는 '선포'의 의미를 가진다고 말한다.[23] 그는 이러한 관찰을 통하여 선포로서의 설교의 의미를 다음과 같이 기술한다.

> 모든 회중이 예배를 드릴 때 그것 역시 선포하는 것이 아니겠는가?...예배자들은 전체적인 예배를 어떤 것이 일어나는 사건으로서 경험한다. 다시 말하면 하나님이 그 사건 속에서 그들을 만나 주실 때 그 일들은 그들에게 개인적으로 일어나며, 또한 공동체에 공동으로 일어난다....예배란 궁극적으로 말씀하신 예수님과의 만남을 의미하기 때문에 공동 예배 안에 있는 모든 것은 말씀이다.[24]

개혁교회 예배에서 말씀의 의미는 단지 성경을 낭독하고 설교하는 것만으로 이해하지 않고, 성경 낭독을 낭독된 말씀으로, 성만찬은 보이는 말씀으로, 기도는 기도된 말씀으로, 찬양은 노래된 말씀으로 이해한다. 때문에 찬송하고, 기도하고, 헌금하고, 성찬에서 떡과 잔을 나누는 것에 참여함으로써 말씀을 선포하는 것이다. 포사이드(Forsyth)는 설교의 넓은 의미인 선포를 다음과 같이 설명한다.

나는 역사에서 단 하나의 위대한 설교자는 교회라고 주장하고자 한다. 각각의 설교자가 할 첫 번째 직무는 교회가 설교할 수 있도록 하는 것이다....설교자가 교회와 함께 복음을 세상에 설교할 수 있도록 하기 위해서 그는 복음을 가지고 교회에서 설교해야 한다. 설교자는 그렇게 교회에서 설교해야 하며, 그럼으로써 또한 교회로부터 설교해야 한다.[25]

개혁주의 전통에서 볼 때 선포는 설교자가 강단에서 마치 유명한 강사가 연설하듯이 하는 그런 것이 아니다. 오히려 하나님이 창조하신 세상을 위해서 하나님의 백성이 함께 찬양하고, 기도하고, 말씀을 낭독하고, 말씀을 듣고, 떡과 잔을 통해 주님을 기억하는 것이다. 이러한 행위들은 모두 말씀을 선포하는 요소들이다.

예배를 설교와 동일시하거나 설교에 중심성을 두는 것은 예배의 통전적 특성을 간과하고 축소시키는 것이라고 할 수 있다. 설교 중심적 예배는 자칫 설교자를 섬기는 현상을 초래할 위험성이 있다. 뿐만 아니라 청중들을 능동적인 예배자로 세우기보다는 수동적인 수령자로 바꿀 잠재성이 있다. 이러한 설교 중심적 예배는 성도들의 영적 성숙으로 이끌기보다는 수동성을 강화시킬 수 있다. 때문에 영적 성장을 오히려 저해하는 동인이 될 수 있다.

예배는 설교보다 크다는 것을 인식하고 예배의 통전성을 회복해야 한다. 예배의 통전성은 예배의 대부분의 시간을 설교를 수동적으로 듣기보다는 함께 찬양하고, 함께 말씀을 낭독하고, 봉헌하며, 다른 사람들을 위해 기도를 드리며, 주의 식탁에서 성찬을 받으며, 한 공동체로 은혜를 받고 나누는 예배로의 전환을 의미한다. 왜냐하면 예배는 인간의 삶에 관해 중요한 모든 것을 연합시키는 하나님의 제일가는 통전적 활동(holistic activity)이기 때문이다.

예배의 신학적 구조

예배의 수직적 차원과 수평적 차원

예배의 수직적 차원을 강조하는 사람들은 예배를 하나님과 대화의 관점에서 이해하고 예배의 목적을 하나님의 영광과 존경에 둔다. 예배의 수직적 차원뿐만 아니라 수평적 차원도 중요하게 여기는 사람들은 예배의 목적은 하나님께 영광과 존경을 드리는 것뿐만 아니라 예배는 하나님의 백성들을 교화(edifying)하는 기능도 있다고 여긴다. 물론 예배의 중요한 목적은 예배 가운데 우리의 노력의 초점이 하나님을 기쁘시게 해드리는 것이어야 한다.

하지만 "이 원리로부터 어떤 이들은 예배 속에서 우리는 인간적인 필요들에 주의를 기울여서는 안 된다고 결론짓는다. 그렇게 말하는 것은 매우 경건한 것처럼 보이지만, 성경적인 것은 아니다. 성경의 하나님은 그의 예배자들로부터 인간의 희생 제물을 요구하는 몰록(Molock)과 같은 거짓 신과 다르다. 오히려, 우리 삼위의 하나님은 그의 백성들과 만날 때, 그들을 축복하기를 원하신다. 하나님을 예배하는 것과 그의 백성을 사랑하는 것 사이에는 어떠한 갈등도 없는 것이다. 하나님을 사랑하

는 것과 관계있는 일이다"(마 22: 37-40; 막 7: 9-13; 요일 4: 20-21).[26]

전통적으로 예배의 수직적 차원만이 주로 강조되어 왔지만 현대 예배에서는 예배의 수평적 차원에 대한 이해도 증가하고 있다. 참된 예배란 하나님을 향한 수직적 요소와 수평적 요소의 통합을 통하여 이루어진다고 보아야 한다. 그러나 하트(D. Hart)와 존 뮤터(John Muether)는 예배의 성경적 형태인 대화적 예배 원리는 예배의 모든 것이 수직적이라는 사실을 강조함으로써 이러한 구분에 대해 이의를 제기한다.

> 예배는 하나님과 그의 백성들 사이에 이루어지는 거룩한 교류와 대화이다. 예배란 하나님의 백성들끼리 상호 간의 이루어지는 대화가 아니다. 우리는 가까운 좌석에 앉아 있는 이웃들과 인사하거나 간증하는 것을 듣고 있을 때 하나님을 예배하는 것이 아니다. 이러한 활동들이 사람들을 교화하고 적절한 환경에 용기를 북돋워주는 것처럼 공 예배는 하나님과 그의 백성들 사이에 여기저기에서 이루어지는 대화의 시간이다. 그것은 - 바쁜 한 주간 동안에 마련된 귀한 시간 중의 하나이며 - 하나님께서 신실하시며 계속적으로 우리의 하나님이 되신다는 사실을 들어야만 하는 시간이다. 그러나 이 말의 의미는 바른 예전(liturgy)이란 예배자들에게 축복하지 않는다는 것을 암시하지 않는다. 참된 예배는 분명히 교화의 기능을 수행한다. 그러나 보다 더 정확하게 말하면 우리가 축복받는 것은 바로 예배의 수직적 특성에서 오는 것이다. 우리는 예전의 수평적 차원을 추가함으로써 교화적 기능을 강화할 필요가 없다. 하나님은 예

배에서 우리를 만나 주시며 여러 방법으로 복을 주신다.

하트와 뮤터는 나아가 "하나님의 백성들 상호 간에 축복, 격려, 깨달은 것들을 청취할 필요가 없다. 하나님의 백성들이 경험할 수 있는 최상의 교화는 살아계신 하나님이 우리의 하나님이시라는 사실을 듣는 것이다"라고 강조한다. 그러나 이들의 견해로부터 제기되는 것은 예배에 대한 정의이다. 예배는 하나님을 영화롭게 하고 그를 즐거워하는 것이다. 하나님은 그의 택하신 백성인 교회를 통해서 영광을 받으신다. 교회는 "택하신 족속이요 왕 같은 제사장들이요 거룩한 나라요 그의 소유된 백성이니 이는 너희를 어두운 데서 불러내어 그의 기이한 빛에 들어가게 하신 자의 아름다운 덕을 선전하기 위해"(벧전 2:9) 구성된다. 여기서 예배는 가장 포괄적인 의미로 이해 할 수 있다. 다시 서술하면, 하나님을 영화롭게 하고 그를 즐거워함으로써 하나님이 진정 어떤 분이신가가 선포된다. 이 행동은 항상 겸손과 경외감과 사랑과 같은 창조물들의 태도를 동반한다. 하나님을 영화롭게 하는 것은 교회에 국한되지 않고 먹고 마시는 행위를 포함한 삶의 모든 영역으로 확대된다(고전 10:31). 물론 하나님 없는 예배는 그것이 아무리 감동적이라 할지라도 우상숭배다.

예배의 수직적 차원을 강조하기 위해서 교화적 차원은 오직 수직적 차원을 통해서만 발생한다는 관점은 단순한 견해라 할 수 있다. 하나님은 분명히 예배 중에 세미한 음성으로 우리를 교화하시지만 함께 모여 예배하는 자녀들에게 아름다운 마음과 사랑스런 손길을 통해서도 분명히 역사하실 수 있는 크고 넓은 하나님이다. 우리가 그리스도 안에서 함께 예배하는 삶은 그리스도의 몸과 분리된 상태가 아니다. 예배에서 수평적 차원의 중요성은 결코 간과할 수 없다. 예수님은 예배의 조건으로 수평적 차원을 언급하신다. "나는 너희에게 이르노니 형제에게 노하는 자마다 심판을 받게 되고 형제를 대하여 나가라 하는 자는 공회에 잡혀가게 되고 미련한 놈이라 하는 자는 지옥 불에 들어가게 되리라 그러므로 예물을 제단에 드리려다가 거기서 네 형제에게 원망들을 만한 일이 있는 것이 생각나거든 예물을 제단 앞에 두고 먼저 가서 형제와 화목하고 그 후에 와서 예물을 드리라"(마 5:22-24).

로드니 클랩(Rodney Clapp)은 어거스틴의 견해를 통하여 예배의 진정한 의미를 다음과 같이 설명한다.

> 아우구스티누스의 말처럼, "아무것도 샘에서 물을 마심으로써 샘에게 도움을 준다거나, 빛을 바라봄으로써 빛에게 도움을 준다고 말하지 않을 것이다." 따라서, 희생은 하나님을 위한 것도 아니고 희생하는 사람과 인간 공동체의 유익을 위한 것이다. "그것은 우리가 하나님을 가까이하고 이웃의 유익을 구하기 위함이다." 하나님이 기대하시는 희생은 "감사로 하나님께 제사를 드리는"(시 50:14) 것이다. 하나님은 송아지와 숫양과 '만만의 강물 같은 기름'을 바친다고 기뻐하는 분이 아니다. 기독교 영성에 합당한 희생은 공의를 실천하며, 인자를 사랑하고 "겸손하게 하나님과 함께 행하는"(미 6:6-8) 삶이다. 신약에서 찬양과 제사와 감사의 제물에다 선행과 "서로 나누어 주기"(히 13:15-16)를 포함시킨다.[27]

구약성경에 보면, 가난하고 궁핍한 이웃들에게 자비를 베푸는 것도 참다운 예배라고 가르친다. 하나님은 이러한 실천이 없는 제사나 종교적 행사들을 기뻐하지 않는다고 선포하셨다(신 26:12-13; 사 58:6-7; 아 5:11-24). 이스라엘 백성들은 그들의 영적 건강을 나타내는 지수를 민족 안에 있는 가난하고 힘없는 자들을 어떻게 다루고 돌보는 것에 따라 평가하였다. 이스라엘은 여호와를 잊어버리고 배신하고 다른 국가의 신을 좇을 때마다 약하고 힘없는 자들을 잊어버리고 말았다. 그러나 여호와 신앙이 충만할 때는 고아와 과부와 가난한 자를 돌보는 일에 열심이었다. 칼빈은 "하나님은 우리를 훈련시키기 위해서 명령한 형제 사랑으로 자신에 대한 우리의 사랑을 시험하시는 방법을 선택하셨다"라고 하였다. 칼빈도 이처럼 형제 사랑과 하나님 사랑과 경배를 분리시키지 않았다. 그는 이 둘의 관계를 분리될 수 없는 관계로 보았다. 인간의 제일 된 목적인 영원히 하나님을 즐거워하는 것이 무엇을 의미하는지 진정으로 이해할 수 없는 사람은 바른 예배의 의미를 알 수가 없다. 신약에서도 예배의 수직적 차원과 수평적 차원을 유기체적으로 그리고 있다. 이러한 특성은 바울이 성령 충만의 구조적 특성을 설명하는 내용에서 드러난다. 그는 성령 충만한 삶으로써 예배와 교제의 관계를 말한다. 에베소서 5장 18-21절에서 보면 바울은 에베소 성도들의 예배를 언급하면서 서로 가르치고 노래한다는 표현을 한다. 바울은 여기서 예배와 교제의 개념을 연결하고 있다. 그는 성령에 의해 충만하게 되면 결과적으로 시와 찬송과 신령한 노래들로 서로 화답하고, 마음으로 주께 노래하고 찬송하며, 모든 일에 항상 하나님 아버지께 감사하고, 그리스도를 경외함으로 서로 복종할 수 있다고 말한다. 성령에 의해 충만하게 된 상태는 "시와 찬송과 신령한 노래들로 서로 화답하는" 것이다. 여기시 '화답하다'로 번역된 헬라어는 '랄룬테스'로써 문자적으로는 '말하다'는 뜻이다. 때문에 예배나 모임에서 성령 충만한 사람은 시와 찬송과 신령한 노래들로 서로 말하게 된다. 더 정확하게 말하면 공적 예배나 다른 모임에서 성도들은 서로 교창하는 것을 말한다. 중요한 것은 본문에서는 시와 찬송와 신령한 노래로 하나님을 찬양하는 것보다는 성도들이 찬양을 통해 서로 교훈하고 권면하는 것에 강조점이 있다. 성령에 의해 감동을 받은 노래로써 신령한 노래들은 초대교회에서 성도들이 공적인 예배 시간에 하나님과 그리스도를 찬양하는 것뿐만 아니라 서로 가르치고 권면하는 수단으로 사용되기도 하였다. 그러므로 바울이 에베소서에서 성령으로 감동된 노래들을 교창하면서 성도들이 서로 가르치고 권면하는 초대교회의 관례를 마음에 두고 말한 것이라고 할 수 있다. 이는 찬송은 하나님에 대한 찬양과 성도들을 위한 교훈이라는 이중적인 목적과 기능을 가지고 있다는 것을 말해준다.[28] 그러므로 예배에서 하나님께 영광을 돌리는 수직적 차원과 예배 참여자들을 교육하고 양육하는 수평적 차원을 엄격하게 분리해서는 안 된다.

예배는 항상 이중적이다. 어거스틴의 문장이다. "하나님 없이 우리는 할 수 없다. 우리 없이 하나님은 하지 않으실 것이다."[29] 하나님의 구원의 은총 경험은 우리의 구체적이고 사회적인 관계들이 변화되기 전까지는 실재한다고 할 수 없으며 강하게 힘을 발휘할 수도 없다. 돈 샐리어스(Don Saliers)는 예배의 심층적 의미를 잘 드러내주고 있다.

이스라엘은 하나님을 기억하고 하나님은 이스라엘을 기억했다.

여호와를 잊는다는 것은 단순한 영적인 게으름이니 감정적인 둔감함을 의미하는 것이 아니며, 이것은 거짓 하나님께 예배를 드리는 것이다. 하나님의 계명을 잊는다는 것은 하나님의 현존을 경험하며 살아가는 사람들에게 나타나는 태도들, 감정들 그리고 기질들로 우리 자신이 변화되지 않기 때문에 하나님과 이웃에 대한 사랑이라는 계명을 파기시키는 결과를 가져온다. 예를 들어, 고아와 과부처럼 도움을 필요로 하는 사람을 보살피는 일을 잊는 것은 하나님을 잊는 것과 관련이 있다. 정의를 무시하고 온유를 사랑하지 않는 것, 하나님과 함께 겸손하게 살아가지 않는 것은 그 자체가 하나님을 잊는 것이다. 이것은 하나님을 사랑하고 하나님이 우리를 사랑하는 것처럼 이웃을 사랑하라는 이중적인 계명 안에서 예수 그리스도가 율법과 선지자의 예언을 완성했다는 것이 무엇을 의미하는지 보여준다. '다른 사람'을 기억하는 것에 실패하는 것은 하나님을 적극적으로 잊는 것과 같다. 이는 예배와 윤리 사이에 내적인 관련이 있음을 밝혀주는 데 중요한 요소가 된다. 이웃을 사랑하고 돕는 일과 성스럽고 신령한 것을 분리하는 것은 성경이 제시해주는 예배와 역사 속에서 하나님을 기억하라는 말씀에 위배 된다.[30]

예배는 결코 수직적 차원만을 통해서 형성되는 것이 아니다. 예배 행위는 하나님 나라의 백성으로서 하나님 나라의 수많은 차원과 결코 분리될 수 없는 행위이다. 예배는 결코 세상으로부터 도피가 아니다. 표층적으로 보면 예배는 비록 수직적 형태로 나타나지만 심층적으로 보면 예배는 수평적 차원을 이미 내포하고 있다. 예배의 특성상 형제 사랑과 서로 다른 이야기를 한다고 해도 예배와 형제 사랑 혹은 윤리는 서로 속해 있다. 예배는 하나님 중심적이지만 또한 인간 삶에 기초를 두고 있다. 예배는 직접적으로 하나님을 향해있고 예배에 사용되는 어투는 선포적이기 때문에 세속에서 분리된 특정한 의식이나 생각의 전환이 포함되어 있다. 하나님께 전적으로 우리의 삶을 드리는 것은 일상적인 삶에 대한 불연속성과 연속성을 요구한다.[31] 예배는 하나님을 영화롭게 하는 동시에 하나님 앞에 있는 인간의 성화를 조성한다. 하나님을 영화롭게 하고 그분께 찬양을 돌리는 행위는 그 자체가 하나님이 원하시는 신적인 삶을 터득해 가는 것이다. 예배는 인간의 삶을 충만하게 하며 자신의 실존을 깨닫게 해준다. 그리고 예배는 창조의 섭리를 발견하도록 도와주고 은총을 받아들이게 하며 생이 이루어지는 시간과 장소와 모든 관계들을 성화시킨다. 고통의 울부짖음과 고난의 기억이 찬양과 함께 하나님께 드려지는 것이다.[32] 예배는 하나님 앞에 함께 모인 지체들이 서로 화답하며 감사와 찬양으로 나아가는 공동의 행위이면서 예수 그리스도 안에서 우리를 위해 행하신 하나님의 행동에 우리가 함께 동참하는 것이고 하나님이 우리에게 주신 선물을 함께 받아들이며 나누는 행위이다.

예배의 일반적 구성요소 비교

기독교 역사에서 교회 예배의 예전들이 어떻게 구성되어 실행되어 왔는지를 다음 표를 통해 로마가톨릭교회, 루터, 칼빈, 웨스트민스터의 예전들의 일반적 구성요소들을 볼 수 있다.[33]

역사적 예전들의 일반적 구성-말씀의 예전

로마가톨릭교회 1570년 이전	루터 약 1526년	칼빈 약 1542년	웨스트민스터 회의 약 1645년
성가대 입례송	입장송 입례송	성경구절(예:시 12:1-2)	예배로의 부름 시작 기도: 예찬 은혜를 위한 간구 조명을 위한 간구
자비송 ("주여 자비를 베푸소서")	자비송	죄의 고백(스트라스부르에 서는 용서와 확증과 함께)	
영광송 인사말("주님이 여러분과 함께하시기를 빕니다")	영광송 인사말	시편 찬송	
본기도	본기도		
구약성경낭독 교창성가		십계명(스트라스부르에서는 자비송과 함께 노래됨)	구약성경 낭독 시편찬송
서신서 낭독 층계층(시편 찬송)	서신서 낭독 층계층		신약성경 낭독 시편 찬송
			죄의 고백과 도고의 기도
복음 환호송			
		성령의 조명을 위한 기도 (주기도문과 함께)	성령의 조명을 위한 기도
복음서 낭독	복음서 낭독 사도신경 설교찬송	성경봉독	성경봉독
설교	설교	설교	설교
			예배와 감사기도 주기도문
니케아 신경 음송 또는 영광송	설교 후 찬송		시편찬송
비수찬자들의 산회	권면		폐회(성만찬이 없을 경우)

역사적 예전들의 일반적 구성-다락방 예전

로마가톨릭교회 1570년 이전	루터 약 1526년	칼빈 약 1542년	웨스트민스터 회의 약 1645년
다락방 예전(항상)	다락방 예전(항상)	다락방 예전(분기별)	다락방 예전(선택적)
봉헌		구제를 위한 모금	봉헌
	교회를 위한 기도	도고의 기도 주기도문	
			초대 성찬상에 나아가기
영성체에 사용할 떡과 포도주 준비	준비찬송	사도신경(떡과 포도주가 준비되는 동안 노래함)	
인사말 수르숨 코르다 거룩송 축복송	수르숨 코르다 거룩송		
성찬기도: 기념(회상) 거룩한 용도를 위한 떡과 포도주를 바침 (성체 봉헌)	준비: 성령을 향한 기도 (임재의 기원) 성찬에 사용될 떡과 포도주를 성별 기념(회상)		
			준비: 권면
성찬 제정에 대한 말씀 성찬의 떡과 포도주를 변화시켜 주시기를 성령께 간청함 (임재의 기원)아멘	성찬 제정에 대한 말씀 권면	성찬 제정에 대한 말씀	성찬 제정에 대한 말씀
주기도문	주기도문	성별기도	성별기도 (수찬자들과 성찬의 떡과 포도주를 위해)
평안의 입맞춤			
분병		분병과 분잔	분병과 분잔
아그누스 데이	아그누스 데이		
떡과 포도주에 참여	떡과 포도주에 참여 (시편 찬송과 함께)	떡과 포도주에 참여 (성경 낭독과 함께)	떡과 포도주에 참여
			권면기도
본기도	본기도	시편 찬송	시편 찬송
	감사	감사의 기도	
폐회 축복	아론의 축도 폐회 찬송	아론의 축도	축도

개신교 종교개혁에 많은 영향력을 행사한 핵심 인물들인 마르틴 루터, 존 칼빈, 웨스트민스터 회의 참석자들이 구상한 예전들의 구성과 특성을 볼 수 있다. 각 전통들은 후대의 예배 발전에 서로 영향을 주고받았다. 예를 들면, 루터는 자신이 쓴 독일 미사와 예배 순서(1526)에서 처음으로 예전에 관해 가르쳤고, 칼빈은 나중에 제네바 예전으로 알려진 문헌에서 루터의 생각을 받아들이고 자신의 생각을 덧붙여 교회 기도와 찬송의 형식(1542)에서 예전에 관해 설명했으며, 웨스트민스터 회의에 참석한 지도자들은 공예배 규칙서(1645)에서 자신들의 생각을 웨스트민스터 신앙고백서에 첨부했다.

〈미주〉

1 Matt Redman, "Revelation and Response," *The Heart of Worship Files* (California: Regal, 2003), 13.

2 Peter Brunner, *Worship in the Name of Jesus* (St. Louis: Concordia, 1968), 125. James F. White, 『기독교예배학 입문』, 정장복, 조기연 옮김 (서울: WPA, 2011), 26에서 인용.

3 Ralph Martin, *The Worship of God* (Grand Rapids: Eerdmans, 1982), 6.

4 James F. White, 『기독교예배학 입문』, 25에서 인용.

5 Don E. Saliers, 『거룩한 예배』, 46.

6 Don E. Saliers, 『거룩한 예배』, 46-7.

7 Jean-Jacques von Allmen, 『예배학원론』, 정용섭외 공역 (서울: 대한기독교출판사, 1979), 29.

8 Robert E. Webber, *Sings of Wonder: The Phenomenon of Convergence in Modern Liturgical and Charismatic Churches* (Nashville: Abbott Martyn, 1992), 25.

9   Ralph P. Martin, *Worship in the Early Church* (Grand Rapids: Eerdmans, 1974), 194-207.
10 James B. Torrance, *Worship, Community and the Triune God of Grace* (Dowers Grove, IL: InterVarsity Press, 1996), 14-5.
11 Robert E. Webber, 『예배학』, 50.
12 Robert E. Webber, 『예배학』, 이승진 옮김 (서울: CLC, 2012), 74.
13 Robert E. Webber, 『예배학』, 74.
14 Robert E. Webber, 『예배학』, 22.
15 Don E. Saliers, 『예배와 영성』, 이필은 옮김 (서울: 은성, 2002), 103.
16 Don E. Saliers, *Worship and Spirituality* (Pittsburgh, PA: OSL Publications, 1996), 2.
17 Ernest Kurtz & Katherine Ketcham, 『불완전함의 영성』, 정윤철·장혜영 옮김 (서울: 살림, 2009), 223.
18 Dorothee Solle, *The Silent Cry*, 121.
19 Thomas G. Long, *Beyond Worship Wars: Building Vital and Faithful Worship* (Herndon, WA: Alban Institute, 2003), 22.
20 William H. Willimon, *Pastor: The Theology and Practice of Ordained Ministry* (Nashville: Abingdon Press, 2016), 58.
21 Dietrich Bonhoeffer, *Life Together* (London: SCM, 1954), 16.
22 Robert E. Webber, *Worship is a Verb: Celebrating God's Mighty of Salvation* (Peabody, MA: Hendrickson, 2004), 3.
23 Russel Mitman, *Worship in the Shape of Scripture* (Cleveland: Pilgrim Press, 2001), 21.
24 Russel Mitman, *Worship in the Shape of Scripture*, 21-2.
25 Richard Liscter, *The Company of Preachers* (Grand Rapids: Eerdmans, 2002), 421에서 인용.
26 John M. Frame, 『예배회복을 위한 개혁신학의 원리』, 33-4.
27 Rodney Clapp, 『사람을 위한 영성』, 147-48.
28 Gordon D. Fee, 『바울 성령 그리고 하나님의 백성』, 길성남 옮김 (서울: 좋은씨앗, 2001), 217-18.
29 Don E. Saliers, 『예배와 영성』, 79.
30 Don E. Saliers, 『예배와 영성』, 23-4.

31 Don E. Saliers, 『예배와 영성』, 38.
32 Don E. Saliers, 『예배와 영성』, 38.
33 Bryan Chapell, 『그리스도 중심적 예배』, 윤석인 옮김 (서울: 부흥과개혁사, 2011), 26-7.

5

예배의 역사적 배경과 특성

예배에 대한 최초의 역사적 설명

 예배에 대한 성경의 기록 외에 최초의 역사적 설명은 150년경에 순교자 저스틴 마터(Justin Martyr)에 의해 작성된 『제일 변증서』(*The First Apology*)에서 발견된다. 당시 그리스도인들은 예배를 드리기 위해 모여서 유아를 희생 제물로 바치고 그 피와 살을 먹는다는 잘못된 소문으로 인하여 고소를 당했을 뿐만 아니라 박해까지 받았다. 이러한 잘못된 소문과 오해를 해명하기 위해 그리스도인들의 신앙과 믿음과 예배와 생활에 대해서 로마 황제에게 설명하고 변호할 목적으로 변증서가 작성되었다.

여기에는 초대교회 기독교인들의 신앙과 실천에 관한 중요한 내용을 담고 있기 때문에 초대교회의 중요한 문서 중의 하나로 오늘날까지 그 가치를 인정받고 있다. 이 변증서에는 초대교회의 예배 모습이 잘 묘사되어 있다.

> 주일에 도시나 도시주변의 농촌에 사는 사람들이 한 장소에 함께 모인다. 그들은 시간이 허락하는 대로 사도들의 글이나 선지자들의 글을 읽는다. 그 다음에 낭독자가 읽기를 마치면 사회자는 강론을 통해서 그 선한 교훈들을 따라 지킬 것을 권면한다. 그 다음에 우리는 모두 함께 일어나 기도를 올린다. 그리고 난 후 앞에서 말한 바와 같이 우리의 기도가 끝나면 빵과 포도주와 물을 가져오고 사회자는 그의 능력을 가지고 최선을 다하여 기도와 감사를 올린다. 그 때 회중은 아멘으로 화답한다. 그 다음에는 감사로 성별된 빵과 음료가 모두에게 분배되고 각 사람은 이를 받아먹는다. 참석하지 못한 이들을 위해서는 집사를 통해서 음식 일부를 그들에게 보낸다. 그리고 이것을 잘 행한 이들은 각자에게 적합한 말을 하고 거둬진 헌물은 사회자에게 맡겨져서 고와와 과부들을 돌보게 하고 질병이나 다른 이유로 물질이 필요한 이들을 돕는다. 그리고 감옥에 갇힌 이들과 우리 중에 여행 중인 낯선 이들을 도우며, 간단히 말해서 궁핍한 모든 이들을 돕는다.[1]

저스틴의 기록에 나타난 초대교회 예배의 모습에서 예배의 구조와 정신과 특징을 볼 수 있다.

　첫째, 교회의 공중 예배는 그리스도께서 부활하신 날인 일요일(sunday)에 드렸다. 기독교가 주일에 예배를 드리는 것은 예배의 그리스도 중심을 의미한다. 당시에는 예배의 날 그 자체가 매우 중요한 의미를 지녔다. 유대인들의 전통에서 예배의 날은 원래 안식일인 토요일이었다. 유대인들은 안식일을 매우 엄격하게 지켰다. 하지만 그리스도인들은 그리스도께서 부활하신 날인 주일을 예배의 날로 정하여 드렸다. 주일은 안식 후 첫날인 그리스도께서 부활하신 날이다. 그리스도인들이 안식일을 지키는 것이 아니라 주일을 지키는 것은 바로 이날이 예수 그리스도께서 부활하신 날이기 때문이다. 그런 의미에서 매주 주일은 '작은 부활절'이며, 부활주일은 일 년 중 큰 주일이라 할 수 있다.

　둘째, 초대교회의 예배는 말씀을 읽고 권면한 후 기도하고 성만찬을 행하였다. 초대교회는 낭독된 말씀과 설교된 말씀과 그리고 보여진 말씀인 성만찬을 균형있게 시행하였다.

　셋째, 초대교회는 예배를 통해 선한 것을 사모하며 실천하도록 교훈하고 권면하였다. 초대교회 예배는 그리스도인들이 예수님을 삶의 힘의 근원임을 깨닫게 하고 그러한 깨달음 가운데 자신의 영적 삶도 예수님의 죽음과 부활을 따라가는 삶의 패턴으로 재구성되도록 하는 것에 본질적 목표를 두었다.

　넷째, 예배에 참여한 회중은 함께 기도하였다.

　다섯째, 빵과 음료를 앞에 놓고 기도하며 감사한 다음에 성찬에 참여한 사람들에게 나누어 주었다. 여기서 주목할 만한 것은 사회자가 "그의 능력대로" 힘을 다하여 성만찬 기도를 인도하였다는 것이다.

여섯째, 성만찬에 참여하지 못한 사람들을 위해서 빵과 음료를 남겨 보냈다. 초대교회 신자들은 예배를 통해서 사랑을 실천하였다. 초대교회 예배는 하나님의 영광을 위한 수직적 차원만이 아니라 형제 사랑인 수평적 차원을 중요하게 여기고 실천하였다. 예배에서 형제와 자매 사랑도 중요한 요소였다.

일곱째, 헌금은 고아와 과부, 환자들, 감옥에 갇힌 자들, 이방인 그리고 물질적 궁핍에 있는 사람들에게 나누어 주었다. 초대교회의 예배는 이 땅과 관련이 없는 예배가 아니라 '이 땅의 예배'(earthed worship)였다. 즉, "'이 땅의 예배'라는 표현은 고대교회의 예배는 결코 이 세상으로부터 도피하지 않았음을 강조하기 위함이다. 기독교 예배는 이 세상의 모든 피조물들이 하나님에게 구원받았음을 선포하기 위하여—물과 기름, 빵, 포도주, 움직임 그리고 상징과 같은—자연의 재료들을 활용"하였다.[2]

유대교 예배

주후 1세기경 유대교의 예배 관습은 매우 형식적이었다. 이러한 관습은 기독교 예배 형태의 구성에 영향을 주었다고 전해진다.[3] 유대교의 예배는 성전, 회당, 가정을 중심으로 행해졌다.[4] 먼저, 성전에서는 주로 희생 제사를 드렸고, 공식적인 기도와 교육이 실시되었다. 희생 제사의 전통은 기독교 예배의 형태에 직접적인 영향을 주지는 않았다. 이는 예수 그리스도에 의해 구약의 율법에 따른 희생 제사의 의미가 성취되었다고 해석되었기 때문이다.[5] 기독교의 예배는 예수 그리스도에 의해 구약의 희생 제사에서 영적 예배인 생활 예배로 전환되었기 때문이다(롬 12:1-2).

다음은 회당에서는 바벨론 포로기 동안 예배와 예식의 수행이라는 두 기능이 수행되었는데,[6] 이 같은 전통은 기독교 예배의 형태에 영향을 주었다고 전해진다. 설명하면, 회당에서 드렸던 안식일의 예배 의식과 기독교 공동 예배의 의식(ritual) 형태의 유사성이 발견되었을 뿐만 아니라 구약성경의 낭독과 그에 관한 해설로 구성되었던 유대교 회당 예배의 '순서'와 그 교육적 기능은 후일 율법서와 예언서의 낭독, 노래로 불렀던 시편, 그리고 찬양의 기도와 축도로 구성된 기독교 예배의 '순서'와 그 교육적 기능과도 매우 유사한 점을 공유하고 있다고 전해진다.[7]

다른 하나는 유대교의 가정 예배 형태 중 일부가 기독교의 예배 형태에 반영되었다고 전해진다. 구체적으로 서술하면, 유대교 가정에서는 집에서 하루에 세 번씩 기도를 드리는 전통이 있었는데, 이는 성전에서의 제사 시간과도 연계되었다.[8] 이러한 유대교 전통이 기독교의 가정교육 형태에서도 유사하게 반영되었다. 특히 유대교의 가족 예배 형식 가운데 기독교의 예배 형태에 영향을 준 요소 중 하나는 '식사 의례'였다. 유대인들은 공동 또는 가족식사에의 참여를 하나님의 풍성한 창조의 선물에 참여하는 신성한 행위로 여겼다. 유대인들은 식탁에서 구체적으로 식사 전후에 가장이 예전적 감사 기도를 드리는 일종의 '의례' 행위를 수행하였다. 이는 예전적 기도의 행위를 통해서 음식과 음료가 거룩하게 구별되며, 하나님과 다른 사람들과의 신앙적 교제도 가질 수 있을 것이라고 여겼기 때문이다. 특히 '식사 의례' 중 하나인 빵을 축복하고 떼는 행위는 공식적으로 친교의 시간을 알리는 기능을 하였다. 이때 특별한 경우에는 식사가 끝날 무렵 물을 섞어 포도주 한 잔을 최고 연장자가 엄숙하게 축복한 후에 포도주를 모두 돌려가며 함께 마셨다. 포도주 잔에 대한 축복은 세 가지 형식에 따라 행해졌다.[9] 첫째, 하나님의 돌보심과 양식 주심에 대한 찬양, 둘째 그의 백성을 위해 역사하시는 하나님의 구원 행위에 관한 상기, 그리고 셋째, 하나님 나라의 도래를 위한 기도였다. 이와 같은 유대교 가정의 '식사 의례'는 후에 기독교 예배 형태에 영향을 주었다고 할 수 있다. 특히 최후 만찬의 상황에서 예수 그리스도에 의해 이 유대교적 '식사 의례'에 새로운 해석이 부여되어 실천되었다고 할 수 있다. 이러한 예수 그리스도의 실천이 기독교 예배의 핵심을 이루는 성찬 예식으로 발전되었다.

사도시대 예배

초대교회 시대라고도 칭해지는 사도시대는 신약시대를 거쳐 주후 200년까지에 해당하는 시기를 말한다. 이 시기는 유대의 전통사회에 도전하는 새로운 세계를 선포했기 때문에 사도들과 초대 기독교도들에게 가혹한 핍박에 직면하였다. 따라서 새로운 예배의 실행은 어려울 수밖에 없었다. 그러므로 사도시대에는 예배의 내용이나 형식에 대한 관심보다는 자연히 예수 그리스도를 증거하는 일에 집중적인 노력과 열정을 기울이는 방향으로 나아가게 되었다. 그러나 분명한 사실은 사도시대 성도들은 예배를 통하여 그들의 생명이 결속되었고 그 가운데서도 주님의 명령을 따라 실행한 성만찬 속에서 새로운 신앙의 활력소를 찾았다.

이 시대의 예배의 모든 핵심적 순서도 말씀과 성례에 집중되었고, 그리스도의 증인으로서의 새로운 사명을 재확인하는데 역점을 둔 예배의 분위기를 형성해 갔다.

초대교회의 모습에서 나타나는 사도시대의 예배는 대부분 가정에서 이루어졌다. 사도시대의 교회는 상대적으로 사적인 신앙 공동체라는 특징을 지니고 있었다. 이 때의 예배의 형식은 비형식적이고 즉흥적이었다고 전해진다.[10] 물론 사도시대의 예배에서도 구약성경의 규칙적인 낭독과 빵과 포도주 잔에 행해졌던 성만찬 기도 같은 일종의 예배 형태가 발견된다. 최후 만찬의 성찬제정 말씀을 회상하는 감사 기도도 이에 포함되어 있었다고 전해진다. 여기서 특별한 것은 세례 의례때의 공식 기도 형태가 이 시기에 형성되었다. 이러한 공식적 의례는 세례를 베풀기에 앞서 행해지는 신앙에 대한 간단한 질문과 대답을 포함하였다. 이 때 주기도문도 사도시대의 예배에서 사용되었다.[11] 2세기 중반 이후 행해진 예배의 대표적 형태는 주일날 새벽 개인 집에서 모이는 예배였다. 예배 참석자들은 자신들이 준비한 떡과 포도주를 가져왔다고 전해지고 있다.[12]

사도시대의 교회 관습과 관례들을 기술한 『사도적 전승』(The Apostolic Tradition)에서 히폴리투스 사제는 부활절 전날 밤에 행해졌던 입교 예식에 대해 묘사하고 있다. 이 책에는 당시 행해졌던 예배의 형태가 기술되어 있다. 즉 성경 봉독과 강론이 끝난 후 입교자들은 옷을 벗게 하고, 입교 의식의 집례자에게 마귀의 유혹에 빠지지 않고 이를 단호하게 거절할 것을 언약하게 하였다. 그 다음에 그들은 '성수반'으로 내려가서 현재의 사도신경과 비슷한 형태의 신앙고백을 하였다. 집례자는 입교자들의 이마에 거룩한 기름을 바른 후에 그들에게 입맞춤을 하고 난 다음에 성만찬을 위한 봉헌 순서 직후 입교자들에게 제일 먼저 성체가 전해졌다고 기술되고 있다.[13]

교부시대 예배

교부시대는 일반적으로 고대교회(the ancient church)라고 칭해지기도 한다. 교부시대는 주후 600년까지 지속된 것으로 추산한다. 그 이유는 많은 사람들이 이 해에 로마제국의 역사가 결정적으로 그 종착점에 도달했다고 보기 때문이다. 교부시대는 교회사에 끼친 영향이 크다. 이 시대의 교부들의 노력에 의하여 오늘날 우리가 물려받은 사도신경과 주후 325년에 니케아 신경 그리고 주후 451년에 칼케돈 신경이 만들어졌다. 이런 신조들은 하나님의 천지창조와 성육신 그리고 재창조에 관한 하나님의 이야기를 그 핵심에 두고 있다. 교부들은 또한 그리스도의 신성과 사람이 되신 하나님을 통한 구원에 관한 핵심적인 쟁점들을 정리했을 뿐만 아니라, 정경의 범위를 확정지었고, 성경 해석의 기본원칙들을 수립하였다. 이 외에도 이들은 예배의 기본형태를 정하였고 성경적인 사상에 부합하는 윤리적인 교훈들도 제시하였다.

특히 교부시대의 4세기 초에 콘스탄틴 대제가 기독교를 공인함으로 인해 기독교는 박해의 위협으로부터 자유를 얻게 되었다. 콘스탄틴의 기독교 공인 이후에 기독교회는 사적인 공동체의 성격에서 공식적인 형태로 발전되었다. 이 후에 예배의 규모와 내용에도 큰 변화를 가져왔다.

먼저 주로 가정에서 행해졌던 예배를 황제나 부유한 관료들의 기부기금으로 지어진 큰 바실리카나 사원 등에서 드리게 되면서 규모가 크게 확대되었다. 또 이 시기에 교회 감독이나 성직자들은 관료적 신분에 해당하는 대우를 받게 되었으며 이를 상징하는 복식도 나타나게 되었다.

콘스탄틴의 기독교 공인 이 후 교회는 건축양식, 의상형태, 예배의 절차 등을 결정할 때 세속적인 요소들이 많이 도입되었다. 특히 입교식과 성찬식을 위한 의례(ritual)구조가 이 시기에 고정되었다.[14] 예식(ceremonial)의 형태는 더욱 정교해졌다. 주로 언어적 표현으로 구성되는 종교적 의례보다 위엄있는 수사학적 형태를 갖추게 되었다. 예배는 더욱 풍부하고 장엄한 형태로 변화하게 되었다.[15] 교회 행사와 관련된 교회력은 상당히 방대해졌으며, 성인과 순교자들의 기념일, 그리고 그리스도와 성모를 기념하는 새로운 축일의 숫자도 늘어났다. 다른 한편으로는 예배의 예식과 관련된 교회 건물의 건축에서도 모자이크나 대리석으로 호화롭게 장식하는 양식들이 점차 주류를 이루게 되었다고 전해진다.

이 시기의 예배형태를 분석할 경우 주목할 점은 기독교회의 예배형태가 거의 고정되는 현상이 나타나는데, 이는 교회를 이단으로부터 보호하려는 의도로부터 비롯된 것이라고 알려져 있다.[16] 다시 서술하면, 4-5세기의 기독교회는 예배의 내용을 고정화시킴으로써 신자들을 비기독교적 교리로부터 보호하고자했던 것이다. 이러한 과정을 거치면서 5세기 중엽, 동방교회 예배형태는 의식과 예식의 구성에 있어 최고의 수준에 이르게 된다. 이에 비해 서방교회의 예배의 형태는 동방교회보다 오랜 기간의 수정과정을 거쳐 그레고리 교황(590-604) 시기에 이르러 고정화되었다고 알려져 있다.[17]

중세시대 예배

중세시대는 예배의 의미와 변화를 가져 온 시기로 특징지을 수가 있다. 특히 "중세시대에 일어난 예배의 변화는 예배의 형식의 변화가 아니라 형식에 대한 이해와 형식의 의미와 형식에의 체험의 분야에서 일어난 변화였다."[18] 구체적으로 서술하면, 중세시대는 예배의 행위 그 자체를 신비하게 여기는 현상이 나타났다. 즉, 예배행위 자체를 신비 의식으로 만들면서 교회에 악영향을 미치고 말았다. 예를 들면, 예배 의식의 각 부분뿐 아니라 의복들과 기구들과 성직자의 움직임까지도 신비스럽게 여기기까지 하였다. 예배에서 신비의 주체는 하나님이 아니라 예배 행위 자체와 성직자들의 행위에까지 부여함으로써 예배의 미신화를 초래했다고 할 수 있다. 엄밀한 의미에서 중세교회의 예배 문제는 '신비화'가 아니라 '미신화'되었다고 할 수 있다.

중세기 예배에 가장 두드러진 특징 중의 하는 예배의 순서, 의식, 예식에서 회중들을 소외시킨 점이다. 예배가 사제 중심적으로 구성됨에 따라 공동체적 성격이 점차 약화되었다. 다음으로는 전례법규와 의식이 더욱 형식화되고 성문화되었다.[19] 이 시기의 예배의 형태를 점차 사제 중심적으로 변모시킨 요소 중 대표적인 것은 예배의 순서가 라틴어로 진행되었다는 점이다. 다시 서술하면, 중세교회의 예배 문제는 언어 사용과 밀접하게 관련되어 있기도 하였다. 중세교회는 독일, 프랑스, 영어 사용권 지역들로 복음이 전파되어 교회가 형성되었음에도 불구하고 미사에서 사용된 언어는 라틴어였다. 예배를 라틴어로 집례하게 되자, 라틴어를 모르는 일반 회중들은 능동적인 참여자의 입장에서 수동적인 관망자로 위치로 변해갔다.²⁰ 사제와 일반 회중 사이의 이 같은 분리현상은 성당 건물의 내부구조에도 변화가 일어났다. 내부에 커튼이나 휘장이, 그리고 심지어 벽까지 사용하여 사제와 일반 회중을 분리시켰다.²¹ 분리된 회중들은 멀리서 사제가 행하는 것을 신비롭게 바라보았다. 이러한 현상은 예배 의식을 미신적이고 마술적인 차원으로 이해하는 현상까지 초래하게 되었다. 이런 현상은 후에도 라틴어 성경을 자국어 성경보다 더 신비롭게 여기는 현상까지 초래하게 되었다. 예를 들면, 어떤 로마가톨릭교인들은 라틴어의 성경에는 자국어의 성경보다 신비가 더 나타나 있는 까닭에 라틴어의 성경을 읽기 좋아한다고 말한다.²² 그러나 예배에 참여한 회중의 언어로 기록된 성경에 대한 바른 태도는 이 신비의 자리를 마련할 것이고, 하나님의 계시의 진리는 그 사람의 의식에 더욱 개입하여 심지어 새로운 전망까지 내놓을 것이다.²³

중세시대의 예배의 신비화 또는 미신화는 여러 차원에서 왜곡된 예배 행위를 초래하였다고 할 수 있다. 로버트 웨버는 그러한 현상을 다음과 같이 소개하였다.

> 중세 때 예배를 신비적으로 보았다는 점을 입증해주는 또 다른 실례는 미사를 산 자와 죽은 자를 위해서 하나님께 드리는 희생 제사(a sacrifice)로 보았다는 사실에서 찾을 수가 있다. 이 같은 관념은 성찬의 떡과 포도주를 취급하는 것에 극도의 경외심을 품었으며(따라서 평신도는 그것을 절대 건드려서는 안되었다). 미사의 효험에 대해 기괴할 정도로 지나친 주장을 하는 결과를 빚고 말았다. 그 예를 한 번 들어 보자. 미사를 참석한 후(after

hearing a Mass)의 식사는 더 맛이 난다고 하였을 뿐만 아니라 갑작스런 죽음도 당하지 않는다고 주장하였다. 심지어는 그들을 위해 미사를 올리는 동안에는 연옥에 있는 영혼까지도 고통을 당하지 않을 것이라고 주장하기에 이르렀다. 이 같은 견해는 미사의 횟수를 늘리는 결과를 빚었으며, 성직자에게 돈을 주고 특정 인물(산 자나 병든 자나 혹은 죽은 자)을 위해 "미사를 올리는"(saying mass) 풍습을 야기시키고 말았다.[24]

중세시대의 예배는 지나치게 복잡해지기 시작했다. 매일 똑같은 예식문을 반복하여 낭독했던 사제들은 거의 같은 날들을 성인의 기념일로 정하면서 교회력을 확대해갔으며, 매 성일마다 다른 형태의 예배문이 사용될 수 있도록 형태에 변화를 가했다.[25] 그 결과 예배의 형태는 지나칠 정도로 복잡해졌고, 전문가가 아닌 이상 예배의 집례는 불가능해졌으며, 일반 회중은 예배에 아무런 역할을 하지 못하게 되었다.[26] 예배에서 회중은 구경꾼으로 남게 되었고, 회중을 소외시키는 결과를 낳았다.

종교개혁시대 예배

종교개혁과 그에 따른 예배의 개혁은 당시 중세 서방교회의 미사에 대한 신학적 견해와 예배학적 비판과 논쟁의 맥락에서 이해해야 한다. 성찬 중심의 예배를 드렸던 중세 서방교회의 예배를 반대하고 성경의 권위를 회복시켜서 예배 갱신에 중요한 공헌을 하였다. 초대교회에서 말씀과 성례를 균형 있게 시행했던 것처럼 예배에서 말씀 예배를 회복하였다. 즉 예배에서 성경 봉독과 설교의 위치를 회복했다는 점을 들 수 있다.

종교개혁시대의 예배에서는 많은 변화가 일어났다. 즉 예배의 단순화와 자국어 사용 등으로 인하여 회중들은 중세 때의 소극적인 관망자의 자세로부터 벗어나 어느 정도 참여할 수 있는 장이 마련되었다. 종교개혁시대의 예배는 각 지역의 방언을 사용하고, 인쇄된 책을 보급하며, 긴 설교를 통해 하나님의 말씀에 대한 강론을 추가했다는 특징이 있다. 그렇게 함으로써 예배가 그 지역 사람들을 위한 직접적인 교육의 중요한 수단으로 부각되었다. 다시 서술하면, 예배의 '교육적 기능'이 종교개혁을 통해 다시 회복되는 현상이 나타났다. 예배의 다른 요소들보다 말씀을 가장 중요시하는 새로운 예배적 형태로의 변화가 형성되게 된다. 종교개혁시대에는 '설교 중심'의 예배가 발전하였지만, 성만찬과 같은 예배는 점진적으로 약화되어가는 현상이 나타났다.[27] 종교개혁시대의 예배는 단순화되었지만 설교를 강조함으로써 예배를 말씀 선포와 교리교육의 직접적 수단으로 삼게 되었다. 이러한 변화는 개신교 예배의 특징을 이루는 설교 중심주의적인 예배와 점차 성례전적 요소를 약화시키는 결과를 초래하였다.[28]

종교개혁자들은 중세 서방교회가 미사를 그리스도의 희생 제사의 반복으로 보았기 때문에 미사를 거부하였다. 왜냐하면 중세 서방교회의 미사가 감사의 예배로서의 본래의 의미를 상실하고 하나님을 즐겁게 해 드리기 위한 속죄 제사로 변하였기 때문이다. 중세 서방교회의 미사가 희생 제사로 변질되면서 여러 잘못된 현상이 나타났다. 예를 들면, 미사를 통해 마술적 효과 등을 기대하는 현상이 있어났다. 더욱이 회중들이 드리는 예배가 미사를 올리는 사제들에 의해 대치되었으며, 마침내는 구원을 사는 법적 수단으로까지 되고 말았다.29 이러한 예배의 경향은 기독교 복음을 본질적으로 왜곡시키기까지 하였다. 즉 은혜의 종교로서의 기독교의 본질을 왜곡하는 것이었다. 종교개혁자들은 희생 제사로서의 미사를 반대하였다. 이 점에서 모든 종교개혁자들은 일치하였다.

종교개혁자들은 중세 서방교회의 화체설 교리를 거부하였다. 즉 희생 제사로서의 미사와 화체설이 밀접한 연관을 맺고 있었기 때문에 종교개혁자들로서는 화체설을 반대하였다. 로버트 웨버는 중세 서방교회가 견지한 화체설과 희생 제사의 관계를 다음과 같이 설명하였다.

> 화체설의 기저에는 로마가톨릭의 오푸스 오페라툼(*Opus operatum*)의 교리, 즉 미사를 단지 기계적으로 올리기만 해도 그리스도께서 자동적으로 임재하신다는 교리가 깔려있었다. 이같은 견해로 보면 성례를 받는 신자의 신앙이 없이도 심지어는 성찬의 떡과 포도주를 회중에게 분배해주지않고도 성례 의식의 거행이 축복을 나누어 줄 수도 있다. 한편 화체설은 그리스도께서 어떻게 희생 제사인 미사 속에 임재하시는지를 설명하고 있다. 즉 떡과 포도주의 본질이 그리스도의 살과 피로 변하여 구원을 위한 회중 제사로 성부께 드려진다는 것이다.30

종교혁자들 간에는 유사성이 있었음에도 불구하고 예배 개혁에 대한 견해는 다르게 표출되었다. 즉 과거와의 연속성을 유지하려는 그룹도 있었지만, 새로운 형태의 예배를 만들어 내기 위해 중세 서방교회의 전통과 완전한 단절을 하려는 그룹도 있었다. 이러한 흐름과 경향은 종교개혁 전통 안에서 성만찬에 대한 견해와 예배 시행과 관련하여 크게 세 그룹이 형성되었다. 먼저 루터교와 영국성공회 예배 형식은 중세 서방교회의 미사의 상당부분을 그대로 유지했던 반면에, 재세례파는 성만찬에서 친교의 식사를 중요시하고 중세 서방교회, 즉 가톨릭의 미사를 배격했다.

이러한 양극단에 대해서 개혁파교회들은 중도적인 노선을 취하여 예배에서 예배적인 요소들을 단순화시켰다. 이렇게 형성된 개신교회의 세 전통은 중세 서방교회의 성찬에 대한 견해뿐만 아니라 예배 시행에서도 서로 다른 입장을 취하였다. 즉, 루터교회와 성공회는 중세 서방교회의 예배 형태를 더 많이 보유하였지만, 재세례파는 중세 서방교회의 예배로부터 자유로웠다. 개혁교회는 중도적인 입장을 취하였다. 제임스 화이트는 종교개혁 초기에 형성된 세 전통을 종교개혁 시기 이후에 형성된 교파들까지 포함하여 다음 표와 같이 구분하여 정리하였다.[31] 표에서 보수는 예배에서 보다 더 예배적 형식을 취하는 교회들이고 진보는 비예배적 교회들이다.

시기	◀◀◀ 진보 ▶▶▶	◀◀◀ 중도 ▶▶▶	◀◀◀ 보수 ▶▶▶
16세기	재세례파	개혁교회	영국국교회 루터교회
17세기	퀘이커	청교도	
18세기		감리교회	
19세기	프론티어		
20세기	순복음		

현대에는 위의 표의 진보에 속한 대부분의 교회들은 예배에서 설교와 성령체험을 중요하게 여기는 경향이 있다. 특히 퀘이커교도들은 예배에서 각 개인이 "성령을 섬긴다"(waiting upon the Spirit)는 차원에서 내적(inward) 체험을 강조하였다.³² 경건주의의 영향을 받은 감리교와 침례교 등은 성례전을 중요한 관심의 대상으로 삼지 않고 성령의 내적 체험을 강조하는 현상이 나타났다. 중도에 속한 교회들은 예배에서 말씀 예배와 성만찬 예배를 균형 있게 시행하려고 하는 경향이 있고, 보수에 속한 교회들은 대부분 성만찬 중심의 예배를 실행하는 경향이 있지만 말씀 예배도 중요하게 여기고 있다.

근대와 현대교회 예배

교회 예배의 역사에서 19세기에서 20세기 초반까지는 개신교는 물론이고 가톨릭도 '예배가 생기를 잃은 시기'라고 묘사할 수 있다. 그러나 20세기 초반에 예배 갱신을 위한 운동이 일어나게 된다. 이 운동은 던 램버트 뷰딘(Dom Lambert Beauduin)의 1909년 말린회의(Malines Conference)에 그 기원을 두고 있다. 뷰딘의 예배에 대한 기본적인 관심사는 예배의 교회학적 차원으로서 교회 안에서 예배가 무엇이며, 무엇을 하는지에 대한 올바른 이해를 통해서 교회를 갱신하며, 더 나아가서 예배가 회중들의 영성의 원천으로서의 역할을 할 수 있도록 예배를 갱신해보겠다는 것이었다.³³ 예배 갱신운동을 통하여 예배에서 성찬이 예배의 중요한 차원으로 부각되기 시작했다.³⁴

1960년대 이후 신, 구교 모두 깊은 관심을 갖게 된 예배 갱신의 문제는 예배 형태의 변화를 야기했다. 이러한 변화는 세 가지 특징으로 서술될 수 있다. 하나는 예배에 있어서 하나님 말씀과 성례전을 동일하게 강조하면서, 성례전에서의 봉헌과 친교의 의미를 재발견함으로써 그리스도와의 수직적 차원의 친교는 회중들과의 수평적 차원의 친교를 통해 확인된다는 점이다. 다음은 수동적 입장에서 예배의 집례를 관망만 하던 회중들로 하여금 이제는 예배는 능동적으로 참여하게 하는 공동 예배가 되도록 하였다는 것이다.[35] 다른 하나는 예배의 집례방식에 있어 고전적 언어를 현대적 언어로 바꾸고 각기 자국어로 표현하며, 그 표현방식에 있어서는 시청각자료를 이용하고 동적인 표현을 강조하는 의사소통의 형태를 중요시한다는 점이다. 이러한 특징들이 최근의 예배 갱신운동을 통해 발견되는 의미있는 변화이다.

⟨미주⟩

1   "The First Apology of Justin," *the Martyr in Early Christian Father*, ed., Cyril C. Richardson (Philadelphia: Westminster Press, 1953), 67, 287.
2   Robert E. Webber, 『예배학』, 이승진 옮김 (서울: CLC, 2012), 126.
3   Paul F. Bradshaw, *The Search for the Origins of Christian Worship: Sources and Methods for the Study of Early Liturgy* (Oxford: Oxford University Press, 1992), 1-29.
4   R. T. Becwith, "The Jewish Background to Christian Worship," *The Search of Liturgy*, 41-4.
5   Massey H. Shepherd, Jr., *The Worship of the Church* (Connecticut: The Seabury

Press, 1962), 69.
6   R. T. Becwith, "The Jewish Background to Christian Worship," 42.
7   Massey H. Shepherd, Jr., *The Worship of the Church*, 69–71.
8   R. T. Becwith, "The Jewish Background to Christian Worship," 43.
9   Massey H. Shepherd, Jr., *The Worship of the Church*, 69.
10 Geoffrey Wainright, "The Periods of Liturgical History," Cheslyn Jones, Geoffrey Wainright, and Edward J. Yarnold, Sj., eds., *The Study of Liturgy* (London: SPCK, 1980), 35.
11 Massey H. Shepherd, Jr., *The Worship of the Church*, 72–3.
12 Massey H. Shepherd, Jr., *The Worship of the Church*, 73.
13 Massey H. Shepherd, Jr., *The Worship of the Church*, 75–6.
14 Geoffrey Wainright, "The Periods of Liturgical History," 35–6.
15 James F. White, *Introduction to Christian Worship*, 38–41.
16 Geoffrey Wainright, "The Periods of Liturgical History," 35.
17 Massey H. Shepherd, Jr., *The Worship of the Church*, 77–9.
18 Robert E. Webber, 『예배학』, 82.
19 John Harper, *The Forms and Orders of Western Liturgy from the Tenth to the Eighteenth Century: A Historical Introduction and Guide for Students and Musicians*, 113.
20 Massey H. Shepherd, Jr., *The Worship of the Church*, 82.
21 Geoffrey Wainright, "The Periods of Liturgical History," 36.
22 Franklin M. Segler, 『예배학 원론』, 정진황 역 (서울: 요단출판사, 1987), 99.
23 Franklin M. Segler, 『예배학 원론』, 99.
24 Robert E. Webber, 『예배학』, 86.
25 John Harper, *The Forms and Orders of Western Liturgy from the Tenth to the Eighteenth Century: A Historical Introduction and Guide for Students and Musicians*, 43–57.
26 Massey H. Shepherd, Jr., *The Worship of the Church*, 84.
27 Geoffrey Wainright, "The Periods of Liturgical History," 37.
28 Geoffrey Wainright, "The Periods of Liturgical History," 37.

29 Robert E. Webber, 『예배학』, 93.
30 Robert E. Webber, 『예배학』, 93-4.
31 James F. White, 『기독교 예배학 입문』, 45. 역자가 저자의 문자적 표현에 충실하여 '우익'과 '좌익'이라고 번역하였지만, 저자가 본래적으로 표현하고자 하는 의미의 관점에서 여기서는 우익과 좌익을 보수와 진보로 수정하여 인용하였다.
32 Robert E. Webber, 『예배학』, 101.
33 Kevin W. Irwin, *Context and Text* (Minnesota: A Pueblo Book, 1994), 19.
34 Geoffrey Wainright, "The Periods of Liturgical History," 38.
35 E. Brand, *The Rite Thing* (Minneapolis: Augsburg Publishing House, 1970), 34ff.

6

개신교회 예배 유형과 공헌

개신교회 예배의 유형

설교 중심의 예배 유형

   대부분의 개신교회들은 설교 중심 예배를 실행한다. 개신교회는 보편적으로 하나님이 직접 주시던 사도시대와 같은 계시는 모두 지났다고 믿는다.[1] 때문에 말씀을 통해 성령이 역사한다는 흐름이 강하고, 기록된 성경을 가장 중요하게 여기게 되었다. 당연히 예배에서도 성경을 중요하게 여기는 문화가 형성되었다. 이러한 문화는 예배에서 말씀을 전하고 듣는 것을 가장 중요하게 여기는 결과를 낳았다고 할 수 있다. 개신교회 예배에서 설교자들은 회중들에게 성경의 진리를 전하고 그 진리를 믿고 순종하라고 권면한다. 개신교회 예배는 결국 일종의 교육의 형태가 되었다. 이러한 특징을 갖게 된 이유는 종교개혁 초기의 개혁자들의 영향을 크게 받았기 때문이라고 할 수 있다. 루터는 "하나님의 말씀의 설교와 기도가 없다면 그리스도인의 집회는 절대로 모이지 말아야 한다"고까지 선언했다.[2]

특히 개혁파 전통에서 설교 중심 예배에 가장 강력한 영향력을 행사한 사람은 츠빙글리이다. 개혁파 중에서 츠빙글리는 설교 중심 예배 형성에 가장 중요한 영향을 끼쳤다고 할 수 있다. 그는 당시 인문주의자였던 에라스무스와 서신 왕래를 할 정도로 가까웠고 그의 영향을 받았다. 때문에 당시 문학에 정통했을 뿐만 아니라 헬라어에도 능통했고, 음악적 능력도 갖고 있었다. 하지만 그는 예배에서 음악을 배제시켰을 뿐만 아니라 성찬을 자주 시행하는 것도 반대하였다. 그는 주일 예배를 완전히 자국어로 진행하였고, 설교 중심 예배를 실행하였다. 츠빙글리는 예배 때 성경을 읽고 강론하는 형태의 설교를 하였다. 즉 그의 설교는 주석적인 성질을 갖고 있었다. 이와 같은 설교 중심 예배는 역사적이고 성경적 의미가 있다고 할 수 있다. 구체적으로 서술하면, 종교개혁 전에 예배에서는 라틴어를 사용했을 뿐만 아니라 자국어로 번역된 성경이 없었기 때문에 사람들은 성경을 구체적으로 알 수 있는 기회를 갖지 못했다. 이러한 상황에서 성경을 자국어로 번역하여 성도들로 하여금 성경을 스스로 볼 수 있게 하였고, 예배를 통해 성경을 가르쳤다. 이는 기독교 역사에서 중요한 공헌이라고 할 수 있다. 로버트 웨버는 "종교개혁

아래 진행된 다양한 운동들 가운데 한 가지 공통점은 하나님 말씀으로서의 성경의 권위와 설교의 중요성에 관한 인식이다"라고 하였다.[3]

칼빈은 예배에서 설교를 중요하게 여겼지만 설교 중심 예배를 강조했던 것은 아니다. 실제로 칼빈은 예배에서 매 주일 성만찬을 하는 것을 원했지만 그의 뜻을 이루어지지 못했다. 칼빈은 예배에서 말씀 예전과 성만찬 예전이 균형 있게 시행되는 것을 소망했던 것은 사실이다.[4] 나아가 "칼빈은 단순히 성경주의자였던 것만이 아니라 진정으로 교부적인 (patristic) 예배를 성취하기 원했다. 그의 모델은 초대교회였는데, 그 초대교회란 단지 신약성경의 교회만이 아니라 교부들과 순교자들의 교회까지 포함하는 것이었다."[5]

그럼에도 불구하고 개신교회 특히 개혁파 전통에 기초한 대부분의 교회들은 역사가 흐르면서 설교 중심의 예배를 형성하였다. 즉 설교는 개혁파 예배의 필수적인 부분이 되었다.[6] 개신교회 전통의 설교의 특징은 주로 성경 본문을 상세하게 설명한 다음에 현재의 삶에 특별히 교리와 삶의 관점으로 적용하였다. 개혁주의자들은 성경을 가르쳐야 한다는 의무감이 매우 강했기 때문에 "모든 예배에 신학과 윤리학의 간결한 교육과정이 포함되었다. 이 점은 개혁파 예배의 불변하는 특징이 되었고, 개혁파 예배의 특징인 지성에의 강력한 호소에 기여하게 되었다."[7]

개혁파 전통의 지성주의적인 특징으로 인해 대부분의 "개혁파 전통은 높은 교육을 받은 사람들에게 기여해 왔다. 심지어 오늘날에도 개혁파 전통은 주로 전문적인 사람들에게 공감을 얻고 있으며 지성에 호소하는 경향이 있다. 개혁파 전통은 미국에서 지식적인 목회에서 높은 가치를 차지해 왔고, 신학교육의 지적 수준을 높이는데 특별한 기여를 해

왔다."⁸ 개혁파의 이러한 특징은 성경과 신학의 지식수준을 높이는 데는 공헌을 하였다. 하지만 17세기 계몽주의의 강력한 영향아래 개혁파교회들의 예배와 설교는 더욱 지성주의적인 경향으로 흐르게 된다. 이러한 현상은 설교의 강조점은 하나님의 말씀을 바르게 깨닫고 성경의 진리를 옹호하는 형태로 나아갔다. 하지만 불행히도 종교개혁의 영향을 받은 교회의 예배와 설교에 활력을 제공했던 개혁의 열정이 길고도 지루하며 논쟁적인 설교로 전락하기 시작하였다.⁹ 예배의 이러한 지성주의적인 경향은 설교에서 성경을 논리적으로 설명하는데 많은 시간을 할애하였지만, 다른 예배 요소들을 이차적인 것으로 여김으로써 그 중요성을 약화시키는 결과를 낳았다고 할 수 있다.

개혁파 전통의 예배가 설교를 통한 말씀 예전의 중요성을 인식하고 회복하는 데는 매우 중요한 공헌을 하였지만, 말씀 예전과 설교를 동일시하는 현상이 발생함으로써 지나치게 설교 중심 예배가 형성되었다고도 할 수 있다. 하지만 진정한 성경적 예배는 찬양, 기도, 성경 봉독, 말씀 묵상 등도 말씀 예전에서 결코 간과되지 않아야 한다. 이것들도 설교와 동등하게 중요한 요소임을 인식하는 것이 매우 필요하다.

성만찬 중심의 예배 유형

개신교회의 한 교파인 영국성공회의 신학은 성찬신학을 제외하고 칼빈신학에 기초하여 형성되었다. 개신교회의 전통에서 설교 중심 예배보다는 성찬 중심 예배를 실행하고 있는 대표적인 교회는 성공회이다.

성공회가 로마가톨릭과 종종 유사하게 보이는 것은 예배에서 매주 성찬식을 하고 예전적인 예배를 시행하는 것 때문이기도 하다. 성공회의 대부분의 성도들은 성찬에 참여하는 성찬식을 주일의 주요 예배로 여기기까지 하였다.[10] 영국의 "성공회는 가장 적게 성찬식을 하는 교회에서 변화를 하여 수많은 교구들의 예배에서 성찬식을 중심으로 하는 교회가 되었다."[11] 성공회 예배에서 성찬이 중요한 요소로 자리 잡게 된 것은 1872년에 만들어진 "축소예배법"(Shortened Service Act)이 계기가 되었다. 이 예배법은 예배에서 성찬을 중요하게 시행하는 계기가 되었다. 성공회의 "예배 형태는 종종 주일 아침에 먼저 성찬식을 하고 나중에 아침 기도와 설교를 하는 것이었다. 매월 첫 주일에 거행하던 성찬식은 차츰 주된 예배가 되었고, 결국 매 주일 거행되었을 것이다. 간단하게 말해서 가장 중요한 변화는 대부분의 교회들에서 세례나 결혼식, 또는 장례식보다 성찬식의 빈도가 훨씬 낮았다가 정규적인 주일 예배가 성찬식으로 바뀌게 된 것이다."[12]

성공회는 원래 예배에서 성찬을 중요하게 시행해 왔지만, 20세기에 들어와서는 예배에서 성찬 시행의 빈도와 예전 스타일에 따라 '고 교회'(High Church, 예전적 교회), '중 교회'(Middle Church, 중립적 교회), '저 교회'(Low Church, 비예전적 교회)로 구분되게 된다. 이러한 구분은 성공회 안의 세 교파를 의미하는 것이 아니라 예전적 또는 전통적 예배를 시행하는 교회와 현대적 예배를 시행하는 교회의 특성을 구분하는 것이다. '고 교회'에 속한 교회들은 성찬을 매 주일 시행하고 예전적인 예배를 드린다. '중 교회'에 속한 교회들은 격주로 성찬을 시행한다. '저 교회'는 한 달에 한번 정도 성찬을 보편적으로 시행하고 비예전적인 예배를 드린다. '저 교회'는 예배에서 찬양과 설교를 거의 같은 비중으로 실행하는 것이 특징이다. 또한 비예전적인 예배를 실행하기 때문에 예배 인도자들은 예복을 입거나 정장을 하지 않는다. 중요한 것은 성공회는 교단적으로는 예배의 세 유형 모두를 인정하고 있을 뿐 아니라 지역교회들도 서로 다른 예배 형태를 비판하기보다는 인정하고 존중한다는 점이다.

성령의 감화 중심의 예배 유형

기독교 예배에서 설교와 성만찬은 대단히 중요한 요소이다. 하지만 설교와 성만찬을 시행하지 않고 오직 성령의 감화를 통한 하나님 체험을 예배의 주목적으로 하는 교파는 퀘이커교이다. 퀘이커교 예배는 외적인 자극에 의지하지 않고 오직 내적인 빛(the inner light)에만 의존하며, 조용히 침묵하며 하나님을 섬기는 것에 집중한다.[13] 퀘이커교는 교리의 권위보다 성경의 권위를 종교적 진리의 근원으로 내세운다. 즉, "고도의 성경 지식은 퀘이커 예배의 전제들 중의 하나"였다.[14] 하지만 그들은 성경을 존재하게 한 하나님의 성령은 지금도 인간의 가슴 속에서 일하고 계심을 믿는다. 그들은 하나님은 지금도 살아계셔서 역사하고 계신다고 믿기 때문에 예배에서 하나님의 임재체험을 가장 중요하게 여긴다.

> 퀘이커 교도들의 예배의 중심점은 예배의 모임 가운데서 그리스도의 임재가 가능하도록 모인 하나님의 회중이 마음의 문을 열고 성령을 통해서 그리스도께서 말씀하시도록 그를 섬긴다는 점에 있었다. 그들의 이 같은 견해는 성례와 같은 외부적 도움이나 외적 의식을 완전히 거부하게 만들었다. 또한 그들은

모든 의식과 형식은 새 언약에 의해 폐기되었으며, 선지자, 제사장, 왕으로서의 그리스도의 역사는 신자들이 조용히 그리스도를 섬길 때에 예배 공동체 가운데서 일어나게 된다고 주장하였다.[15]

퀘이커 예배는 고요한 가운데 성령을 기다림으로써 성령이 어떤 형태로든 그 원하시는 대로 나타날 수 있는 기회를 마련하려고 한다.[16] 퀘이커교도들은 의식(rite), 책, 말씀, 찬송 등은 한때는 힘 있는 표현이었지만 지금은 그 대부분이 생기가 없는 것으로 간주한다. 퀘이커교에서는 예배 전에 미리 형식을 정하는 것을 배격하였다. 왜냐하면 형식이 성령의 역사를 대신하게 해서는 안 된다고 여기기 때문이다. 퀘이커교도들은 인간의 준비에 의지하는 예배를 종종 '의지의 예배'(will worship)와 '자기 쾌락'으로 생각하는 경향이 있다.[17]

피상적으로 보면, 퀘이커의 예배 모임은 부정적인 것으로 보일 수 있다. 그들은 제단, 기도서, 강대상, 설교, 악기, 찬양대, 성찬 등 기성교회가 갖추고 있는 것을 전혀 갖추고 있지 않으며, 예배자의 주의를 방해할 만한 것은 모두 배제하기 때문이다.[18] 퀘이커의 예배는 기도, 곧 침묵 기도이다. 예배는 침묵 기도로 진행된다. 그러나 침묵 기도 중에 하나님의 인도가 있으면 누구든지 일어나 말을 하거나 기도를 하거나 노래를 할 수 있다. 침묵 기도 중 일어나 말하는 것을 '감화'(vocal ministry)라고 말한다. 그러나 감화가 퀘이커 예배에서 매우 중요하지만 본질적인 것은 아니다.[19] 감화를 할 때 주의하여야 할 사항을 브린튼은 다음과 같이 제시하였다.[20]

(1) 신리에 대해 난순하게 증서해야 하며 번몬해서는 안 된다.
(2) 자연스러워야 하며 의도적이어서는 안 된다.
(3) 말하고자 하는 생각이 떠올랐을 때 서둘러서는 안 된다.
(4) 말하는 내용은 함축적이어야 한다.
(5) 종교적인 범위 내에 있는 말이어야 한다.
(6) 진부한 도덕을 말하기보다는 그리스도 영 안에 살라고 외치는 것이 더 효과적이다.
(7) 선을 불러일으켜야지 두려움을 불러일으켜서는 안 된다.
(8) 기도의 말은 '내'가 아니고 '우리'이다.
(9) 누구든지 감화를 할 수 있다(그러나 유식자보다는 무식자가 더 낫다).
(10) 초기 퀘이커시대부터 남녀가 동등하게 감화를 했다(행 2:17).

퀘이커교도들은 예배 모임에서 가장 고귀한 감화는 기도라고 여긴다. 예배하는 사람이 그 모임에서 기도의 영이 자기를 통하여 말씀하고자 하는 것을 깨달았을 때 그는 그 모임의 입이 되어 하나님께 기도를 올리게 된다. 퀘이커교 예배에서 이러한 행위는 다른 개신교회에서 성경에 기초하여 설교하는 것과 유사한 행위라고 할 수 있다. 퀘이커가 바라는 설교는 원고설교보다는 예배자의 생활과 성령의 감화에서 새롭게 솟아나는 것이어야 한다고 생각한다. 그들은 깨달음을 통하여 나오는 한 마디가 장황한 설교보다 더 힘이 있다고 주장한다.[21] 하지만 퀘이커 예배는 모임 하우스(meeting house)에서는 설교가 없었지만, 도시의 거리에서 소위 '탈곡집회'(threshing meeting)라고 칭해지는 모임에서는 설교가 행해지기도 하였다.[22]

개신교회의 대부분의 교회들의 예배가 설교에 집중되는데 비해 퀘이커 예배는 신의 임재(divine presence)가 인간의 내면의 임재의 경험을 중요하게 여긴다. 대부분의 개신교에서는 강단(pulpit)에 집중되어 있지만, 퀘이커의 모임에서는 가시적인 주의 집중점이 없다. 즉 퀘이커 예배에서는 다른 사람의 행동이나 말에 집중하지 않고 대신 회중의 내적 경험에 집중되어 있다. 그들은 내적 경험을 중요하게 여겼기 때문에 그런 경험을 위해서 침묵 예배를 드린다.

오토는 퀘이커들의 침묵 예배의 특징을 세 가지로 제시하였다. 첫째, 성례전적인 엄숙한 침묵, 둘째, 기다리는 침묵, 셋째, 연합 혹은 사귐의 침묵이 그것이다. 그는 침묵 예배야말로 엄숙한 특질, 즉 누미노제(numinous)를 지녔다고 하였다. '누미노제'란 살아계신 하나님의 능력과 거룩함 앞에서 느끼는 피조물적인 감정, 즉 예배자가 하나님 앞에서 뉘우치는 마음으로 엎드릴 때에 가지는 두려움과 놀라움을 의미한다.[23]

퀘이커는 내적 기도를 중요하게 여겼다. 바클레이는 '내적 기도'를 다음과 같이 설명하였다.

> 내적 기도란 남모르게 마음을 하나님께로 향하는 일이다. 그로 말미암아 양심 속에 남모르게 그리스도의 빛이 와서 깨워줌을 입어 잘못과 무가치와 불쌍함을 느껴 머리를 숙이고 하나님을 우러러 보게 된다. 그리하여 하나님의 씨의 보이지 않게 빛나는 비춰줌에 하나 되어 하나님을 향하여 숨을 쉬고 항상 그를 향하여 그윽한 애탐의 숨을 쉰다. 성경 속에 쉬지 말고 기도하라는 말씀이 많은 것은 이러한 의미에서다.[24]

끊임없는 기도의 상태는 도달하기는 힘들지만 퀘이커들의 기도생활의 목표이다.[25] 퀘이커들은 모여 예배하는 특별한 장소를 교회라고 부르지 않고 모임하우스(meeting house)라고 부른다. 그들은 모임하우스에 모여서 공동으로 드리는 예배, 혼자 하는 내적 기도, 그 외에 가정예배도 오늘날까지 중시되고 있다. 매일 성경을 반드시 읽는 것으로 시작하는 가정 예배는 최근까지 거의 모든 퀘이커 가정에서 실행되고 있으며, 지금도 퀘이커들이 해마다 자기반성의 방법으로 행하는 질문 중의 한 제목으로 내려오고 있다.[26] 모여서 하는 침묵의 예배가 퀘이커에서 아주 비중이 큰 것이긴 하지만 개인적인 내적 기도와 가정 예배도 중요하다.

퀘이커교는 세례와 성찬이라는 말을 예배에서 경험하는 그리스도의 임재와 직무를 표현하는 것으로 사용한다. 그들은 물세례는 성령세례에 의해 불필요해졌으며, 성찬은 외적인 의식이 필요 없는, 그리스도를 영적으로 영접하는 일로 대치되어도 아무 이상이 없다고 여긴다.[27] 세례 요한이 "나는 물로 세례를 주지만 그분은 성령으로 세례를 주실 것이다"(막 1:8; 요 1:33)라고 말한 그대로이다. 예배자가 성령의 세례를 느꼈을 때 예배는 목적 지점에 이른 것이다. 예배자가 하나님과 또 함께 예배하는 사람들과 교제하게 될 때 성찬은 이루어진 것이다.

퀘이커들에게 예배란 가치와 의미의 거룩한 근본으로 돌아가기 위하여 물러가는 것으로 볼 수 있다. 이것은 하나님의 뜻을 찾아내고 거기에 복종하기 위하여 자기중심적인 욕망을 정화하는 일이다.[28]

말씀 묵상과 침묵 중심의 예배 유형

대부분의 개신교회들은 설교 중심의 예배를 드리지만 찬양과 말씀 묵상과 침묵 중심 예배를 드리는 공동체와 교회도 있다. 이러한 예배를 실행하는 공동체는 많지는 않지만 조금씩 늘어가고 있는 추세이다. 특히 떼제 공동체는 찬양과 말씀 묵상과 침묵을 중심으로 예배를 드리는 대표적인 공동체이다.[29]

떼제 예배의 특징은 설교가 없다는 것이다. 떼제 예배는 시작 찬송, 성경 봉독, 봉독에 대한 응송, 침묵, 중보 기도, 성찬식, 마무리송으로 구성되어 있다. 전반적인 전례는 노래로 진행된다. 떼제 찬양은 주로 시편송이 많다. 찬양 가사는 짧고 단순하여 여러 번 반복하여 부르는 것이 특징이다. 떼제 찬양은 주로 성경의 구절이나 시편을 중심으로 되어 있다. 떼제 찬양의 대부분은 짧고 단순한 기도의 형태로 되어있기 때문에, 어디서나 쉽게 부를 수 있는 특징이 있다. 떼제 찬양의 이러한 특징 때문에 세계 여러 나라의 언어로 번역되어 많은 나라에서 사용되고 있다.[30]

떼제 예배에서 시작 찬송은 예배 시작을 알리는 종소리를 울린 후 잠잠해지면 예배 참여자들은 선창자 역할을 맡은 수사가 기도 속으로 이끌어 주기를 기다린다. 수사가 첫 번째 노래로 첫 소절을 부르면 모두가 합류한다. 시작 찬송은 매일 다양하게 선곡되지만 교회력과 상황에 따라 변하기도 한다.[31]

성경 봉독은 모두 함께 두세 곡의 노래를 부른 후에, 성경 봉독을 맡은 수사가 봉독대가 있는 교회의 중앙으로 다가간다. 교회의 모든 곳에서 보이는 봉독대는 이때 시각적 초점이 되는데, 모두가 그쪽을 바라보기 때문이다. 성경 봉독본문은 길게 읽지 않는 것이 특징이다. 작은 분량을 읽는 이유는 묵상을 하기 위해서다. 작은 분량을 읽으면 귀를 기울이며 말씀을 묵상할 수 있기 때문이다. 성경 봉독 후 설교는 하지 않고[32] 묵상하는 시간을 통해 말씀을 되새긴다.[33] 묵상은 10분 정도 계속된다. 묵상을 통하여 예배자들의 마음을 깨우치고, 기도하는 하나의 공동체로 엮어낸다.[34] 이는 수도원 전통에서 유래한 것이기도 하다. 수도원에서는 말씀을 작은 분량으로 읽고, 읽은 말씀을 마음 깊이 소화하는 관습이 있었다. 마찬가지로 떼제 예배에서는 작은 분량의 말씀을 봉독하고, 회중들로 하여금 그 말씀을 맛보게 하는데 초점을 둔다. 즉 읽은 말씀을 통하여 자신의 삶에 어떤 의미가 있는지를 묵상하도록 초대된다.[35] 이러한 말씀 묵상은 어거스틴과 베네딕트가 수도생활의 핵심으로 여겼던 렉시오 디비나(lectio divina)와 유사한 묵상 형태와 정신이라고도 할 수 있다. 말씀 묵상 또는 렉시오 디비나는 "역사를 통틀어 수많은 형태가 존재했지만 목적은 그대로다. 바로 듣는 사람이 성경을 진정으로 묵상하는 것이다."[36]

응송은 회중이 다시 교회 앞쪽으로 몸을 돌리고 성경 말씀에 노래로 응답한다. 응송은 길지 않지만 매우 인상적이며 마음에 울림을 주게 실행된다. 응송 다음에는 떼제 예배에서 중요하고 독특한 순서인 침묵시간이 곧바로 이어 진다.

떼제 예배 또는 기도의 핵심은 오래 이어지는 침묵이다. 떼제 예배에서 침묵을 핵심으로 여기는 것은, 하나님 앞에 앉아 귀를 기울이며 침묵을 지키고 하나님이 우리의 마음에 관통하도록 내어드리는 것의 중요성을 알기 때문이다. 성과 중심적 성향은 떼제의 예배생활과 정반대다. 예배란 하나님을 만나는 것이다. 떼제 예배에서는 "침묵시간에 어떤 것을 해야 한다"고 말하지 않는다. 하지만 떼제 공동체를 설립했던 로저 수사는 어거스틴의 말을 자주 인용한 데서 예배에서 왜 침묵을 중요하게 여기는지 알 수 있다. 어거스틴은 "하나님 앞에서 우리의 입술을 닫고 영혼을 열면, 우리의 심장이 하나님께 이야기한다"라고 하였다.[37] 이런 정신에서 침묵은 떼제 예배 또는 기도의 핵심이다. 떼제 예배에서 침묵을 중요하게 여기는 이유를 제이슨 브라이언은 이렇게 설명하였다.

> 침묵은 아트레다. 우리의 영혼을 먹이도록 침묵시간 바로 전에 성경이 봉독되며 침묵은 우리가 성경의 의미를 발견하게 도와준다. 성경의 단순성과 깊이를 되새기도록 시간을 주는 것이다. 침묵은 오늘날 예배에서 설교와 무척 비슷한 역할을 한다. 성경이 봉독되면 목사가 설명을 하고 예시를 들어 일상생활에 적용한다. 그러나 떼제 예배에서는 기도시간에 성경을 설명하지 않는다. 수사들은 성경의 생명력을 인식하고 순례자가 침묵하는 동안 성경이 스스로를 증명하게 한다. 결국 침묵은 신비와 믿음 안에서 우리의 자리를 탐색하도록 자유와 여유를 준다.[38]

침묵의 시간은 우리가 하나님 영의 보호를 받는 시간이다. 하나님의 영의 양육을 받는 시간이다. 침묵은 말하고자 하는 것, 듣고자 하는 것을 선택할 수 있게 해주는 훈련이다. 따라서 침묵을 기른다는 것은 곧

관심과 돌봄과 헌신을 무엇에 집중시켜야 할지를 분별할 수 있도록 힘을 기르는 것이다.[39]

침묵시간이 끝나면 응송으로 중보 기도를 드린다. 중보 기도는 선창자가 침묵을 깨뜨리고 독창으로 '키리에 엘레이손'의 후렴구를 부르면서 시작된다. 선창한 수사가 노래를 끝마치기도 전에 회중들은 "주여 우리를 불쌍히 여기소서"를 되풀이하며 동참한다. 중보 기도는 때로 여러 가지 언어로 불린다. 그러면 다양한 나라에서 온 회중들이 모여 모국어로 기도를 할 수 있다. 중보 기도가 끝날 때마다 수사는 '키리에 엘레이손'을 부르고 이것을 신호로 회중은 응송에 동참한다. 중보 기도 때 '키리에 엘레이손'을 부르지 않을 때는 다른 언어로 응송을 부른다.[40]

떼제 공동체에서는 아침과 낮과 저녁에 예배를 드리는데 성찬식은 아침 예배 때 시행한다. 낮 예배와 저녁 예배 때는 중보 기도 후 다른 노래를 부르며 마무리 한다. 하지만 아침에는 중보 기도 후 주기도문과 성찬식이 이어진다. 성찬식 때 특이한 점은 떼제 공동체에 장기적으로 체류하고 있는 젊은이들이 축성된 빵을 바구니에 넣어 교회 곳곳에 서 있다. 이 축성된 빵은 성찬에 참여할 준비가 안 된 사람들이나 세례를 받지 않은 사람들, 어린 아이들, 또 다른 이유로 성찬에 참여하지 않은 사람들을 위한 것이다.[41]

마무리 송은 아침 성찬이나 낮과 저녁의 중보 기도가 끝나면 노래를 부르며 예배시간을 마무리 한다. 아침과 저녁 예배 때는 두세 곡을 부르는 반면 낮 예배 때는 한 두 곡으로 예배를 마친다. 마지막 노래를 부르면 원장은 수사들과 함께 교회에서 나간다.[42]

개신교회 예배의 공헌

기독교 예배의 전체적인 맥락에서 개신교회 예배는 선구자의 역할을 해왔다. 개신교회 예배는 다양할 뿐만 아니라 매우 창조적인 특징을 가지고 있다. 개신교회 예배가 과거의 가치관과 전통들의 보존에도 관심을 가져왔지만, 동일하게 항상 변화하는 문화와 관련된 새로운 가능성들과 필요한 변화에 적응하는 노력도 해왔다고 할 수 있다. 물론 개신교회 예배의 비판적(critical) 성찰 또한 결코 이차적인 것으로 간주할 수 없는 것도 사실이다. 개신교회 예배의 공헌을 다양한 차원에서 논의할 수 있지만 특별히 세 차원에서 설명될 수 있다. 즉 변화, 문화화, 정의이다.

개신교회 예배의 공헌으로서의 변화

대부분의 개신교회의 각 전통들은 변화(transformation)를 끊임없이 추구해 왔지만 각 전통은 자신의 정체성을 유지해왔다. 오늘날 장로교회 예배는 종교개혁 시기에 비해 많이 변했지만 칼빈시대와 마찬가지로 여전히 독특하다. 구체적으로 서술하면, 칼빈시대처럼 장로교회의 예배의 정신은 말씀을 핵심으로 구성되지만, 예배에서 여성의 설교와 참여 그리고 다양한 유형의 찬송을 부르는 것은 칼빈시대에 비해 엄청난 변화이다. 칼빈은 강단에서 예배의 대부분을 인도하는 것을 좋아했고,[43] 예배에서 시편송만을 사용하는 것을 강조했다. 따라서 한 전통 내에서 오는 변화를 두려워할 필요는 없다. 왜냐하면 그 변화로 인해 정체성이 감소하지는 않는다고 할 수 있기 때문이다.

비록 외부적 원인으로부터 오는 변화라 할지라도 반드시 한 전통 내의 정체성을 반드시 위협하는 것은 아니다. 사실 다른 전통들의 영향을 받을 가능성에 대해 두려워하지 않는 것은 그 전통이 건강하다는 증거이기도 하다. 변화는 성장을 위한 아주 중요한 과정이기도 하다. 다음 기도는 변화에 대한 중요한 지혜를 제공해 준다.

> 하나님, 변화될 수 없는 것을 평온함으로 받아들일 수 있는 은혜를 내려주시고, 변화되어야 하는 것을 변화시킬 수 있는 용기를 주시며, 이 둘을 구분할 수 있는 지혜를 주소서.[44] 그리고 변화하고 있는 것을 볼 수 있는 은혜를 내려주시고, 우리와 다른 이들에게 유익한 변화를 지원할 수 있는 강한 힘을 주소서.[45]

본질적으로 변화는 창조적 과정이지 정체성을 상실하는 과정은 아니다. 그러므로 변화되고 발전되어가는 것에 대하여 두려워하는 것은 진정한 개혁주의 정신이 아닐 뿐만 아니라 개혁주의 예배 정신도 아니라고 할 수 있다. 개혁주의 정신에 기초한 예배관은 변화에 대한 개방성과 수용 자세에 기초하고 있다고 할 수 있다. 개신교회의 예배는 본질적으로 중세 서방교회로부터 다양한 변화를 추구하였을 뿐만 아니라 그러한 변화의 열망 속에서 다양한 예배의 형태를 발전시켜 왔다고 할 수 있다.

개신교회의 변화에 대한 열망은 로마가톨릭의 예배의 변화에도 공헌을 하였다고 할 수 있다. 구체적으로 서술하면, 로마가톨릭의 제2 바티칸 공의회 후의 변화들은 사실상 거의 새로운 것이 아니었고, 그 변화들은 대부분 이미 개신교회 단체들에 의해 개발된 것들이었다. 예배에서 자국의 언어를 사용하는 것과 같은 일부 변화들은 수세기 동안 이미 개신교에서 시행되어왔던 것이다. 로마가톨릭의 말씀 예전에 대한 재인식은 개신교회의 영향력과 결코 분리되어 평가할 수 없다고 할 수 있다.

개신교회 예배의 공헌으로서의 문화화

문화란 우리가 살고 있는 시대와 장소에서 삶을 이해할 수 있는 것으로 만들기 위해 세우는 상징체계이다. 예배는 언제나 특정한 문화적 환경과 배경 속에서 표현된다. 초대 유대 그리스도인들은 아람어로 예배를 드렸고, 안식일에 모였으며, 회당의 형식을 활용했다. 초대교회의 이방인 그리스도인들은 당시 서민들에게 통용되었던 코이네(*koine*), 즉 기원전 5세기경 아티카의 방언을 주로 하여 성립한 그리스어로 예배를 드렸고,[46] 주일에 모였으며, 가정교회 형식이었다.

이처럼 각각의 공동체들은 자신만의 독특한 문화를 반영한 예배를 드렸다. 사도행전 15장에서 보면, 초대 예루살렘공회는 이방인 그리스도인들이 하나님을 예배하고 예수님을 따르는데 유대인들의 문화적 풍습을 받아들일 필요 없이 자신의 문화를 배경으로 섬기는 것을 수용하였다. 그 후에 각 세대의 그리스도인들은 자신이 드리는 예배와 자신이 속한 문화와의 관계를 다시 정의할 필요가 있었다.

예배가 특정한 문화를 반영하지 못하고 의미 없는 예배가 되고 만다. 예배의 실행은 특정한 문화 속에서 실행될 뿐만 아니라 특정한 언어를 통해 소통될 수밖에 없기 때문이다. 하지만 교회의 역사에서는 이러한 문화에 대한 이해 없이 영어권 문화의 그리스도인들도 독일어권 문화의 그리스인들도 모두 라틴어를 통해서 예배를 드려야만 하였다. 이러한 상황 속에서 종교개혁자들은 설교와 회중의 찬송 및 자국어로 진행하는 예배 의식을 발전시키는데 많은 공헌을 하였다.[47]

물론 문화가 예배의 내용을 결정한다는 의미는 아니다. 예배의 내용은 성경적 가르침과 내용을 통해 형성되어야 하지만 그 내용을 담아내는 형식과 그릇은 바뀔 수 있다는 것이다. 다시 서술하면, 예배를 형성하는 복음의 본질은 바뀔 수 없지만 복음을 담아내는 형식이나 그릇은 바뀔 수 있다는 것이다. 우리가 시간을 초월하는 복음의 메시지를 표현하기 위해 동시대의 문화를 활용하는 법을 배울 때, 우리는 문화의 창조자이자 구속자가 될 수 있기 때문이다.

개신교회 예배 전통은 문화의 다양성을 인류에게 주신 하나님의 선물 중의 하나로써 인정하고, 이러한 문화의 다양성을 예배의 형식에 접목시켰다. 문화적 표현의 다양성을 보여주는 가장 대표적인 요소가 음악이다. 불행하게도 종교개혁 전에는 하나님의 영광을 노래할 때 세계 모든 사람들이 동일하게 유럽 사람들의 음악적 형식으로 찬양해야 한다고 생각해 온 경향이 있었다. 하지만 종교개혁 전통에서 특히 루터가 자국의 언어와 문화적 특성을 지닌 음악의 중요성을 인정하고, 예배에서 이러한 음악을 사용할 수 있다고 주장한 것은 대단히 중요한 공헌이라 할 수 있다.

개신교회 전통에서는 다양한 인종과 문화집단들에 적응하기 위하여 다양한 예배 형식들을 발전시켜 왔다. 개신교회 전통 안에서는 예배의 새로운 가능성들이 필요하다는 것을 인식함으로써 그 결과 새로운 형태의 예배들이 생겨나고 있다는 것은 여러 차원에서 의미가 있다. 물론 이러한 현상이 예배를 지나치게 소비자 중심의 예배와 감각적인 예배로 나아갈 수 있는 문제도 지니고 있다. 하지만 중요한 것은 어떤 한 가지 형태에만 안주하지 않고 끊임없이 창조적으로 하나님 앞에 나아가려는 자세는 대단히 중요하다고 할 수 있다.

　개신교회가 예배에서 문화화(enculturation)의 중요성을 인식했다는 것은 대단히 중요한 공헌이라고 할 수 있다. 예배의 문화화는 사람들이 자신들의 예배를 자유롭게 구성할 수 있는 길을 열었다는 점에서 대단히 중요한 것이다. 예배의 문화화는 다양성의 가치를 인정했다는 것이다. 다양성은 시초부터 개신교회 예배전통의 중요한 특징이었다. 분명히 하나님께서는 우리의 다양성을 선물로 주셨을 뿐만 아니라 기뻐하신다. 우리는 매우 다양한 은사들을 소유하도록 창조되었다. 개신교회의 예배의 정신은 이러한 다양한 은사들을 예배에서 사용하는 것에 대해 긍정적이었다.

　이러한 정신은 예배 상황에 중요한 공헌을 하여왔다. 예배에서 몸 찬양, 북과 춤의 사용 등은 다양성의 추구에서 기인한 것이기도 하다. 예배에서 북과 춤의 사용은 중세 서방교회 전통에 속해있는 그리스도인들에게는 부자연스럽게 보일 수도 있다. 하지만 많은 아프리카 그리스도인들과 대부분의 오순절 그리스도인들에게 율동이 없는 예배는 부자연스런 예배가 될 수도 있다.

개신교회 예배의 공헌으로서의 정의

개신교회의 신학자 헨드릭 크레머(Hendrik Kraemer)는 초대교회 때에는 성직자와 평신도와 같은 이원화된 현상을 찾아 볼 수 없었다고 하였다. 그는 교회가 성장하고 조직이 발전해가면서 교회운영과 조직의 필요성이 대두되었고, 그래서 교회는 감독, 장로, 집사들과 같이 성직을 세분화하여 수행하게 되었다고 하였다. 이와 같은 성직의 변천 과정에서 교회는 교권제도를 강화하여 성직자와 평신도를 두 계급으로 구분하고, 성직을 신성불가침의 영역으로 만들었다고 지적하였다.[48] 성직자와 평신도의 관계가 이렇게 이원화된 계급으로 지속해 오다가 16세기 마틴 루터의 종교개혁 운동에 의하여 '만인사제론'이 주장되었다. 만인사제론이란 모든 그리스도인들은 제사장으로 봉헌되었으며, 실제로 기능의 차이를 제외하고는 성직자와 평신도 사이에는 아무런 구분이 없다는 것이다.[49] 이는 모든 그리스도인은 그리스도 안에서 제사장들로서 그리스도의 몸 된 교회를 세워가야 한다는 확신이다. 비록 교회 안에서 여러 기능적인 직분의 구별은 존재하지만 성과 인종에 따라 직분의 구별이 되어서는 안 된다는 확신이기도 하다.

대부분의 개혁주의 전통의 교회들은 만인사제론의 원리를 기초로 하여 예배의 정신을 형성하였다. 그러나 예배에서 은사에 따라 참여할 수 있는 장을 마련하기보다는 성직자와 평신도, 남성과 여성, 백인과 흑인 등으로 구분하여 참여를 제한하였다. 종교개혁 전통의 개신교회들이 예배에서 말씀 예전은 회복하였지만 예배에서 정의(justice), 즉 평등화는 실현하지 못했다. 대부분의 개신교회 예배 참여에서 성적 인종적 차별은 존재했다.

그러나 특별히 17세기 퀘이커 교인들이 출현한 이래로 개신교회 예배 전통에서는 성적, 인종적, 심지어 신분에 의한 것이라 할지라도 그 어떠한 차별도 있어서는 안 된다는 인식이 제기되었다. 사실 인간의 동등성에 관한 퀘이커들의 주장으로 인해 과거에는 백인 남자만이 예배에서 말할 수 있었던 관습을 깨고 퀘이커들의 예배에서는 여자와 노예의 신분에 있는 사람도 말을 할 수 있었다.

퀘이커들은 최초로 여성들이 예배에서 동등하게 참여하도록 격려한 교회였다. 퀘이커 예배에서는 성이나 인종이나 사회적 신분에 따른 제한과 차별이 없었다. 퀘이커들은 예배에서 종이나 자유인이나, 남자나 여자나, 평신도나 성직자 사이에 구별이나 차별이 있지 않다고 여겼다.[50] 즉 모든 인간은 하나님 앞에서 평등하다는 사실 뿐만 아니라 하나님은 모든 사람에게 말씀하신다는 확신을 가지고 있다. 퀘이커들은 "모든 사람은 인간들 앞에서는 평등하지 않더라도 하나님 앞에서는 평등하기 때문에 집회에서 누구나 말을 할 수 있다"라고 강조하였다.[51] 퀘이커들은 예배에서 평등주의를 중요하게 여겼다. 예배에서 모든 왜곡들이 극복되어 삶 가운데로 이입되어야 한다고 주장했다. 다시 서술하면, 예배는 하나님과의 소통뿐만 아니라 인종적, 성적, 사회적 위치에 따라 차별화된 삶을 극복하는 매개체가 되어야 한다고 여겼다. 퀘이커들의 이러한 예배 정신은 일상의 삶과 사회 속에서도 실천되었다. 퀘이커들은 노예제도에 반대했고 최초로 여성을 사회적 평등자로 대우하였던 것은 그들이 예배에서 경험한 것 때문이었다.[52] 비록 퀘이커들은 예배에서는 설교를 실행하지 않고 거리집회에서만 행해졌지만 퀘이커 공동체 안에는 다른 개신교회들에서 여성 설교자와 전도자들이 등장하기 두 세기

전에 여성 설교자와 전도자들이 있었다.[53]

퀘이커들은 경제생활과 사회생활에서도 그들의 예배 정신이 드러난다. 그들은 철저하게 하나님 앞에서 생각하고 행동하는 것이 체질화되어 있다. 그들은 사업을 하면서도 처음부터 정찰제를 실시하였다. 그 결과 사업은 번창하였으며, 퀘이커의 상점에는 물건을 사기 위해 어린이를 보내도 전혀 문제가 없을 정도였다.[54] 퀘이커들은 어떤 사람이 다른 사람보다 높다는 의미로 사용하는 존칭이나 절하는 것을 반대했다. 거기에는 세 가지 이유가 있다. 첫째, 그들은 계급이나 인종에 근거를 두는 모든 사회적 차별을 철폐하려고 했기 때문이다. 둘째, 어떤 형식으로든지 자만심을 길러주기 쉬운 아첨을 하지 않으려고 했기 때문이다. 셋째, 대개의 존칭은 사실과 다르기 때문이다.[55]

퀘이커들이 요청하는 것은 "신적인 중심으로부터 살고, 모든 장애를 벗어버리고, 우리의 사랑이 이미 우리의 욕구들을 위하여 염려하는 신뢰감에서 당신이 사는 것이다." 이것은 퀘이커의 전단지에 나오는 말이다. 그들은 침묵과 기도의 심연 속에서 솟아오르는 성령의 인도하심에 복종하는 것이다.

예배에서 평등주의에 기여한 또 다른 교회는 오순절교회였다고 할 수 있다. 오순절교회들은 19세기 감리교에서 유래한 성결교회들에서 기원하였다고 보는 것이 일반적인 견해이다. 즉 오순절교회의 최초의 지도자들의 상당수는 감리교 배경출신이거나 성결교 운동을 거친 감리교에서 파생된 단체들의 회원이었다.[56] 최초의 오순절 신자들은 주로 사회적으로 경제적으로 가장 힘든 위치에 속하거나 차별을 받는 빈곤한 사람들이 많았다. 이들은 자신들의 예배가 결핍으로부터의 탈출구를 제공한다고 생각하였다. 이러한 맥락에서 오순절교회 신자들이 예배에서 감정을 발산하며 치유를 경험하였던 것은 의미가 있다고 할 수 있다. 물론 예배가 단지 감정을 발산하는 장으로 전락해서는 안 되지만 힘들게 살아가는 사람들의 탄식과 기도와 찬양은 지극히 성경적인 것이라고 할 수 있기 때문이다.

오순절교회의 가장 두드러진 특징들 중의 하나는 예배를 통해 사회적 차별을 초월하는 경험을 할 수 있었다는 것이다. 오순절교회 예배에서는 성이나 인종에 관계없이 누구나 방언하고 간증하고 치유의 은사에 참여하는 일을 많이 행하였다. 사람들에게 주어진 은사를 자유롭게 발산할 수 있는 장이 형성되었다. 확실히 이런 은사들은 오순절 예배에 참석하는 모든 사람들에게 평등의식을 만들어 냈다.[57] 최초의 오순절교회 예배는 모든 인종들을 환영하며 피부색에 관계없이 함께 예배를 드렸다.[58]

⟨미주⟩

1   가톨릭이 아닌 대부분의 교회들은 16세기 종교개혁의 유산물인 '프로테스탄트'라는 명칭으로 자주 일컬어진다. 그러나 최근의 역사적 시각에서 볼 때, 프로테스탄트라고 부르는 것을 선호하지 않는 교회들도 있다. 때문에 '개신교회'보다는 '개혁교회'로 부르는 것이 타당하다고 주장하는 학자들도 있다.
2   Martin Luther, *Luther's Works* (Missouri: Concordia Publishing House, 1958), L.III.11.
3   Robert E. Webber, 『예배학』, 101.
4   James F. White, 『개신교 예배』, 김석환 역 (서울: CLC, 1997), 105.

5　Hughes Oliphant Old, *The Patristic Roots of Reformed Worship*, 141-55, 제임스 F. 화이트, 『개신교 예배』, 108에서 인용.
6　James F. White, 『개신교 예배』, 109.
7　James F. White, 『개신교 예배』, 105.
8　James F. White, 『개신교 예배』, 120.
9　Robert E. Webber, 『예배학』, 102.
10　James F. White, 『개신교 예배』, 193-94.
11　James F. White, 『개신교 예배』, 187.
12　James F. White, 『개신교 예배』, 186.
13　James F. White, 『개신교 예배』, 233.
14　James F. White, 『개신교 예배』, 239.
15　Robert E. Webber, 『예배학』, 김지찬 역 (서울: 생명의 말씀사, 1988), 101.
16　Howard H. Brinton, *Friends for 300 Years*, 16f.
17　James F. White, 『개신교 예배』, 239.
18　Howard H. Brinton, *Friends for 300 Years*, 63.
19　Howard H. Brinton, *Friends for 300 Years*, 83.
20　Howard H. Brinton, *Friends for 300 Years*, 86-90.
21　Howard H. Brinton, *Friends for 300 Years*, 91.
22　James F. White, 『개신교 예배』, 243.
23　Rudolf Otto, 『성스러움의 의미』, 길희성 역 (경북, 왜관: 분도출판사, 1987), 216-20.
24　Robert Barclay, *Barclay's Apology* (Oregon: The Barclay Press, 1991), 392.
25　Howard H. Brinton, *Friends for 300 Years*, 82.
26　Howard H. Brinton, *Friends for 300 Years*, 81.
27　J. G. Davies, ed., *Westminster Dictionary of Worship* (Philadelphia: Westminster, 1972), 328-29.
28　Howard H. Brinton, *Friends for 300 Years*, 62.
29　떼제 공동체(Taise Community)는 1940년 8월에 로저(Roger Schutz, 1915-2005)가 프랑스의 작은 마을 떼제에 정착하여 클루니 공동체라는 이름으로 친구들과 격월로 정기모임을 갖고 공동생활규칙을 지키면서 시작되었다. 로저가 이 공동체를 시작하게 된 동기는 어린 시절부터 그의 개신교인 할머니의 영향을 받은 바가

크다. 그의 할머니는 유럽에서 그리스도인들이 서로 분열하고, 싸움으로 죽이고 죽는 전쟁을 하지 않도록 그리스도인들만이라도 서로 화해해야 한다고 하면서 가톨릭과의 화해를 위해 자신이 실천에 옮기기 위해 스스럼없이 성당에도 갔었다. 로저의 모친 아멜리 마르소슈는 프랑스 목사의 딸이었고, 부친 샤를 슈츠는 스위스 출신 개혁교회 목사였다. 떼제 초기에는 장로교와 루터교 형제들이었고, 확장되면서 1960년대에는 성공회 형제들도 입회하였다. 1969년에는 벨기에의 가톨릭 교인까지 떼제에 들어오면서 성장하여 왔다.

30 Jose Ballard, 『떼제 이야기』, 이미림 역 (왜관, 경북: 분도출판사, 1997), 74.
31 Bryan Chapell, 『떼제로 가는 길』, 김율희 옮김 (서울: 청림출판, 2009), 155-56.
32 떼제 공동체 예배에 설교가 없는 것은 세계 여러 나라에서 오는 사람들의 언어로 모두 통역할 수 없기 때문이다. 또한 많은 교파 사람들이 함께 모여 예배함으로 교리적으로 긴장을 초래할 수 있기 때문이다. 떼제 공동체는 철저하게 화해를 추구한다. 때문에 떼제 공동체 안에 있는 교회의 이름도 '화해의 교회'이다. 하지만 예배 참석자들에게 설교가 없는 것을 보충하기 위해 주로 오후 시간에 세대별 또는 연령대 별로 모여서 토론식 성경 연구와 적용의 시간을 갖는다. 또한 듣는 설교를 보충해 주기 위해 토요일마다 낮 기도 시간에 공동체 원장이 메시지를 전달한다.
33 김현진, 『세계 기독교 공동체 탐방』(서울: 전국신학교 공동체 모임, 1993), 25-7.
34 Anthony, "떼제 공동체 화해와 나눔," 「기독교사상」 제365호 (1989): 49.
35 Jason Brian Santos, 『떼제로 가는 길』, 157-59.
36 Jason Brian Santos, 『떼제로 가는 길』, 159.
37 Jason Brian Santos, 『떼제로 가는 길』, 163에서 인용.
38 Jason Brian Santos, 『떼제로 가는 길』, 163-64.
39 Wayne Oates, 『침묵의 영성』, 신현복, 신선명 옮김 (서울: 아침영성지도연구원, 2002), 23-4. 어린 시절 불치의 병으로 듣지 못하고 보지 못했던 헬렌 켈러는 그녀의 자서전에서 침묵의 의미를 이렇게 고백하였다. "운명-조용하고도 냉혹한 운명-이 길을 막고 있다. 나는 운명의 오만한 판결에 대해 기꺼이 따져 묻고 싶다: 내 마음은 이다지도 미숙하고 성급한데, 내 혀는 입술에서 솟구치는 신랄하고도 경망한 말들을 도무지 내뱉지 않기 때문이다. 내 말들은 마치 흐르지 않는 눈물과도 같아 내 마음속으로 되돌아간다. 침묵이 내 영혼 속에

끝없이 가라앉는다. 그러고 나면 미소와 휘파람이 희망이 되어 흘러나온다. "무사무욕에 기쁨이 있다." 그래서 나는 다른 사람들의 눈 속에도 나의 태양 빛을 비춰주고, 다른 사람들의 귓속에도 나의 교향곡을 들려주고, 다른 사람들의 입술에도 나의 행복스런 미소를 심어 주기 위해 늘 노력한다."(Hellen Keller, *The Story of My Life* (New York: Grossett and Dunlap, 1902) 131, Wayne Oates, 『침묵의 영성』, 24-5에서 인용).

40 Jason Brian Santos, 『떼제로 가는 길』, 164.
41 Jason Brian Santos, 『떼제로 가는 길』, 164-65.
42 Jason Brian Santos, 『떼제로 가는 길』, 165.
43 James F. White, 『개신교 예배』, 107.
44 Reinhold Niebuhr, George Appleton, eds., *The Oxford Book of Prayer* (Oxford: Oxford University Press, 2009), 96.
45 Margaret Z. Kornfeld, *Cultivating Wholeness: A Guide to Care and Counseling in Faith Communities* (New York: Continuum, 1998), 69.
46 코이네는 고대 그리스어로 알렉산드로스(Alexandros)의 원정으로 동방세계에 퍼지고 로마제국이 붕괴할 때까지 동부 지중해 지방의 공통어로 사용되었다. 현대 그리스어의 시조가 되었다.
47 James F. White, 『기독교예배학 입문』, 173.
48 H. Kraemer, 『평신도 신학』, 유동식 옮김 (서울: 대한기독교서회, 1960), 54-6.
49 H. Kraemer, 『평신도 신학』, 61.
50 James F. White, 『개신교 예배』, 236.
51 James F. White, 『개신교 예배』, 237.
52 James F. White, 『개신교 예배』, 237.
53 James F. White, 『개신교 예배』, 243.
54 Howard H. Brinton, *Friends for 300 Years*, 140.
55 Howard H. Brinton, Friends for 300 Years, 136.
56 James F. White, 『개신교 예배』, 332.
57 James F. White, 『개신교 예배』, 341.
58 James F. White, 『개신교 예배』, 342.

제3부

예배의 실천적 이해

7 ◆ 말씀 예전으로서의 성경 낭독
8 ◆ 말씀 예전으로서의 설교
9 ◆ 보여진 말씀으로서의 성만찬
10 ◆ 말씀 예전으로서의 기도
11 ◆ 말씀 예전으로서의 찬송
12 ◆ 드림 예전으로서의 헌금

7

말씀 예전으로서의 성경 낭독

성경 낭독의 역사

기독교 역사에서 성경을 낭독하는 일은 구약시대와 신약시대뿐만 아니라 교부시대에서도 일반적인 일이었다. 성경 낭독은 모세시대 이후로 예배의 중심적 요소였다. 구약성경에는 율법의 낭독을 듣도록 소집하는 경우가 많이 발견된다. 특별히 느헤미야 8장의 예는 대표적인 경우이다. 기원전 458년에 성전을 재건할 때 "모든 백성이 일제히 수문 앞 광장에 모여 학사 에스라에게 여호와께서 이스라엘에게 명령하신 모세의 율법 책을 가져오기를" 청하였다(느 8:1). 거기서 새벽부터 정오까지 율법 책이 낭독될 때 모든 백성들은 서서 귀를 기울여 듣고 여호와를 경배하였다(느 8: 3, 6).

성경을 낭독하는 일은 모세오경에서 규범적인 관행이었다(신 31:9-12). 이런 관행은 유대교 예배의 토대가 되어 후에 기독교 예배에도 영향을 주었다.[1] 신약성경에 나타난 예배도 기도, 성경 낭독, 강해에 있어서도 유대교의 회당양식이 반영되었다.

예수님도 회당에서 말씀을 읽고 해석하는 일에 참여하셨다(눅 4:14-30). 이러한 예는 예수님과 제자들도 유대인들의 성경 낭독의 전통의 영향을 받았다는 것을 의미한다. 웨버는 "말씀 예전과 그것의 교훈적인 성향은 회당에 그 기원을 두고 있다. 유대인이었던 초대 그리스도인들은 그들이 회당에서 실행했던 것들을 기독교 예배의 상황에 맞게 바꾸었을 것이다"라고 하였다.[2] 성경 낭독이 초대기독교 예배에서 중요한 역할을 했다는 것을 바울의 서신에서 볼 수 있다. 바울은 자기 제자인 디모데에게 "내가 이를 때까지 읽는 것과 권하는 것과 가르치는 것에 전념하라"(딤전 4:13)고 부탁한다.

특별히 기억해야 할 사실은 회당 예배에서는 성경 낭독은 필수적이었지만 설교는 선택적이었다는 것이다.[3] 기독교 예배는 많은 부분에서 유대교 예배 의식과 형태로부터 영향을 받았기 때문에 초기 몇 세기 동안에는 정규 예배에서 성경 낭독의 전통이 계속되었다. 이러한 역사는 기독교 예배에서 더욱 강화되어 4세기 말에 이르러서는 예배에서 정규적으로 구약에서 한 곳, 신약에서는 복음서와 서신서를 낭독하였다. 마지막 낭독은 언제나 복음서를 낭독하였고, 복음서를 낭독할 때는 성도들이 일어나서 들었다.[4]

초대교회에는 공식적으로 임명받은 성경 낭독자가 있었다. 성경 낭독자의 직책은 기원후 200년부터 존재하였고, '소성직'(minor orders)의 하나였으며, 주교에 의해 임명되었다.[5] 적어도 4세기부터 1년을 주기로 성경 낭독과 설교를 위한 성구집(lectionary)이 있었다.[6] 성구집은 공적 예배에서 낭독과 설교에 사용되는 성경 구절을 체계적으로 구성해 놓은 목록이다. 성구집은 교회와 수도원 예배에서 권위를 갖게 되었다.

교회 역사에서 말씀 예전으로서의 성경 낭독은 중세시대에 쇠퇴하였다. 하지만 종교개혁시대에는 부활하였었다. 루터와 칼빈과 츠빙글리와 같은 개혁자들은 예배에서 말씀 예전으로서의 성경 낭독의 중요성을 주장하였다.

기독교 예배 역사에서 설교만이 말씀 예전이 아니라 기도, 노래, 성경 낭독, 묵상 등도 말씀 예전의 중요한 요소들이었다. 테리 존슨(Terry Johnson)과 리곤 던컨(Ligon Duncan)은 예배에서 공적으로 성경을 낭독하는 것은 공동 예배의 중요한 요소라고 강조하였다.[7] 예배에서 성경을 낭독하는 것은 선택사항이 아니라 필수적인 요소이기 때문에, 성경을 낭독하는 것이 무시될 때 예배의 중요한 요소를 상실하게 된다는 것이다. 하지만 대부분의 한국 개신교회 예배에서는 설교는 중요하게 실행하고 있지만, 성경 낭독은 실행하지 않는 교회들이 많다.

현대 한국교회 예배에서는 찬양과 설교에 대부분의 시간을 할애하고 성경 낭독 시간은 거의 없거나 전혀 없다. 비록 예배에서 주로 시편으로 구성된 성경을 교독하는 시간은 있지만, 대부분의 성도들은 이 시간을 말씀 예전으로서의 성경 교독이라는 것과 중요성을 인식하지 못하는 경향이 있다. 즉 성경 교독은 설교와 똑같이 중요하고 대등한 예배의 요소라는 것을 인식하지 못하는 경우가 많다. 한국교회 성도들은 설교를 예배의 가장 중요한 요소로 여기는 경향이 있기 때문에 성경적 예배를 설교 중심적 예배로 생각하는 경향이 많다. 그러나 개혁주의 전통은 예배에서 성경을 낭독하는 행위는 하나님이 자기 백성에게 가장 직접적으로 말씀하시는 수단이라고 이해하여 왔다.[8]

성경 낭독의 목적

말씀 예전의 움직임은 근본적으로 하나님으로부터 사람에게로 향한다. 하나님은 말씀하시고 우리는 듣는다. 즉 기독교 예배의 기본구조는 하나님이 우리에게 메시지를 주시고 우리는 듣고 응답하는 구조이다. 때문에 예배에서 성경 낭독이 중요한 것은 하나님에 대해 배우는 것도 중요하지만 하나님으로부터 듣는 것도 매우 중요하기 때문이다. 성경은 낭독의 목적을 듣는 것과 준행에 있다고 말한다. "언약서를 가져다가 백성에게 낭독하여 듣게 하니 그들이 이르되 여호와의 모든 말씀을 우리가 준행하리이다"(출 24:7).

예배에서 성경 낭독은 하나님과의 대화의 과정이기도 하다. 성경을 낭독하는 것의 이면에는 듣는 행위가 있고, 듣는 행위는 공동체적 행위이다. 듣는 행위를 통해 말씀이 우리를 새롭게 하고 하나님과 우리 상호 간에 살아있는 관계를 가지도록 인도하기 때문이다. 예배에서 성경을 낭독하는 것은 도움이 되는 조언을 얻기 위해서가 아니라 듣는 사람들로 하여금 하나님과 소통하기 위해서다. 공동체가 하나님의 이야기를 함께 늘으며 하나님의 이야기를 재현하기 위해서다. 유진 피터슨은 성경의 기능을 다음과 같이 잘 요약하였다.

> 책의 일차적인 존재 이유는 우리가 저자의 이야기를 들으면서 그 속에서 우리 자신을 발견하고, 저자의 노래를 들으면서 그들과 함께 노래 부르고, 그들의 주장들을 들으면서 그들과 함께 논의하고, 그들의 답변을 들으면서 그들에게 질문할 수 있도록, 저자와 독자들이 관계를 맺도록 하는 것이다. 성경 이야말로 바로 이러한 책이다. 정보수집을 목적으로 이야기들을 비인격적으로 읽으면 우리는 그것들을 왜곡하게 된다.[9]

성경을 공적으로 낭독하는 것은 은총의 수단이다. 공적으로 성경을 낭독하는 것은 우리가 공개적으로 그리고 공동으로 하나님의 말씀을 듣는 기회이다. 하나님의 말씀을 들음으로써 우리가 강해진다. 성경 낭독은 하나님께서 우리를 위해 마련하신 은총의 수단이다.[10] 예배에서 말씀을 듣는 것은 매우 중요하지만, 단지 설교만을 통해서 듣는 것은 아니다.

물론 예배에서 설교가 바르게 행해질 때, 성경을 가르치는 교육적 차원뿐만 아니라 우리의 삶을 성찰하고 그것을 실천하게 할 수 있다. 성도들이 설교를 하나님의 음성으로써 듣기 때문에 설교는 그 어떤 요소보다도 강력하고 효과적으로 작용할 수 있다. 한편, 설교가 예배에서 중요한 요소이기는 하지만 때로는 설교자의 왜곡된 해석으로 인해 왜곡된 들음으로 안내할 위험성도 있다. 어떤 의미에서 설교는 말씀에 대한 해설과 교육적 경향이 강하기 때문에 성경 낭독이 예배의 맥락에서는 더 효과적으로 작용할 수 있다. 다시 서술하면, 설교는 성경과 복음에 대한 이해가 없거나 부족한 사람들에게 말씀을 가르치기 위한 교육적인 목적이 강하다.

하지만 성경과 복음에 대한 이해가 있는 사람들에게는 성경 낭독이 더 바람직할 수 있다. 예배에서 성경 낭독을 통해 하나님의 말씀을 순수하게 듣는 것은 영의 양식을 순수하게 먹는 것과 같은 것이라고 할 수 있다. 이는 우리가 매일 밥을 먹어야 하듯이 성경 낭독을 통하여 영의 양식인 말씀을 순수하게 먹는 것이기 때문이다.

예배에서 성경을 낭독하는 것은 하나님의 말씀을 우리의 체험적 경험, 선입견, 느낌, 취향, 교리체계 등으로 구성된 인식 필터(cognitive filters)를 통해 보지 않고, 순수하게 하나님의 말씀을 그 자체로 듣기 위한 방편이기도 하다. 설교는 자칫 하나님의 말씀인 성경에 대해 이러한 우리의 인식 필터를 통해 지나친 해석을 가할 수 있지만, 성경 낭독은 우리가 성경을 해석하는 것이 아니라 성경이 우리를 해석하도록 하는데 목적이 있기 때문에 성경의 권위를 높이는 행위이기도 하다.

성경 낭독의 방법

예배에서 성경이 편중되게 낭독되어서는 안 된다. 잘 알려진 부분과 신약과 시편뿐만 아니라 구약 전체와 요한계시록도 낭독해야 한다. 성경을 낭독하는 양은 너무 길어서는 안 된다. 낭독해야 할 성경의 본문의 상이 긴 경우에는 나누어서 낭독하도록 해야 한나. 성경의 장을 나눌 때 는 단락 안에서 문맥에 따라 자연스럽게 해야 한다.

예배에서 성경 낭독은 구약과 신약을 균형 있게 낭독해야 한다. 만약에 예배에서 신약을 가지고 설교를 한다면 구약에서 낭독하는 것이 좋다. 구약 본문을 가지고 설교할 때는 신약에서 낭독하는 것이 좋다. 개혁교회 전통의 중요한 예배지침서인 웨스트민스터 예배모범(Westminster Directory)은 예배에서 설교 본문과 메시지 이외의 구약에서 한 장과 신약에서 한 장을 공적 예배 때 낭독하는 것을 제시하고 있다.

대부분의 한국교회들은 예배에서 성경을 낭독하는 것을 실행하지 않는 경향이 있다. 때문에 말씀 예전으로서의 성경 낭독을 회복하기 위해서는 복음서를 순차적으로 낭독하는 것이 좋은 방식이 될 수 있다. 왜냐하면 한국교회의 일반적인 경향은 주로 구약의 시편으로 구성된 교독문을 교독하고 있기 때문이다. 따라서 예배에서 시편은 교독 형태로 복음서는 낭독의 형태로 실행하는 것이 좋은 방법이 될 수 있다.

성경을 낭독할 때는 계획을 세워 연대기적으로 혹은 문학 유형을 번갈아가면서 혹은 성경적 순서에 따라 낭독해 갈 수 있다. 성경을 낭독할 때 시편과 같은 성경의 특별히 교훈적인 부분을 규칙적으로 사용하면 좋다. 시편은 삶의 실체를 다루고 있고 살아계신 하나님께 쏟아 부어진 영혼의 상태, 즉 불평, 마음의 애통함, 공허감들을 잘 드러내 주기 때문이다.

성경 낭독자의 자격

개혁주의 정신에서 보면, 예배에서 성경 낭독은 본질적으로 성경을 읽을 수 있는 사람은 누구나 할 수 있다. 하지만 예배에서 목회자뿐만 아니라 모든 그리스도인은 설교할 수 있다는 의미가 아무나 설교를 할 수 있다는 의미는 아니듯이, 성경 낭독도 아무나 할 수 있는 것은 아니다. 왜냐하면 성경 낭독자도 설교자만큼이나 중요한 위치에 있기 때문이다.

개혁교회 예배의 중요한 지침인『대요리문답』156번에서 성직자들은 "누구나 다 공적으로 회중에게 말씀을 낭독하도록 허락되어 있지 않다"고 진술하고 있다.[11] 이는 하나님의 말씀을 선포하는 것은 목사들의 독특한 책임이어야 하듯이, 말씀을 낭독하는 것 역시도 그런 것이라고 보기 때문이다. 그것은 낭독된 말씀과 선포된 말씀 사이의 동등성에 관한 것이라고 보기 때문이다.[12]

문제는 낭독된 말씀과 선포된 말씀의 권위의 동등성이 사람의 직분에 따라 달라질 수 있느냐는 것이다. 왜냐하면 하나님의 말씀의 권위는 인간에 직분이나 행위에 의해 규정될 수 없는 특성 때문이다. 즉, 하나님의 말씀의 권위는 인간의 직분이나 행위에 종속되는 것이 아니라 그 자체로 권위를 가지고 있기 때문이다. 그러므로 성직자가 성경을 낭독할 때나 일반 성도가 낭독할 때나 성경은 그 자체로 동등한 권위를 유지한다. 때문에 성경 낭독의 자격이 직분에 의해서만 규정될 수 없다고 할 수 있다. 제임스 드종(James A. De Jong)은 예배에서 성경 낭독에 대해서 다음과 같이 분명한 어조로 말한다.

누가 낭독할 것인가? 대부분의 그리스도인들은 누가 성경을 개혁주의적 예배에서 공적으로 낭독할 수 있는가에 대해 잘못된 생각을 가지고 있다. 검증되지 않은 관점 때문에 오직 목회자들만이 그렇게 할 수 있다는 태도가 생겼다. 이것은 실수다. 회당과 많은 기독교 교회에서처럼 안수받지 않은 사람들도 예배에서 성경을 낭독할 수 있다. 남성, 여성, 젊은이 혹은 심지어 노인이나 유창한 언어능력을 가진 아이들이 성도들을 위해 성경을 낭독하는 것을 금지하는 어떤 의례적이거나 신학적 이유도 존재하지 않는다. 예배가 하나님의 백성들에게 속해 있다는 사실이 다양한 회원들이 예배에서 낭독자로 설 수 있음을 지지해 준다. 그들의 능력이 낭독자 선별에 있어 기본적 기준이 되어야 할 것이다.[13]

예배에서 공적 성경 낭독의 자격은 단지 직분에 의해 결정되기보다는 말씀의 권위에 대한 존경, 이해, 준비된 마음, 에토스, 성경과 청중과 교감하는 능력 등이라고 할 수 있다.

먼저 성경 낭독자는 읽고자 하는 본문을 이해해야 한다. 본문의 장르, 사상, 분위기, 역사적 배경, 핵심 사상 등을 이해해야 한다. 이러한 이해는 본문과 잘 교감하도록 이끌어 준다. 낭독자가 본문과 지적으로 영적으로 충분히 교감하지 않으면 성경에 담긴 의미 속으로 들어가지 못하고 피상적으로 낭독하기 쉽다.

그렇게 되면 낭독자는 본문과 청중을 섬기지 못하게 될 뿐만 아니라 청중을 본문으로부터 소외시키는 결과를 초래할 수 있다. 낭독자는 청중이 말씀의 제단으로 나아가도록 섬기기 위해서는 본문과 교감할 수 있어야 한다. 성경 낭독자는 본문과의 교감을 통하여 본문의 진리들을 내면화해야 한다.

> 감춰진 빛을 성경에 뚜렷이 되비추려면, 성경 낭독자는 먼저 자기 마음에 조명을 받아야 한다. 저자가 전달하고자 하는 바를 반영할 수 있으려면, 성경 낭독자는 본문에 나타난 명제적 진리를 찾아내야 한다. 이런 진리들을 깨달으려면, 성경 낭독자는 생각하기를 단념해서는 안 되며 그 본문을 자신의 것으로 삼아야 한다. 성경은 원래부터 영적인 역동성을 목표로 하기 때문에 성경 낭독자는 성경 본문에 담긴 완전한 의미를 나타낼 수 있으려면 그런 진리들을 내면화해야 한다.[14]

성경 낭독자에게 본문의 "사상, 분위기, 어법, 역사적 환경, 낭독자에게 끼치는 영향 등에 대한 분석 자체는 성경 본문을 정당하게 해석하는 일에 모두 대단히 중요하다."[15] 성경 낭독자의 임무는 성경 본문을 해석하는 일을 수반하기 때문에 청중을 위한 '구두 해석자'라고 할 수 있다. 성경 낭독자는 단순히 성경만을 읽는 것이 아니라 구두로 성경을 해석하는 자라고 할 수 있다. 하지만 헤롤드 브랙(Harold A. Brack)의 언급처럼 "구두로 하는 해석이 자기가 섬기는 사람들에게 그리스도의 사랑을 표현하는 또 다른 방식이 되어야 한다."[16] 성경 낭독자는 본문과 교감하는 능력뿐만 아니라 청중과 교감하는 능력도 있어야 한다. 이러한 능력은 외적 차원일 뿐만 아니라 내적 차원을 수반한다. 아리스토텔레스는 화자의 에토스(*ethos*), 곧 인품이 설득력 있는 웅변을 형성하는데 가장 강력한 동인이라고 가르쳤다.[17] 성경 낭독자의 말씀을 통한 섬김은 그의 삶과 분리되는 것이 아니다. 성경 낭독자의 인품과 삶이 자신이 진술하는 성경 말씀과 모순되지 않아야 하는 것이 중요하다. 성경 낭독자는 성경 본문과 청중을 동시에 섬기는 유능한 종이 되어야 한다. 나아가 성경 낭독자는 하나님을 섬기는 자로서 사명 인식과 함께 하나님과 교감하는 능력이 있어야 한다. 그러므로 진정한 성경 낭독자는 구두 해석자이며, 섬기는 자이며, 말씀의 수행자이며, 하나님의 사역자이다.

성경 낭독과 청중

우리는 자칫 성경을 통해 하나님과 영적 교제를 하기보다는 성경을 실용적인 목적을 위한 도구로 사용하는 정형화된 틀에 빠질 수 있다. 예배에서 중요한 역할을 하는 설교자와 성경 낭독자뿐만 아니라 예배의 청중도 이러한 틀에 빠질 위험성이 있다. 때문에 예배에서 성경이 낭독될 때 하나님의 음성으로 생명력 있게 경험하기 위해서는 하나님의 말씀을 읽는 목적이 명확해야 할 뿐만 아니라 청중의 듣는 능력도 중요하다. 그것은 청중은 단순히 낭독자의 소리를 듣는 관객이 아니라 공동 창작자이기 때문이다.[18]

예배에서 성경이 낭독될 때 하나님과 성경에 대한 정보를 얻기 위해 들어서는 안된다. 성경이 낭독될 때 하나님과의 관계를 위해 들어야 한다. 이렇게 듣기 위해서는 우리의 생각뿐 아니라 마음(heart), 감정, 몸,

호기심, 상상력, 의지까지 동원해야 한다. 즉 마음을 열고 보다 깊은 이해와 통찰력을 통해 본문의 배후에 계신 하나님과의 인격적인 관계 속으로 들어가야 한다. 루스 헤일리 바턴(Ruth Haley Barton)은 성경을 읽는 목적과 듣는 자세에 대해 다음과 같이 말한다.

> 우리는 인식적 차원에서 하나님에 대해 더 많이 배우려고 하기보다는 관계적인 차원에서 하나님의 음성에 귀를 기울여야 한다. 우리가 성경에 접근하는 방식은 사랑하는 자에 대한 열망에서 우러나와야 한다. 우리는 그분의 말씀 한 마디 한 마디를 가슴에 담고 의미를 되새길 수 있도록 천천히 읽어야 한다. 목표 달성이나 과제를 위해 급히 읽기보다는 하나님께서 우리에게 말씀하시는 곳에 멈추어 서서 의미를 묵상하며 자신의 삶과 하나님과의 관계에 적용할 수 있어야 한다. 우리는 말씀을 받을 때 판단하지 말아야 하며 오직 사랑하는 사람의 마음을 들으려고 해야 한다. "여호와여 말씀하옵소서 주의 종이 듣겠나이다"(삼상 3:9)라고 한 사무엘과 같이 우리는 하나님을 향한 전적으로 열린 마음과 태도로 성경에 접근해야 한다.[19]

우리는 예배에서 성경이 낭독될 때 방송에서 시나 수필이 낭독될 때 듣는 것과 같이 들어서는 안된다. 성경이 낭독될 때 정보 수집에 초점을 맞추어 들으려는 자세는 분석적으로 접근하기 쉽다. 이렇게 들으려고 할 때, 우리 자신이 형성해 온 선입견, 취향, 경험 등으로 구성된 인식 필터를 통해 들으려고 한다. 그러나 성경이 낭독될 때 이렇게 듣게 되면, 인격적이고 친밀하며 우리를 사랑으로 인도하시는 하나님의 음성을 경험할 수 없게 된다.

성경이 낭독될 때 열린 마음과 태도로 접근해야 한다. 이런 자세로 접근할 때 성경은 하나님께서 주권적으로 사용하시는 도구가 된다. 이렇게 하나님께서 성경을 통해 말씀하실 때 우리는 그 말씀에 대해 지성보다는 마음으로 반응하게 된다. 성경이 낭독될 때 이러한 자세로 성경을 대하는 것은 현대 그리스도인들이 자기도 모르게 성경을 지식적으로 대하려는 자세를 극복할 수 있다. 로버트 멀홀랜드(M. Robert Mulholland)는 우리 문화 속에는 자신의 인식적, 이성적, 분석적 역학을 무시하는데 따른 위험성이 거의 없다고 주장하면서 이렇게 말한다.

> 이러한 것들은 우리의 문화나 정상적인 학습 방식에 있어서 지나치게 발달되어 있기 때문에 균형을 잃을지도 모른다는 염려는 전혀 할 필요가 없다. 물론 우리는 마음(mind)을 다하여 하나님을 사랑해야 한다. 그러나 마음을 다하여 하나님을 사랑하라는 명령이 예수님의 말씀에서는 더욱 심화된 내용으로 제시된다는 사실을 기억해야 한다. 그러므로 마음(heart)과 뜻(soul: 영혼)을 다하여 사랑하는 것이 마음을 다하여 사랑하는 것보다 중요하다.[20]

현대 그리스도인들이 성경을 통해 하나님을 만나는 경험은 중요하다. 왜냐하면 현대 그리스도인들은 지성주의적인 문화 속에서 교육 받았기 때문에 성경도 지적이고 분석적으로 대하려는 경향이 강하기 때문이다.

예배에서 성경이 낭독될 때 인식적이고 분석적인 방식에만 의존하는 것을 탈피하는 것이 필요하다. 이렇게 하기 위해서는 친밀한 만남의 장소로 성경을 경험하는 접근 방식이 필요하다. 렉시오 디비나(*lectio divina*)는 이러한 방식을 제공해 준다.

렉시오 디비나는 성경을 읽을 때 우리 자신이나 다른 사람을 위한 인간적 지표에 의존하기보다는 전적으로 자신을 열어 하나님의 주권에 모든 것을 맡기는 자세로 성경을 읽는다. 렉시오 디비나는 우리가 성경을 해석하는 것이 아니라 성경이 우리를 해석하고 인도하도록 하는데 목적이 있다. 성경을 문으로 대하는 것이 아니라 살아있는 영으로 대하는 것이다. 성경을 읽을 때 성경의 주인공이신 성령이 성경을 통해 말씀하신다는 것을 믿는다. 렉시오 디비나를 개인적으로는 일상의 삶 속에서, 교회적으로는 새벽 기도나 주일 오후 예배 또는 금요 저녁 기도회 때 실천할 수 있다.

렉시오 디비나는 먼저 준비 단계에서는 5-10절 분량의 성경 본문을 선택한다. 조용히 말씀을 통해 하나님의 음성을 듣기 위해 침묵으로 준비한다. 이 준비는 복잡하고 혼란스런 삶과 마음에서 벗어나 하나님의 음성을 들을 수 있는 내면의 공간을 마련하는데 있다.

첫 번째 단계는 읽기(*lectio*)이다. 이 단계에서는 본문을 한두 번 정도 읽으면서 특별히 마음에 와 닿는 단어나 숙어나 구절에 귀를 기울인다. 그것은 본문 가운데 특별히 돋보이는 단어나 숙어나 구절로써 마음의 반응을 불러일으키거나 깊은 반향 또는 거부감을 불러일으킬 수 있다. 이 단계는 부드럽고 사색적이며 하나님께서 우리에게 말씀하실 것이라는 기대감을 준다. 본문을 읽은 후에는 단어의 의미나 이유를 찾기보다는 묵상이나 침묵을 통해 그 단어를 반복해 음미한다.

두 번째 단계는 묵상(*meditatio*)이다. 본문을 다시 한 번 읽으면서 마음에 와 닿은 단어나 숙어나 구절을 자신의 삶과 연관시킨다. 이 과정에서 이렇게 물을 수 있다. 이 단어나 숙어나 구절은 오늘 나의 삶에서 무슨 의미가 있는가? 본문 이야기인 경우, 나는 본문에서 어떠한 위치에 있고 본문과 같은 상황에서 어떻게 할 것인가? 이 단계 역시 잠깐 동안의 묵상이나 침묵이 필요하다. 우리는 이 시간에 머릿속에 떠오르는 것을 가지고 하나님 앞에 나아가야 한다. 본문에 대해 너무 깊이 생각하기보다는 주어진 단어나 숙어나 구절로 다시 돌아와야 한다.

세 번째 단계는 반응(*oratio*)이다. 또는 기도의 단계라고도 할 수 있다. 본문이 우리에게 반응을 요구하거나 반응하도록 하는가? 하나님의 초대에 대한 우리의 반응은 무엇인가? 이것은 우리가 들은 음성에 대한 첫 번째 반응이자 아무런 가감 없는 솔직한 반응이다. 이것은 하나님께서 우리에게 말씀하시는 것에 대한 반응으로 가장 자연스럽게 흘러나오는 기도이다. 또한 세 번째 침묵 시간을 통해 자연스럽게 표출되도록 해야 한다. 이때 성경은 우리의 고통과 좌절과 분노와 교만을 건드릴 수도 있다. 우리는 이와 같이 안전한 침묵의 순간에 마음껏 자신의 감정을 쏟아낼 수 있다. 어쩌면 자기 이해의 섬광이 갑자기 일어날 수도 있고 어떤 죄를 뉘우칠 수도 있고, 감사가 일어날 수도 있다. 이러한 침묵의 순간을 통해 우리는 양심의 가책을 느끼기도 하고, 그것을 고백하기도 하고, 삶에 대한 한없는 감사의 눈물을 흘릴 수도 있다. 하나님께서 우리를 사랑하신다는 벅찬 감동에 휩싸이거나 침묵 가운데 하나님의 사랑에 겨워 감사와 감격의 눈물을 흘릴 수도 있다. 우리에게 나타나는 반응이 무엇이든지 간에 침묵 가운데 이 모든 것을 토로해야 한다.

　마지막으로 본문을 한 번 더 읽는다. 이 때 우리는 지금까지 말씀의 초대에 대해 조용히 음미하며 하나님 안에서 쉼을 누린다. 이 단계에서는 엄마에게 필요한 모든 것을 공급받고 고요하고 평온한 가운데 젖 먹는 아이와 같이 하나님 품에 안기는 상태이다. 시편의 기자는 이렇게 고백한다. "여호와여 내 마음이 교만하지 아니하고 내 눈이 오만하지 아니하오며 내가 큰일과 감당하지 못할 놀라운 일을 하려고 힘쓰지 아니하나이다. 실로 내가 내 영혼으로 고요하고 평온하게 하기를 젖 뗀 아이가 그의 어머니 품에 있음 같게 하였나니 내 영혼이 젖 뗀 아이와 같도다. 이스라엘아 지금부터 영원까지 여호와를 바랄지어다"(시 131:3).

　이 단계에서는 말로 표현할 수 없는 감화의 무게를 경험할 수도 있다.

　우리가 종일 그 말씀에 귀를 기울이고 그 의미를 더욱 되새길 때, 그 말씀은 우리 안에 살아 생동적으로 역사하기 시작한다.

성경 낭독자 양성의 필요성

　교회 예배나 모임에서 잘 훈련된 성경 낭독자는 대단히 중요한 역할을 할 수 있다. 이는 현대교회가 성경에 대한 지적인 능력은 갖추고 있지만 성경을 통해 하나님과 인격적인 교제를 하며 음성을 듣는 차원에서는 매우 미약하기 때문이다. 교회는 설교자와 성경 공부 인도자와 제자훈련을 위한 리더의 양육뿐만 아니라 성경 낭독자도 양육할 필요가 있다. 이를 위해 교회 안에 성경 낭독자 양육을 위한 소그룹을 운영하면 좋다. 이 소그룹에서는 성경과 소통하는 법, 청중과 소통하는 법 등을 연구하고 훈련할 뿐만 아니라 가장 중요하게 실행해야 할 것은 렉시오 디비나이다. 렉시오 디비나를 통해 하나님과 소통하는 법뿐만 아니라 성경의 능력, 즉 혼과 영과 골수를 쪼개기까지 하는 말씀의 능력을 경험하도록 해야 한다. 이러한 훈련을 통해 양육된 성경 낭독자는 교회 안에서 대단히 중요한 역할을 할 수 있다. 성경을 가장 중요한 권위로 믿고 예배를 실행하는 교회라면 성경 낭독자를 양성하는 것을 깊이 고려해야 한다.

교회의 가장 중요한 역할은 친목을 위한 교제나 단지 설교를 수동적으로 듣도록 하는데 있기보다는 성도들로 하여금 풍성하고 순전한 마음으로 하나님과 성경과 소통하도록 하는데 있다. 교회의 능력은 하나님과 성경과 소통하는 능력에 비례한다. 교회는 하나님과 성경과 깊이 있게 소통할 때 힘 있는 공동체가 될 수 있다.

성경 낭독에 앞서 낭독되는 성경 말씀

복 있는 사람은 악인들의 꾀를 따르지 아니하며 죄인들의 길에 서지 아니하며 오만한 자들의 자리에 앉지 아니하고 오직 여호와의 율법을 즐거워하여 그의 율법을 주야로 묵상하는도다(시 1:1-2).

여호와의 율법은 완전하여 영혼을 소성시키며 여호와의 증거는 확실하여 우둔한 자를 지혜롭게 하며 여호와의 교훈은 정직하여 마음을 기쁘게 하고 여호와의 계명은 순결하여 눈을 밝게 하시도다(시 19:7-8).

여호와를 경외하는 도는 정결하여 영원까지 이르고 여호와의 법도 진실하여 다 의로우니 금 곧 많은 순금보다 더 사모할 것이며 꿀과 송이꿀보다 더 달도다 또 주의 종이 이것으로 경고를 받고 이것을 지킴으로 상이 크니이다(시 19:9-11).

여호와여 주의 도를 내게 가르치소서 내가 주의 진리에 행하오리니 일심으로 주의 이름을 경외하게 하소서(시 86:11).

나로 하여금 깨닫게 하여 주소서 내가 주의 법을 준행하며 전심으로 지키리이다. 나로 하여금 주의 계명들의 길로 행하게 하소서 내가 이를 즐거워함이니이다. 내 마음을 주의 증거들에게 향하게 하시고 탐욕으로 향하지 말게 하소서. 내 눈을 돌이켜 허탄한 것을 보지 말게 하시고 주의 길에서 나를 살아나게 하소서(시 119:34-37).

모든 성경은 하나님의 감동으로 된 것으로 교훈과 책망과 바르게 함과 의로 교육하기에 유익하니 이는 하나님의 사람으로 온전하게 하며 모든 선한 일을 행할 능력을 갖추게 하려 함이라 (딤후 3:16-17).

이제 하나님의 말씀을 들으십시오.

⟨미주⟩

1 Richard G. Moulton, *The Literary Study of the Bible* (Boston: Heath, 1906), 268, Bryan Chapell, 『그리스도 중심적 예배』, 358에서 인용.
2 Robert E. Webber, "What Does the Service of the Word Do?" vol. 3, Robert E. Webber, ed., *The Renewal of Sunday Worship* (The Complete Library of Christian Worship) (Nashville: StarSong, 1993), 237.
3 Arthur T. Pierson, *How to Read the Word of God Effectively* (Chicago: Moody Bible Institute, 1925), 3-4, Bryan Chapell, 『그리스도 중심적 예배』, 359에서 인용.
4 James D. Robertson, *Minister's Worship Handbook* (Grand Rapids: Baker Academic, 1974), 52.
5 Dom Gregory Dix, *The Shape of the Liturgy* (New York: Seabury Press, 1983), 35.
6 James F. White, *A Brief History of Christian Worship* (Nashville: Abingdon Press, 1993), 70.
7 Terry Johnson, Ligon Duncan III, "공동 예배에서 성경읽기와 성경의 내용으로 기도하기," Phillip Graham Ryken, Derek W. H. Thomas, Ligon Duncan III, 『개혁주의 예배학』, 김병하, 김상구 옮김 (서울: 개혁주의신학사, 2012), 246.
8 Terry Johnson, Ligon Duncan III, "공동 예배에서 성경읽기와 성경의 내용으로 기도하기," 247.
9 Eugene H. Peterson, *Working the Angels: The Shape of Pastoral Integrity* (Grand Rapids: Eerdmans, 1987), 99.
10 Terry Johnson, Ligon Duncan III, "공동 예배에서 성경읽기와 성경의 내용으로 기도하기," 246.
11 Terry Johnson, Ligon Duncan III, "공동 예배에서 성경읽기와 성경의 내용으로 기도하기," 247.
12 Terry Johnson, Ligon Duncan III, "공동 예배에서 성경읽기와 성경의 내용으로 기도하기," 247.
13 James A. De Jong, 『개혁주의 예배』, 황규일 옮김 (서울: CLC, 2009), 117-18.
14 Bryan Chapell, 『그리스도 중심적 예배』, 368.
15 Bryan Chapell, 『그리스도 중심적 예배』, 372.

16 Harold A. Brack, *Effective Oral Interpretation for Religious Leaders* (New Jersey: Prentice-Hall, 1964), 22.
17 Aristotle, *Rhetoric* (Cambridge: Cambridge University Press, 2010), 1.2.
18 Bryan Chapell, 『그리스도 중심적 예배』, 377.
19 Ruth Haley Barton, 『영적 성장을 위한 발돋움』, 황의무 옮김 (서울: 살림, 2007), 79.
20 M. Robert Mulholland, *Shaped by the Word* (Nashville: Upper Room, 1985), 23.

8

말씀 예전으로서의 설교

예배로서의 설교

예배에서 말씀 예전으로서의 설교가 중요한 요소이지만 설교가 가장 우선적인 것으로 간주될 때 예배는 다른 요소들은 적절히 배치하는 것으로 격하 된다. 상당히 많은 예배 공동체가 예배의 다른 요소들도 설교만큼 중요하고 때로는 그 이상인 것을 인식하고 있다는 조사가 있다.[1]

어떤 교회는 설교자가 예배 찬양이 시작되었는데도 자기 사무실에 있는 텔레비전 모니터로 교회 예배를 시청하고 있다가 본인이 설교해야 할 시간 직전에 가서야 '본 행사'(main event)를 위해 교회 앞에 극적으로 나타난다.² 또 다른 어떤 교회에서는 설교를 위한 시간이 되었을 때 예배 인도자들이 보이지 않기도 한다. 예배의 첫 부분 동안 찬양대와 오케스트라를 인도하고 자기 임무를 마친 후 사라져 버리는 경우도 있다. 이러한 현상은 예배를 드리기보다는 설교가 하나의 이벤트가 되고, 찬양은 또 하나의 즐거운 이벤트처럼 진행된다. 이러한 현상은 예배로 넘치는 설교가 되지 못하고 설교 중심적 예배에서 종종 발생하기도 한다. 설교 중심적 예배는 예배로 넘치는 찬양이 아니라 설교를 위한 찬양으로 격하되기도 한다.

반대로 찬양 중심적 예배를 지향하는 교회는 예배의 다른 요소들을 격하시키는 현상이 초래되기도 한다. 이러한 예배는 반드시 극복되어야 한다. 예배의 모든 요소가 똑같이 중요하게 여겨지고 하나님의 말씀이 선포되는 중요한 매개체라는 인식이 필요하다. 특히 한국교회는 설교를 위한 예배가 아니라 예배로 넘치는 설교를 지향할 필요가 있다고 할 수 있다.

세계교회의 예배는 지역과 전통에 따라 그 방식이 다양하고 풍성한 요소로 가득하다. 하나님을 예배하는 스타일은 인종의 다양성만큼이나 다양하고 풍성한 목록을 가지고 있다. 마이클 퀵(Michael Quicke)은 세계교회의 예배 경험을 통해 다음과 같이 기술하였다.

- 한국에서 수천 명이 동시에 하는 통성 기도와 퀘이커교도 집회에서의 침묵
- 기도책자로부터 읽는 짧고도 정형화된 기도문과 세 번의 봉헌을 하면서 아프리카계 미국인들 드리는 예배

- 7분간의 설교와 오후 내내 계속되는 세 번의 설교를 포함하는 루마니아인들의 예배
- 주의 식탁 주위에서의 치유 예배들과 케임브리지 킹스칼리지에서의 심오하고도 완전한 저녁 기도
- 우리 손자들의 유아세례와 요단강에서의 신자세례
- 런던 로얄알버트홀에서의 대합창, 악단, 계곡 예배당(valley chapel)의 삐걱대는 소형 오르간
- 부다페스트에서의 빌리그래함의 부다페스트 집회와 예루살렘 정원무덤(Garden Tomb)에서의 부활절 철야기도[3]

예배는 시대와 지역과 전통에 따라 다양한 형태와 방식으로 실행되는 것을 알 수 있다. 다시 서술하면, 외침과 침묵, 소리와 고요함, 귀 기울여 듣는 것과 소리 내어 말하는 것, 성문화된 기도와 즉흥적인 기도, 찬양과 비탄, 경배와 고백, 긴 설교와 짧은 설교 등이다. 예배 속에서 설교, 기도, 찬양 등과 같은 요소들은 종종 내용과 길이와 형식에 있어서 놀라울 정도의 다양성이 존재한다.

하지만 예배의 다양한 방식과 풍성한 목록에 대한 인식보다도 중요한 것은 예배 속에서 어느 한 요소를 다른 요소보다 우위에 두는 근시안적 예배를 극복하는 것이라고 할 수 있다. 개신교회가 중세 서방교회의 성만찬 중심적인 예배로부터 말씀 예전을 회복하는데 중요한 공헌을 하였지만, 설교 중심적인 예배 문화를 형성하게 된 것은 극복되어야 할 과제이다. 물론 설교는 여전히 하나님께서 자신을 새롭게 자기 백성에게 계시하시는 주된 방식으로 남아 있다. 설교는 예배에서 간과할 수 없는 요

소일 뿐만 아니라 매우 중요한 역할을 한다. 하지만 설교는 예배의 한 요소이지 예배의 핵심 요소는 아니다. 만약 설교가 예배의 핵심 요소라고 규정한다면 다른 요소들이 이차적인 요소로 간주되는 결과를 낳게 된다. 예배에서 설교와 다른 요소는 균등한 관계일 뿐만 아니라 예배는 설교보다 크다는 것을 명확히 해야 한다. 그렇지 않으면 설교가 예배를 축소시키는 방식으로 하나님의 계시와 우리의 응답의 폭과 풍성함을 축소시킬 수 있다. 때문에 설교를 위한 예배가 아니라 예배를 위한 설교가 되어야 한다. 즉 예배로 넘치는 설교가 되어야 한다.

설교는 하나님의 백성이 드리는 예배 전체의 영광스러운 한 줄기일 뿐이다. 예배는 설교에 귀 기울여 듣는 것만이 아니라, 주님의 식탁 주위에서의 교제, 고백과 감사의 기도, 다른 사람을 위한 기도, 하나님의 영광을 위한 찬양, 물질적인 재화의 봉헌 등을 모두 포함한다.

예배로써 설교를 이해하는 것은 결코 설교의 중요성을 축소시키는 것은 아니다. 설교는 예배에서 매우 중요한 역할을 한다. 하나님은 설교를 통해 말씀하시고 사람들을 세우시고 변혁시키시는 방법으로 사용해 오셨다. 때문에 설교는 하나님의 나라에서 대단히 중요한 직무이다. 그러나 이러한 진술이 예배에서 설교의 우위성을 의미하는 것은 아니다. 또한 설교를 다른 예배 요소들과 분리된 방식으로 실행해서도 안 된다.

예배로써 설교를 인식하기 위해서는 예배의 모든 요소가 계시와 응답을 주도하시는 하나님의 은혜가 순환하는 움직임 안에 있다는 인식이 설교자에게 필요하다. 설교자는 예배자로서 자신을 먼저 이해해야 한다. 설교자는 예배자로서 교회에 가는 것이지 설교를 하기 위해 가는 것은 아니다. 다시 서술하면, 설교자는 자신을 다른 무엇보다도 우선 예배자로서, 즉 자신의 가장 높은 소명을 예배하는 것으로 이해해야 한다. 설교자는 설교 그 자체가 예배라는 사실을 깨달아야 한다. 즉, 설교자는 찬양하고, 기도하며, 성경을 듣고, 봉헌하며, 성만찬을 함께 할 뿐만 아니라 자신이 설교할 때도 예배를 드리고 있다는 것을 인식해야 한다. 그리하여 설교자는 예배로 넘치는 설교를 해야 한다.

예배로 넘치는 설교

마이클 퀵은 예배로 넘치는 설교를 회복하기 위해 '수영'(swim)의 은유를 통하여 '설교의 수영'(preaching swim)에서 '예배의 수영'(worship swim)으로의 전환의 필요성을 제시한다. 퀵이 의미하는 '설교의 수영'이란 마치 수영하는 사람들이 흐르는 강물 안에 있는 것처럼 설교자가 자신의 노력을 하나님의 능력 공급하심에 넘겨드리면서, 하나님의 살아있는 말씀 안에 자신을 잠기게 하는 것이다. 하지만 설교자가 '설교의 수영'에 잠기게 되면 예배와는 연결되지 못한 채, 분리된 강에서 설교자 자신과 회중을 수영하게 만드는 결과를 초래한다는 것이다. 따라서 설교가 예배의 행위가 되기 위해서는 '예배의 수영'에 잠겨야 한다는 것이다.[4]

다시 서술하면, 퀵에게 '예배의 수영'의 은유는 예배가 설교보다 크다는 것을 설명하기 위한 것이다. 예배의 수영이란 설교는 예배의 강안에 있어야 한다는 것이다. 이는 설교를 위한 예배가 아니라 예배를 위한 설교가 되어야 한다는 것을 규정하기 위한 것이다. 때문에 예배의 목적과 정신에 의해서 설교는 디자인되고 실행되어야 한다는 것이다. 퀵은 '설

교의 수영'과 '예배의 수영'을 다음 표와 같이 구분하여 비교한다.[5]

설교의 수영과 예배의 수영 대조

설 교 의 수 영	예 배 의 수 영
	1단계: 예배에 헌신하기
1단계: 성경에 몰두하기	2단계: 성경이 예배를 위한 설교를 구상하도록 하기
2단계: 오늘을 위한 해석하기	
3단계: 설교 디자인하기	3단계: 설교 디자인하기
	4단계: 회중 예배 구상을 돕기
4단계: 설교 전하기와 예배 인도하기	5단계: 설교 전하기와 예배 인도하기
5단계: 결과 평가하기	6단계: 결과 평가하기

예배에 헌신하기

설교자로서 예배에 헌신하기에서는 설교자가 먼저 예배자와 설교자로서의 자질과 예배 철학을 점검하는 단계이다. 설교자가 단지 설교를 하기 위해서 설교를 준비하는 것이 아니라 예배로 넘치는 설교를 하기 위해서는 구체적인 자질과 철학이 있어야 한다.

맬핏(Norma deWaal Malefyt)과 반더웰(Howard Vanderwell)은 설교자의 필요한 자질로서 감정의 자질, 사고의 자질, 기량의 자질을 제안하였다. 감정의 자질을 하나님의 거룩함에 대한 감각, 제사장다운 리더십 감각, 자라가는 영적인 삶, 교회에 대한 사랑, 목양적인 민감성 등이다.[6] 사고의 자질은 예배신학에 대한 지식, 예배의 수위성, 전체를 위한 개인의 복종, 양립할 수 있는 관계성, 기획자의 역할 이해, 소통의 능력, 회중에 대한 지식 등이다.[7] 맬핏과 반더빌은 감정과 사고의 자질을 기술한 후에 네 가지 기량의 자질들을 분류한다. 기량의 자질은 자원봉사의 의지, 필요한 시간을 편성하려는 의지, 모든 할당된 직부들을 완성함, 하나님이 주신 은사들을 실행하고 자라게 함 등이다.[8]

설교자의 설교가 예배에 헌신하기 위해서는, 즉 예배로 넘치는 설교자가 되기 위해서는 예배 철학이 있어야 한다.[9] 예배 철학의 첫째 요소는 예배의 최고의 목표는 하나님의 가치를 높여드리는 것이다. 둘째는 복음 중심성이다. 즉, 성부와 성자와 성령 하나님을 선포하고, 찬양하며, 성자 하나님의 지속적인 사역을 소중히 여기는 것이다. 셋째는 하나님의 강력한 임재에 대한 기대를 갖는 신앙이다. 넷째는 하나님의 말씀의 내용이 예배 전체를 통해 충만하게 이루어져야한다는 철학이다. 다섯째는 사고와 감정과 관계된 것으로써 설교자는 객관적인 진리에 근거한 하나님을 향한 진실한 감정을 일으키는 목표를 가진 방식으로, 또한 동시에 조정을 피하면서 예배드리기를 추구하는 마음이다. 설교자가 추구하는 마음은 기쁨, 경이로움, 겸손함, 은혜, 두려움이다. 일곱째는 예배의 본질에 집중하는 탁월성이다. 즉 설교자는 사람들의 관심이 예배의 본질로부터 다른 곳으로 돌려지지 않는 그런 방식으로 노래하고, 역할을 하며, 기도하고 설교하는 능력이다.

성경이 예배를 위한 설교를 구상하도록 하기

설교자가 이 단계에서는 오직 하나님의 말씀만이 권위를 주기 때문에 성경의 목소리에 먼저 귀를 기울이는 단계이다. 이 단계에서 설교자는 낭독할 성경 본문과 설교 본문을 다른 예배 위원들에게도 공개하여 그들도 성경에 귀를 기울여야 할 책임감을 갖게 해야 한다. 이 단계에서 설교자들과 예배 위원들 또는 기획자들이 성경 본문을 가지고 다음 표와 같이 임무를 수행해야 한다.[10]

성경으로 하여금 회중 예배를 위한 설교 구상하게 하기	설교자	예배기획자들
기도하듯이 본문을 크게 읽기	O	O
본문 청취와 연구하기	O	O
오늘을 위한 해석하기(interpret)	O	O
초점(focus)과 기능(function)을 분류하기	O	O
핵심 영향(main impact) 진술하기	O	
예배 기획하기	O	O

성경으로 하여금 예배를 위한 설교 구상하게 하기에서는 설교자들과 예배위원들은 "하나님의 말씀이 우리(us)에게 말씀하시는 것과 우리(us)와 함께 하시기를 원하는 것을 듣는다."[11] 이러한 공동작업을 위해서 설교자와 예배위원들은 첫째, 예배를 준비하는 동역자로서 예배의 결과로 하나님께 영광을 드리도록 기도해야 한다. 둘째, 선택된 성경 본문을 기도하듯이 크게 소리 내어 읽을 수 있는 시간과 공간을 마련해야 한다. 셋째, 본문의 원래의 상황을 고려하고, 본문의 의미를 연구하며, 주석서들을 참조하여 의미를 파악해야 한다. 넷째, 예배는 모든 교회생활과 증언을 포함하기 때문에 보다 폭넓은 공동체의 삶 속에서 선교 이슈들과의 관련해서 고민하고 구체적인 실천 방안들을 생각해 보아야 한다.[12]

설교 디자인하기

설교자가 예배로 넘치는 설교를 디자인하기 위해서는 먼저 설교의 외적인 차원보다도 자신의 '예배 세계관'에 대한 점검이 필요하다. 왜냐하면 예배로 넘치는 설교를 디자인하기 위해서는 근시안적 설교를 극복해야 하기 때문이다. 근시안적 설교의 특징 중에 하나는 소비주의적인 형태의 설교이다. 즉, 설교자가 설교를 통해 하나님을 경험하는데 목적을 두기보다는 좋은 이야기와 적용을 해주는데 목적을 두고 청중들도 이런 설교를 좋은 설교라고 여기게 하는 설교이다. 때문에 "신학적으로 빈약하며, 영적으로 단절되었으며, 하나님도 없고, 하나님의 은혜에 대해서 침묵하고, 자아도취적이며, 자기 중심적인 이러한 설교들에게는 예배가 없다."[13]

예배로 넘치는 설교를 디자인하기 위해서는 설교자는 기존의 설교 이론에서 말하는 주해와 해석뿐만 아니라 예배로 넘침, 통합, 결과라는 세 가지 핵심 이슈들에 의해서 그 형태가 구성되어야 한다.

'예배로 넘침'은 흘러넘치는 마음과 적절히 조화시키는 정신이다. 설교자는 하나님의 부르심과 응답에 있어서 경외감과 경이로움으로 자기 자신을 감사함으로 봉헌하며, 하나님을 높이기 위한 자신의 일 또한 감사함으로 봉헌하는 것이다. 예배로 넘침은 설교 준비의 매 단계에서 하나님께 겸손하게 의존해야 한다.[14]

'통합'은 설교가 예배의 다른 요소들과 어떻게 통합해야 하는지를 인식하는 것이다. 즉, 설교는 하나님에 의해 주도되고 활성화되며 동기를 부여받는 성경 낭독, 찬양, 기도, 성경 경청, 봉헌, 성만찬과 밀접하게 관련되어 있다는 것을 인식하는 것이다. 때문에 설교는 분명히 하나님의 말씀과 하나님의 의지를 드러내는 중요한 방식이지만, 성경 낭독과 찬양과 기도와 성만찬과 같은 다른 예배 요소들을 통해서도 선포된다는 것을 인식해야 한다.[15]

설교 디자인하기에서 '결과'의 의미는 설교가 청중들의 변화를 안내하는 실제적인 내용을 담아내는 목양적 설교로 디자인되어야 한다는 것이다.[16]

회중 예배 구상을 돕기

이 단계에서는 복잡하고 민감한 창의성이 요구되는 단계이다. 즉 음악의 선택, 기도의 유형과 방법, 예배 자료들과 다른 많은 요소를 주의 깊게 선택하고 배열하여 사용하는 것을 구상하는 단계이다.[17] 이 단계에서는 많은 것이 교회의 전통과 규모에 의해 단순하게 될 수도 있고 다양하게 구상될 수 있다. 작은 규모의 공동체라면 설교자는 예배의 순서, 찬송, 기도를 미리 정해 놓을 수도 있다. 그러나 큰 공동체라면 예배 기획에 많은 사람들이 참여할 수 있다. 예배를 구체적으로 구상하는 과정에서 설교자는 적극적으로 참여하지 않고 돕는 위치에 서는 것이 좋다. 왜냐하면 예배 준비위원 또는 예배 기획자들은 설교자가 예배를 구상하기 위한 더욱 훌륭한 아이디어, 기술, 자원이 있을 것이라고 생각하기 때문이다. 예배 기획자들의 이러한 생각은 설교자 중심으로 예배를 구상하게 되고 예배 기획자들은 소극적인 자세를 갖게 할 수 있다. 물론 설교자가 예배의 구조와 내용 구상을 확인을 할 필요는 있지만, 세부적인 것까지 간섭하려고 해서는 안 될 뿐만 아니라 예배 기획사들이 책임을 가지고 세부적인 것을 책임 있게 구상하도록 해야 한다.

설교 전하기와 예배 인도하기

이 단계에서 설교자와 예배위원들은 자신들만 설교하고 예배를 인도해서는 안 되며 많은 사람들이 예배에 능동적으로 참여할 수 있도록 해야 한다. 특히 예배가 설교에만 집중되도록 설교를 너무 길게 해서는 안 된다. 예배의 다른 요소들도 균형 있게 성도들에 의해 실행되도록 구성해야 한다. 예전(liturgy)이라는 단어가 '사람들의 일'을 의미하기 때문에, 예배를 인도하는 자는 다른 사람들을 성경 낭독, 기도, 찬양 등과 같은 다른 방식들로 참여하도록 초청하는 것뿐만 아니라 모든 사람이 책임감을 가지고 기도, 찬양, 봉헌, 설교, 성만찬 등에 포함 되도록 함으로써 더 폭넓은 참여를 이끌어 내야 한다.[18] 예배는 설교자와 몇 사람에 의해서만 이루어져서는 안 된다. 모두가 만인 제사장으로서 참여하도록 해야 한다.

결과 평가하기

결과 평하기는 두 단계에서 작동한다. 먼저 기본적인 단계에서 예배 기획자들은 자신들이 준비한 결과를 평가한다. 과거의 활동을 검토하면서 보낸 시간은 미래의 계획에 유익을 주기 때문에 이것은 리더십의 필수적인 원리이다. 다음은 하나님의 공동체를 세우는데 얼마나 효과적이었는지 그리고 하나님께 영광을 돌렸는지를 평가하는 것이다. 예배로 넘치는 설교였는지를 평가하는 것이다.[19]

예배 설교에서 피해야 할 설교

교만한 설교: 청중을 소외시키는 설교

교만한 설교는 설교자가 설교를 통해서 성경을 잘 알고 있다는 것을 과시하는 설교이다. 성경의 본문을 일상의 언어와 삶의 언어로 전환하여 설교하지 않고 설교 본문을 신학적으로 지적으로만 잘 정리하여 전하는 스타일의 설교이다. 이런 설교자는 성경의 지식을 전하는데 목적을 두는 경향이 있기 때문에 말씀의 생명력에 대한 기대가 약할 뿐만 아니라 청중들을 하나님 앞으로 인도하는 데는 관심이 없다. 청중들에게 설교하면서 청중들을 소외시키는 교만한 설교자다. 왜냐하면 성경에 대한 관심은 많지만 청중들의 삶에는 관심이 없기 때문이다. 이러한 설교는 청중들을 소외시키는 설교라고 할 수 있다.

교만한 설교자는 성경의 주인공이신 하나님의 인격성과 마음에는 무관심 한다. 즉 성경에 대한 지식은 뛰어나지만 하나님의 마음을 읽어내지 못하는 설교를 한다. 설교에서 하나님의 마음을 놓치기 때문에 청중을 향한 어머니와 누이 같은 마음이 없다. 스펄전(Charles Spurgeon)은 이러한 마음의 논리를 이렇게 설명한다. 즉 "다시는 속을 썩이지 말라고 아들을 타이르는 어머니의 논리와 집으로 돌아와 아버지와 화해하라고 오빠를 설득하는 누이동생의 논리와 같은 것이 필요하다. 즉 분냉한 논리에 뜨거운 사랑이 생생하게 담겨있어야 한다."[20]

스펄전은 '마음'을 설교자의 소명의 중요한 도구로 보았다. 그는 "우리의 일은 그저 정신적인 일만이 아니다. 그것은 마음의 일이요, 우리의 가장 은밀한 영혼의 수고"라고 하였다.[21] 교만한 설교자는 청중의 상황과 필요를 고려하지 않고 오히려 청중의 삶과 무관한 메마르고 지루한 산문체의 설교를 한다. 교만한 설교자는 고전 문학에서 화려한 문구를 인용함으로써 그들의 학문적인 실력을 과시하는 경향이 많다. 반면에 겸손한 설교자는 청중을 존경하는 설교를 한다. 즉 청중이 이해할 수 있는 평이하고도 쉬운 구어체를 사용할 뿐만 아니라 청중의 삶과 연관시켜 적용적인 설교를 한다. 때문에 이러한 설교자에 의한 설교는 은유, 직유, 이야기, 유추와 이미지로 가득 찬 신선하고도 청중의 마음에 깊이 새겨지며 감동을 주는 설교, 풍성한 상상력을 불러일으키는 설교를 한다.

크레독(Fred Craddock)은 설교가 개념적인 아이디어의 세계와 교리에만 머물러 있다면 그것은 아무리 진리이고 올바르고 최선의 것이라고 해도 청중들의 마음을 근본적으로 변화시키지 못한다고 언급하면서, 청중에게 상상력으로 마음속 깊은 곳의 의식을 변화시킬 때 청중의 삶이 변화된다고 하였다.[22] 토마스 롱은 본문과 청중의 관계를 다음과 같이 설명한다.

어떤 설교학자들은 설교와 본문 사이에 놓여 있는 다리에 '본문에서 청중에게로' 놓여진 다리라고 말하다. 마치 성서의 다리가 한쪽에 있고 사람들은 다른 편에 있는 것과 같다. 어떤 책들은 본문을 주석한 다음(exegeting the text)에 청중을 해석(exegeting the congregation)해야 된다고 말한다. 그러나 그런 생각은 극히 잘못된 것이다. 왜냐하면 이것이 의미하는 것은 청중은 단지 본문 주해가 끝난 다음에 고려되어야 한다는 얘기다. 그러나 우리가 이미 본대로 청중은 우리가 본문을 주석해 나갈 때 이미 포함되어졌으며 설교자는 청중으로부터 본문으로 가고 그리고 참으로 청중과 함께 본문으로 가는 것이다. 인간의 삶(the human life)을 살면서 동시에 그리스도에게 충성해야하는 현대인의 괴로움이 본문의 주해 시에 고려되어야 한다. 뭔가 해답을 주어야 하는 책임을 지고 있는 것이 설교이므로 주해 시에 성서 본문과 교회 사이의 대화를 포함시켜야 한다. 주해자는 설교자를 통해서 행해지는(enacted) 교회의 일(works)인 것이다. 그러므로 본문으로부터 설교의 시작은 본문에 대한 설교자 자신의 주석 결과를 회중에게 어떻게 알려 줄 것인가가 아니라 설교와 만나게 될 청중의 측면에서 결정되어야 한다. 설교자가 건너야 할 다리는 청중 상황 안에 있는 본문과 청중의 상황 안에 있는 설교(the sermon-in-congregational-context)를 연결하는 것이다.[23]

　교만한 설교는 본문을 지적 대상으로만 대우할 뿐 분문의 저자가 소망하는 청중과의 소통을 이루어내지 못하기 때문에 청중을 소외시킨다. 하지만 청중에 대한 분석과 이해는 성경 본문 주석만큼이나 중요하다. 청중 분석의 중요성에 대해 플루하티(Fluharty)와 로스(Ross)는 "청중을 분석한다는 것은 힘들고 어렵지만 그럼에도 불구하고 그 일을 해야 한다. 왜냐하면 청중 분석 없이 설교한다는 것은 진단 없이 약을 주는 것과 같기 때문이다"라고 하였다.[24] 이런 맥락에서 설교는 청중과 무관하게 행해지는 강연이나 연설이 아니라 성도들의 삶을 위해 행해져야 한다. 설교는 단지 설교자의 입을 통로로 삼아서 전달되는 하나님의 말씀이라기보다는 특정 청중의 상황과 경험 속에서 행해지는 성육화한 말씀이기 때문이다. 그러므로 크래독의 주장처럼, "설교는 청중에게 말해야 할뿐만 아니라 그들을 위해서도 말해야 한다."[25] 설교는 청중에게 선포할 뿐만 아니라 회중을 위해서 선포해야 한다. 청중을 위한 겸손한 설교자는 성경을 청중과 함께 주해하는 능력이 있어야 한다.

나쁜 설교: 본문을 소외시키는 설교

나쁜 설교는 자기의 신념이나 하고 싶은 말을 하기 위해 성경 본문을 선택할 뿐만 아니라 선택한 본문의 내용과 가르침과는 무관하게 하는 설교이다. 선택한 본문과는 무관하게 자기의 신념과 경험을 강요하는 설교는 나쁜 설교 유형에 속한다. 이러한 설교자는 선택한 본문의 내용과 가르침에 충실하기보다는 단지 선택한 본문을 가지고 제목과 단어들과 숙어들만 조금씩 바꾼다. 그래서 어느 본문을 선택하더라도 설교 내용은 거의 비슷한 경향이 있다. 또한 이러한 설교자는 때로 성령님의 인도에 따라 설교한다는 명목아래 설교를 준비하지 않는 경향이 있기 때문에 성령의 이름으로 자기의 불성실함을 정당화하고 왜곡하기도 한다.

나쁜 설교는 성경을 소외시키는 설교이다. 나쁜 설교자는 성경을 존중하지 않는다. 성경과 대화하지도 않는다. 성경을 연구하지도 묵상하지도 않는다. 스펄전은 "나는 철학자들의 50,000마디 말들보다 차라리 이 책으로부터 다섯 마디의 말을 하고자 한다. 우리가 부흥을 원한다면 우리는 먼저 하나님의 말씀에 대한 존경심을 회복해야 한다. 만일 우리가 참으로 사람들의 회심을 원한다면 우리의 설교에서 참으로 하나님의 말씀을 말하지 않으면 안 된다"라고 고백했다.[26] 스펄전의 이런 고백이 성경만 공부하라는 의미로 받아들여서는 안 된다. 그는 동시에 인생을 공부할 줄 아는 설교자였다. 그는 이렇게 말하였다. "사람들과 함께 어울려서 직접 그들의 상태를 아는 일이 없다면, 복음사역자로서는 돌팔이에 지나지 않을 것입니다. 공부란 삶에서 얻는 것입니다. 우리의 설교에서 인생을 그리기 위해서는 인생에 대해서 풍부하게 알아야 합니다. 책들은 물론 사람들을 읽으십시오. 그리고 생각보다는 사람들을 사랑하십시오. 그렇지 않으면 생명이 없는 설교자가 되고 말 것입니다."[27] 설교자가 구체적인 삶의 정황 속에서 인간을 깊이 이해할 때 그의 설교는 생명력이 있게 된다. 그러므로 설교자는 무엇보다도 성경에 대한 깊은 이해를 추구해야 할뿐 아니라 인간에 대한 이해가 있어야 한다.

나쁜 설교는 성경의 본문과 소통하지 않을 뿐만 아니라 또한 청중들의 구미에 맞추는 설교이다. 청중들을 하나님과 진리 앞으로 인도하기보다는 청중들의 감각적 욕구만을 강화시켜주는 설교이다. 다시 서술하면, 나쁜 설교는 청중들이 하나님의 말씀의 풍성함을 경험하도록 도와주기보다는 돈과 명예와 권력과 같은 감각적인 것에 몰입하게 하게 하는 설교이다. 이러한 설교는 피상적으로는 복음을 말하지만 깊은 이면에는 감각적인 우상을 섬기게 하는 결과를 초래한다.

나쁜 설교는 청중을 위한 설교가 아니라 청중의 구미에 따라 좌우되는 설교이다. 다시 서술하면, 나쁜 설교자는 청중들의 눈치를 보거나 그들의 구미에 따라 메시지의 본질을 왜곡한다. 나쁜 설교는 본문을 존중하기보다는 부유하고 영향력 있는 사람들의 특수한 의견에 민감하게 반응하는 설교를 한다. 나쁜 설교는 청중들이 요구하는 노래의 곡조를 연주해 주는 악사로 전락하는 결과를 낳는다. 하지만 좋은 설교자는 하나님의 모든 경륜을 선포하는 주님의 입의 역할을 맡은 종의 위치를 지킨다.

악한 설교: 본문과 청중을 소외시키는 설교

설교를 통해 다른 사람을 공격하는 설교 유형이다. 이런 설교자는 설교를 통해 청중을 학대하는 것이다. 중요한 것은 하나님의 이름으로 다른 사람을 정죄하는 것이기 때문에 윤리적인 문제가 될 뿐만 아니라 영적인 범죄행위라고 할 수 있다.

엄밀한 의미에서 악한 유형의 설교는 설교라기보다는 영적 학대 행위라고 할 수 있다. 문제는 영적 학대인 악한 설교는 그 자체에 대한 인식의 부재 가운데 종종 발생하기 때문에 더 많은 문제를 초래하게 된다는 것이다. 즉 악한 설교는 설교자가 자신도 모르는 가운데 발생하는 경우가 많다. 영적 학대란 보편적으로 성경과 신학과 교회 전통을 부적절하게 사용하여 잘못된 행위를 누군가에게 강요하는 것과 관련된 것이다.

그러므로 악한 설교는 종종 잘못된 신학과 왜곡된 신념 때문에 발생하기도 한다. 이러한 왜곡된 신학과 신념은 청중들에게 영적 학대로 이어지게 된다. 예를 들면, 돌아가신 아버지나 어머니 장례식에서 우는 것은 잘못된 신앙이라고 말하는 설교하는 경우다. 하지만 이러한 상황에서 슬퍼하는 것은 지극히 신앙적인 행위라고 할 수 있다. 신앙은 단지 기뻐하는 차원과만 관련된 것이 아니기 때문이다. 신앙은 반드시 기쁨의 국면과만 관련된 것이 아니다. 바울은 "즐거워하는 자들과 함께 즐거워하고 우는 자들과 함께 울라"(롬 12:9)고 하였다. 신앙은 애통하는 것과 슬퍼하는 것과도 깊이 관련되어 있다. 슬픈 일을 보고 기뻐하는 것은 지극히 비성경적이기 때문에 오히려 신앙의 특성과 가르침에 반하는 것이라고 할 수 있다. 루이스(Lewis)는 그의 저서 『헤아려본 슬픔』(*A Grief Observed*)에서 이렇게 말한다.

> 죽음으로 인한 이별은 사랑에 관한 인간 경험의 보편적이고 필수적인 일부이다. 결혼이 연애 다음에 오며 가을이 여름에 후행하는 것과 같이 죽음으로 인한 이별은 결혼 다음에 온다. 그것은 과정의 단축이 아니라 그 국면들의 하나이다. 춤의 중단이 아닌 다음 상대자이다.[28]

장례식에서 슬퍼하며 우는 것은 신앙의 반대 국면이 아니라 다른 국면이다. 왜냐하면 신앙은 우리의 기쁨과 슬픔을 유기적으로 발산하게 하는 특성을 가지고 있기 때문이다. 마리아가 예수님께 와서 울면서 당신이 함께 하셨더라면 나의 형제가 죽지 않았을 것이라고 말할 때 예수님은 단 한마디의 말씀도 하지 않으시고 영으로 신음하셨다.

성경은 영적 지도자나 설교자의 영적 학대가 매우 파괴적임을 말한다. 영적 지도자와 설교자는 자신들의 이기적인 목적을 이루기 위해서 하나님과 성경을 앞세워 사람들을 조정하는 경우이다(겔 22:25-28; 갈 6:12-13). 영적 학대는 영적 지도자나 설교자의 영적 학대는 보편적으로 하나님의 말씀을 오용하거나 잘못 적용하고 성령의 역사에 대해 혼란과 왜곡을 불러일으키기 때문에 그 파괴력은 클 수 있다. 이러한 영적 학대는 겉으로 드러나지 않는 경우가 많기 때문에 그리스도인들에게 무시되는 경우가 많다. 하지만 이런 학대를 경험한 사람은 교회 출석과 설교를 듣는 것을 회피할 수 있을 뿐만 아니라 성경 말씀 자체에도 정서적으로 강한 거부감을 느낄 수도 있다.

악한 설교는 성경 본문을 소외시키는 설교일 뿐만 아니라 청중도 소외시킨다. 악한 설교는 성경 본문에 대한 존경심의 부재뿐 아니라 청중에게 씻을 수 없는 상처를 입히는 설교이기 때문에 반드시 피해야 할 설교이다. 어떤 의미에서 이러한 설교는 설교라기보다는 복음을 파괴하는 행위라고 할 수 있다.

〈미주〉

1   F. Russell Mitman, *Worship in the Shape of Scripture*, 20.
2   Michael J. Quicke, *Preaching as Worship: An Integrative Approach to Formation in Your Church* (Grand Rapids: Baker Books, 2011), 32-3.
3   Michael J. Quicke, *Preaching as Worship*, 101.
4   Michael J. Quicke, *Preaching as Worship*, 179.
5   Michael J. Quicke, *Preaching as Worship*, 181.
6   Norma deWaal Malefyt and Howard Vanderwell, *Designing Worship Together: Models And Strategies For Worship Planning* (Maryland: Rowman & Littlefield Pub-

lishers, 2004), 17.
7   Norma deWaal Malefyt and Howard Vanderwell, *Designing Worship Together*, 18-21.
8   Norma deWaal Malefyt and Howard Vanderwell, *Designing Worship Together*, 21-2.
9   Michael J. Quicke, *Preaching as Worship*, 211.
10 Michael J. Quicke, *Preaching as Worship*, 214-15.
11 Michael J. Quicke, *Preaching as Worship*, 215.
12 Michael J. Quicke, *Preaching as Worship*, 215-16.
13 Michael J. Quicke, *Preaching as Worship*, 223.
14 Michael J. Quicke, *Preaching as Worship*, 224.
15 Michael J. Quicke, *Preaching as Worship*, 224-25.
16 Michael J. Quicke, *Preaching as Worship*, 225.
17 Michael J. Quicke, *Preaching as Worship*, 228.
18 Michael J. Quicke, *Preaching as Worship*, 186.
19 Michael J. Quicke, *Preaching as Worship*, 187.
20 Charles Haddon Spurgeon, *Lectures to My Students* (Grand Rapids: Baker Book House, 1977), 341.
21 Charles Haddon Spurgeon, *Lectures to My Students*, 156.
22 Fred Craddock, *Overhearing the Gospel* (Nashville: Abingdon Press, 1978), 133.
23 Thomas G. Long, 『설교자는 증인이다』, 서병채 역 (서울: CLC, 2005), 119.
24 George W. Fluharty & Harold R. Ross, *Public Speaking* (New York: Barnes and Noble, 1981), 38.
25 Fred B. Craddock, *Preaching* (Nashville: Abingdon Press, 1990), 26.
26 Charles Haddon Spurgeon, *New Park Street Pulpit: Sermons Preached by Charles H. Spurgeon*, vol. 38, (Pasadena, Texas: Pilgrim Publication, 1981), 114.
27 Charles Haddon Spurgeon, *Lectures to My Students*, 318.
28 C. S. Lewis, *A Grief Observed* (San Francisco: Harper & Row, 1989), 63.

9

보여진 말씀으로서의 성만찬

성만찬의 발전

 성만찬 또는 주의 만찬은 예수 그리스도께서 십자가에 달리시기 전 날 밤에 만찬을 제정하신 데서 그 기원을 찾을 수가 있다. 예수님 이후에 성만찬을 제일 먼저 언급한 사람은 사도 바울이다. 바울이 A.D. 57 경년에 고린도전서 11장 17-34절에서 성만찬을 처음으로 언급하였다. 누가에 의해 기록된 사도행전 2장 42, 46절과 20장 7절에 언급된 "떡을 떼며"를 초대교회의 성만찬을 의미하는지는 논란이 있다. 사도행전 2장 42절에 언급된 내용은 초대교회의 예배가 식사라는 상황에서 일어난 것이기 때문이다. 여기서 문제가 되는 것은, "떡을 떼는 것"은 유대인의 식사에서처럼 공동식사의 일부분이었다고 보는 사람들이 있는가 하면, 비록 "떡을 떼는 것"이 식사의 상황 가운데 놓여 있음에도 불구하고 일반 식사와는 별개의 행위였다고 보고 주의 만찬을 가리키는 것으로 보는 견해도 있다.

복음서들은 예수님이 제자들과 첫 번째 성만찬을 집행하시면서 그들에게 이후에도 "이를 행하여 나를 기념하라"(눅 22:19)고 말씀하시는 모습을 그리고 있다. 그 후에 예수님의 복음의 터전에 새로 세워진 교회에서 사도들은 복음을 영접하는 자들에게 세례를 주고 함께 "떡을 떼며 오로지 기도하는"(행 2:42)에 전념했다. 바울에게 세례는 그리스도의 몸에 편입되는 것이었다. 그리스도의 몸인 교회는 주님의 몸과 피를 나누는 것 자체가 주님의 죽으심을 그가 오실 때까지 선포하는 일임을 상기시켰다(고전 11:23-26).

세례와 성만찬은 기독교 신앙과 예배의 뿌리를 이룬다. 이 뿌리는 신약시대 이후에도 계속되었다. 2세기의 교회 지침서인 『디다케』(*The Didache*)는 세례와 성만찬에 관한 구체적인 지침을 담고 있다. 세례는 사도의 가르침을 받은 후에 베풀어졌고, 세례받은 자는 성만찬을 통하여 공동체적, 영적 삶을 경험하였다. 그리고 기도하였다. 어거스틴 뿐만 아니라 여러 교부들도 성만찬은 그리스도인에게 영적 성장을 가져다주는 최고의 수단이라고 하였다.

세례와 성만찬은 중세교회에서도 계속되었을 뿐만 아니라 개신교 종교개혁자들의 경우에도 대체로 성례를 그리스도인의 영적 건강을 위한 중요한 요소로 간주했다는 점이다. 루터와 칼빈도 성례를 중요하게 여겼다. 16세기 칼빈주의 신소로 닐리 일려 진 하이델베르그 요리문답에서는 성만찬을 이렇게 설명한다.

> 그것은 믿는 마음으로 그리스도의 모든 고난과 죽으심을 받아들여서 죄 사함과 영생을 얻는 것이요 더 나아가 그리스도 안에 거하시고 또한 우리 안에 거하시는 성령으로 말미암아 그의 거룩한 몸과 더욱더 연합됨으로써, 비록 그리스도께서는 하늘에 계시고 우리는 땅에 있을지라도 우리가 그의 살 중에 살이요 그의 뼈 중에 뼈가 되어, 마치 한 몸의 지체들이 한 영혼으로 말미암아 사는 것처럼 한 성령으로 말미암아 살고 다스림을 받는다는 뜻입니다.[1]

초대교회와 종교개혁자들이 중요하게 인식한 성만찬은 그리스도의 영적 임재를 경험하는 것일 뿐만 아니라 그리스도와 연합된 삶을 위한 행위라고 할 수 있다. 그러므로 성만찬은 순전히 마음이나 정신적 문제만이 아니라 전 인격과 그 인격에 처해 있는 영적, 신체적, 사회적, 역사적 맥락과 관련된 것이라고 할 수 있다. 성만찬은 우리가 머리로만 예배하는 것이 아니라 손과 발과 눈과 혀로 드리는 몸의 예배이기도 하다. 이는 현대 예배가 지나치게 정신적 활동으로 귀결되고 있는 상황에서 성만찬은 삶의 예배로 나아가는데 중요한 정신을 제공해 줄뿐만 아니라 역할을 할 수 있다.

성만찬과 그리스도의 임재

성만찬에서 그리스도의 임재에 대한 견해는 신학적 입장에 따라 네 가지가 있다. 화채설, 공재설, 기념설, 영적 임재설이다. 하지만 크게 성만찬에서 그리스도의 임재에 대한 견해는 세 유형으로 구분될 수 있다. 먼저 화채설과 공재설은 그리스도는 성례에 육체적으로 임재 한다는 견해이다. 다음은 기념설은 그리스도는 성만찬에 임재하지 않는다는 것이다. 마지막으로 영적 임재설은 그리스도는 성만찬에 육체적으로 임재하는 것이 아니라 영적으로 임재 한다는 것이다.

화채설은 로마가톨릭의 입장으로써 예수님께서 "이것이 내 몸이라. 이것이 내 피라"고 하신 것을 문자적으로 받아들인다. 화체설은 신성이 인성 속에 그림자로 비춰지고 있어서 이 세상의 빵과 음료가 성만찬의 식탁에서 예수 그리스도의 실제 살과 실제 피로 변화한다고 이해한다. 즉 성만찬에서 떡과 포도주가 사제의 봉헌 기도 직후에 그리스도의 몸과 피로 변한다고 주장한다. 화채설은 성만찬과 관련된 그리스도의 임재는 신체적이다.

루터는 화채설을 거부하고 공재설을 주장했다. 공재설은 성만찬 때에 그리스도인들은 물질적 요소인 떡과 포도주와 인격적인 요소인 그리스도의 몸과 피를 함께 경험한다는 견해이다. 루터의 공재설은 그리스도께서 빵과 음료 "안에 그 속에, 그 주변에" 함께 임재한다는 견해이다. 즉 루터는 떡과 포도주는 실제로 그리스도의 몸과 피로 변화되는 것이 아니라, 신비적이고 기적적인 방법으로 그리스도의 전인격, 즉 몸과 피가 성례의 요소 속에, 그리고 더불어 임재한다고 보았다. 공재설에서는 그리스도의 임재를 상소적인 것으로 이해한다.

　기념설은 츠빙글리에 의해서 주장되었다. 이 견해는 주님의 만찬은 단순한 표지로써, 그리스도의 속죄의 죽음을 기념하며, 그리스도에 대한 믿는 자의 신뢰를 나타내는 것으로 여긴다. 츠빙글리의 이러한 견해는 로마가톨릭교회가 성례에서 그리스도의 육체적인 임재를 반대한 것에서 나온 측면도 있다. 하지만 성경적 관점에서 볼 때, 성만찬에서 떡과 포도주를 마시는 것은 단지 주님의 죽으심을 기념하는 것으로만 이해되어질 수 없다. 성만찬에 참여하는 것은 진정한 영적 경험을 포함하는 것이 분명하다. 왜냐하면 성만찬에 참여하는 것은 그리스도의 몸과 피에 참여하는 것이며(고전 10:16), 부당하게 참여하는 사람은 그리스도의 몸을 범할 뿐만 아니라 "자기의 죄를 먹고 마시는 것"(고전 11:29)이기 때문이다.

　영적 임재설은 칼빈의 견해이다. 영적 임재설은 성만찬 시에 그리스도께서 신체적으로나 장소적으로 임재하지 않지만, 신자들은 그리스도의 전인을 향유할 수 있다는 견해이다. 다시 서술하면, 그리스도의 몸과 피가 성만찬에 임재하지 않고, 신자가 떡과 포도주를 받을 때 그에게 생명의 감화력이 전달된다는 것이다. 칼빈은 성만찬 때에 그리스도의 임재는 '실효적'(virtual)인 것으로 이해한다. 즉, 그리스도의 임재는 비록 문자적으로 그리스도의 몸과 피가 전혀 현존하지 않지만 그러한 현존으로 말미암아 산출되는 영적 유익은 거의 그대로 누릴 수 있다는 생각이다. 개혁교회와 장로교회는 이러한 견해를 공식 입장으로 삼고 있다.

성만찬의 정신과 기능

 성만찬은 기독교 복음의 정신을 가장 잘 표현해 주는 상징일 뿐만 아니라 하나님의 은혜의 방편이다. "왜냐하면 우리가 하나님을 볼 수 있고, 만질 수 있게 친히 인간의 몸을 입으심으로 당신을 깨뜨리신 고난과 죽음이라는 상징성이 성만찬의 중심에 놓여 있기 때문이다."[2] 성만찬을 통해서 우리는 하나님의 구속의 은혜를 깨달으며 구원하시는 하나님의 능력을 전수받게 된다. 따라서 성만찬은 우리의 믿음과 삶을 강화한다. 성만찬은 그리스도인의 영적 훈련을 위하여 새롭게 인식되고 있다. 교회가 성만찬의 의미를 바르게 인식하고 잘 행하면 성도들의 영적 성장에 귀중한 요소가 될 수 있다. 우리는 성만찬에서 보여진 말씀을 응시하는 시선을 가지고 그 이야기를 묵상하며, 그 이야기 속으로 들어가서 그리스도의 생명에 실제적으로 참여하도록 초청받았기 때문이다.

 보다 더 구체적으로 서술하면, 성만찬은 교제와 선교와 봉사의 의미와 정신을 지니고 있다고 할 수 있다. 먼저, 성만찬은 교제적인 의미를 갖는다. 성만찬 상에서 나누는 교제는 주 예수 그리스도와의 교제일 뿐 아니라 그의 피로 한 식구가 된 형제와 자매들과의 교제로 이끈다. 성만찬을 컴뮤니온(communion)이라고 부르는 것은 성만찬의 교제적 차원을 강조하는 표현이다. 다음은 성만찬은 선교적인 의미를 갖는다. "너희가 이 떡을 먹으며 이 잔을 마실 때마다 주의 죽으심을 오실 때까지 전파하는 것이니라"(고전 11:26). 성만찬은 단순히 과거의 사건으로 기억하는 것이 아니라 주님 오실 때까지 주님의 구원 사건을 전하는 것이다. 때문에 성만찬은 현재의 삶 속에서 재현되어야 할 뿐만 아니라 주님이 오실 때까지 계속적으로 수행되어할 미래적 자원까지 수반된다고 힐 수 있다.

셋째는 성만찬은 희생과 사랑의 정신이 깊이 내재되어 있기 때문에 봉사적 의미를 갖는다. 예수님께서 "이것을 행하여 나를 기념하라"고 하신 말씀 속에는 나눔으로 실천된 희생과 사랑의 정신이 내포되어 있다. 예수님의 성만찬은 나눔의 모본이었다. 예수님의 나눔의 정신은 마지막 만찬에서 절정을 이루었다고 할 수 있다. 기독교 역사에서 성만찬을 통한 나눔의 정신은 초대교회에서 중요하게 실천되었다. 초대교회 성도들은 성만찬 후에 예배에 참석하지 못한 이들을 위해서는 집사를 통해서 음식 일부를 그들에게 보냈을 뿐만 아니라 예배를 통해 모아진 헌물은 고와와 과부들을 돌보는데 사용하였다.[3]

그리스도인들은 떡과 포도주를 먹고 마심으로 그리스도의 십자가의 고난에 참여하고 그리스도의 구원의 은혜를 확인하고 그를 통한 소망을 더욱 든든히 하게 된다. 따라서 성만찬은 성도들의 정체성을 밝혀주고 사명을 불러일으키며 연합과 친교와 나눔의 정신을 고양한다.

성만찬 예전의 정신과 기능은 다음과 같은 용어들을 통해 설명될 수 있다. 아남네시스(anamnesis), 유카리스트(eucharist), 커뮤니온(communion) 등이다.

아남네시스로서의 성만찬

성만찬은 그 속에 구속의 역사에 대한 가르침을 담고 있다. 예수님께서 "이를 행하여 나를 **기념**하라"(고전 11:24-25)고 하신 말씀은 성만찬의 과거 시제를 함축하고 있다. 즉 성만찬은 주님의 죽으심을 기념 또는 기억(remembrance)하는 목적이 있기 때문에 우리의 관심을 과거로 향하게 하는 기능이 있다. 그러나 바울이 우리에게 "너희가 이 떡을 먹으며 이 잔을 마실 때마다 주의 죽으심을 오실 때까지 전하는 것이니라"(고전 11:26)라고 한 것은 성만찬의 현재 시제와 미래 시제를 말한 것이다. 다시 서술하면, 주님의 죽으심은 단순히 과거의 사건이 아니라 우리의 현재의 삶 속에서 계속적으로 그 구원 사건을 재현하는 것이다. 성만찬은 또한 영광과 권능 가운데 돌아오시는 미래의 지평에 우리의 눈을 향하게 한다.

예수님께서 "나를 기억하면서 혹은 기억하기 위하여 이것을 행하라"고 하신 성만찬은 이중의 기억과정을 제시하고 있음을 알 수 있다.[4] 그리스도께서 우리 자신과 세상을 위해 귀중한 몸을 주신 것임을 우리는 분명히 기억해야 한다. 또한 성만찬을 통해 그리스도께서 시작하였고 그 놀라운 구원의 역사가 최종적으로 성취된 그 축복을 새롭게 경험하게 되는 것이다.[5]

성만찬은 분명히 예수님께서 행하신 구원 사건을 '기억'하는 차원을 포함한다. 하지만 여기서 말하는 '기억'은 단순히 주님의 죽으심을 기억하는 정신적 사고의 과정으로만 생각해서는 안 된다. 성경에서 말하는 '기억'하기란 정신적 사고 과정 이상이기 때문이다. 성경에서 '기억'으로 번역되는 헬라어 단어는 '아남네시스'(anamnesis)로서의 과거 사건에 대한 심리적 회상보다 훨씬 더 큰 의미를 담고 있다. 성경에서 사용하는 '아남네시스'와 그 파생어들은 과거의 사건을 하나님 앞에 '다시 불러오기'(recalling) 혹은 '재현하기'(re-presenting)라는 의미로써, 그 결과 그 사건이 현재 여기서 살아 작동하게 되는 것이다. 재현한다는 것은 다시 현존하게 한다는 의미이다. 성경에서 가르치는 "기억이란 과거의 역사적인 사건들에 대한 정보를 단순히 진술하는 것이 아니라, 자기 백성뿐만 아니라 궁극적으로는 온 세상을 구원하시는 하나님의 놀라운 구원의 신비를 현재 재현하고 실행하는 것임을 명심해야 한다."⁶

성만찬에 참여하는 행위는 단순히 예수 그리스도의 죽으심을 기억하는 것만이 아니라 성만찬의 식탁에서 하나님의 구원 사건을 재현하는 것이다. 알렉산더 슈메만(Alexander Schmemann)은 성만찬의 이러한 역할을 다음과 같이 강조한다.

> 이 시점에서 우리는 성경 안에서 특히 하나님에 대한 구약의 가르침에 따르면 기억이란 단어는 피조물에 대한 하나님의 애착과 피조물을 향한 하나님의 섭리하시는 사랑의 능력을 의미한다는 사실을 명심해야 한다. 바로 이 기억 행위를 통해서 하나님은 세상을 붙드시고 그 속에 생명을 주셔서, 결국 세상의 생명은 하나님의 기억 안에서 계속 유지되고 반대로 사망과 파멸은 하나님의 기억에서 떠나는 것이다. 달리 말하자면 기억은 하나님 안에 있는 다른 어떤 것들과 마찬가지로 단순한 관념이 아니라 실제이며, 하나님께서 자신의 기억 속에서 우리에게 베푸시는 것은 바로 생명이다.⁷

분명히 성만찬 참여자들의 기억은 단순한 회상이나 추억이 아니다. 기억으로서의 성만찬은 주님의 구원 사건이 재현되고 드러남으로써 우리의 삶과 세상에 대한 우리의 인식을 변화시킬 뿐만 아니라 예수 그리스도와 연합한 우리의 삶에 영향을 가져다준다.

　나아가 '아남네시스'라는 단어를 깊이 있게 이해하기 위해서는 다시 불러오고 재현하는 작업이 '하나님 앞에서' 이루어져야 한다는 것을 인식하는 것이다. 즉 예수 그리스도의 희생과 승리를 상기하는 주체가 성례에 참여하는 인간만이 아니다. 먼저 하나님이 상기하신다. 구약성경에서 하나님의 기억 활동은 주로 그분의 정신 속에서만 일어나는 동떨어진 사건이 아니다. 그것은 하나님이 이스라엘의 부르짖음과 탄식을 듣고 응답할 때 일어난다. 하나님이 기억하실 때 그분의 응답은 그 선포의 내용을 그대로 이루시는데, 이는 하나님이 말씀으로 하늘과 땅을 창조하시는 것과 같다. 따라서 하나님의 말씀은 수행적 발원의 탁월한 본보기다. 수행적 발언이란 어떤 말을 하면 말하는 행위 그 자체로 그것이 이루어지는 것을 의미한다. 이런 맥락에서 그리스도도 하나님의 말씀으로 일컬어지는데, 그분이 깨어진 창조세계를 구원하는 하나님의 수행적 발언이라는 뜻이다. 성만찬을 통해 우리는 하나님 앞에서 아들을 기억하고, 과거의 구원 사건이 성령에 의해 우리의 모습 가운데서 재현됨으로써 살아 있고 유효한 현재의 사건이 되는 것이다. 아남네시스로서의 성만찬은 단순히 기념의 성격을 담고 있거나, 주님의 몸과 살을 기억하는 것이 아니라 하나님의 임재와 활동에 대한 우리의 반응과 삶과 관계된 것이다.

유카리스트로서의 성만찬

　유카리스트(eucharist)는 성만찬과 관계된 신약의 언어 중의 하나이다.

유카리스트는 '감사'를 뜻하는 헬라어 유카리스테스(eucharistesas)에서 유래했다. 성경에서는 마가복음 14장 22-23절과 고린도전서 11장 24절에서 이 용어를 사용하였다. 마가와 바울은 그리스도께서 행하신 일을 성만찬에서 경축할 이유가 있음을 나타내고 있는 것이다. 유카리스트에서 강조하는 것은 예수 그리스도의 죽음보다는 부활이다. 유카리스트로서의 성만찬은 주님이 죽으셨을 뿐만 아니라 사탄을 영원히 이기시고 승리하셨음을 선포하며 축하하는데 목적을 둔다. 유카리스트로써 성만찬은 감사와 기쁨과 축제에 초점을 둔다. 성만찬은 감사 의식이라는 의미에서 유카리스라고 부르기도 한다. 때문에 성만찬은 감사 의식이기도 하다. 호라티우스 보나르(Horatius Bonar)는 성만찬에 대해서 다음과 같이 시적으로 표현하였다.

> 이것은 축제와 노래의 시간이다.
> 이것은 우리를 위해 진설된 하늘의 식탁이다.
> 여기에서 우리는 축연을 오래 동안 즐기도록 하자.
> 당신과 함께 하는 교제의 아름다운 시간을.[8]

초대교회 성도들은 죽음에서 부활하신 주님을 보았기 때문에 감사와 축제의 성만찬을 하였다. 그들은 즐거운 마음과 큰 감사로 성만찬에 참여하였다. 성만찬에 참여하여 빵과 포도주를 받는 것은 그리스도께서 죽으셨을 뿐만 아니라 살아계심을 상기시키는 행위였기 때문이다. 초대교회 성도들이 축제와 감사의 성만찬으로 지켰다는 것은 인류를 위해 희생제물이 되신 주님의 죽으심을 인식하지 않은 것이 아니라, 주님의 죽음은 부활로 끝난 이야기의 일부분에 지나지 않는다는 것을 알고 있었기 때문이다. 때문에 그들은 성만찬을 단지 주님의 죽음에만 묶어 둘 수 없었다. 이러한 성만찬 행위는 신학적으로 실천적으로 중요한 의미가 있다고 할 수 있다. 하지만 그동안 성만찬은 "부활보다는 주님의 죽음에 집중되었다. 지금까지도 성만찬을 중세적인 시각으로 보고 있기 때문에 부활절에 성만찬을 거행하는 것이 흔한 일이 아니다."[9] 유카리스트로서의 성만찬은 예수 그리스도의 구원의 사건을 과거적인 사건으로만이 아니라 실천적이고 종말론적 의미로 삼기 위해서이다. 다시 서술하면, 유카리스트로써 성만찬의 목적은 하나님이 주님의 공동체인 교회로 하여금 종국에 그리스도를 승리하게 하셨다는 진리를 경축할 수 있도록 하는데 있다.[10]

감사로써 성만찬은 "제자들을 통해 모든 나라에 주신 주님의 교훈"이라는 별칭으로도 불려지는 『디다케』에도 잘 나타나고 있다.[11] 1세기 말이나 2세기 초에 기록된 것으로 알려진 이 『디다케』 9장에 이러한 특징을 담고 있다.

(1) 성만찬 감사 기도(the prayer of thanksgiving; *eucharistia*)에 관해서는 이러한 방식으로 드리도록 하라.
(2) 먼저 잔에 대해서 다음과 같이 기도하라. "우리 아버지, 하나님의 종 다윗의 거룩한 혈통을 통해서 허락하신 은혜에 대해 감사를 드립니다. 하나님의 종 예수 그리스도를 통해 그것을 우리에게 보여주셨나이다. 세세무궁토록 아버지께 영광을 돌리나이다."

(3) 그리고 나누어진 떡에 대해 다음과 같이 기도하라. "우리 아버지, 하나님의 종이신 예수 그리스도를 통해 우리에게 보여주신 생명과 하나님에 대한 지식으로 인해 주님께 감사드립니다. 세세무궁토록 아버지께 영광을 돌리나이다.

(4) 나누어진 떡은 씨앗이 언덕 위에 뿌려지고, 그리고 함께 모여 하나로 모아지듯 주님의 교회가 세상 끝으로부터 주님의 나라 가운데 함께 모아지게 하옵소서. 예수 그리스도를 통해 영광과 권세가 세세무궁토록 아버지의 것이니이다.[12]

『디다케』에서 발견되는 가장 중요한 사실은 그리스도를 통해 행하신 하나님의 전능하신 행동에 대해 찬양과 감사를 올려드린 것이다. 초대교회 성만찬 기도의 양식 중에 가장 초기의 것을 보여주는 이 중요한 자료에서 발견 되는 사항은 네 가지이다.[13] 첫째로는 기독교 감사의 양식이다. 둘째로는 하나님께서는 그분의 전능하신 행동을 기억하는 사람들에 의해서 찬양을 받으시고, 송축을 받으신다는 것이다. 여기서 하나님이 행하신 일에 대한 찬양은 우리가 받은 축복들에 대한 감사일뿐만 아니라 하나님 자신의 신비 가운데서 하나님의 영광에 대해 인식하는 표현이라는 것이다. 세 번째로는 기독교 공동체는 처음부터 찬양과 감사라는 바로 그 행동 가운데 예수님이 행하신 중보적 역할을 포함하고 있었다는 것이다. 넷째로는 모든 탄원과 중보는 찬양과 감사의 종말론적 차원을 드러내는 일부가 되고 있다는 것이다. 즉 성만찬은 과거의 사건을 기억하는 것일 뿐만 아니라 종말론적 특성을 가진다는 것이다.

유카리스트로서의 성만찬을 할 때는 성도들에게 예수님의 부활을 기뻐하고, 감사하며, 죽음을 이기신 승리를 선포하도록 돕는 예배가 될 수 있도록 해야 한다. 예배에 참여하는 사람들로 하여금 성만찬의 기쁨과 감사를 표현할 수 있는 성경 봉독, 설교, 찬송, 기도, 신앙고백 또는 간증, 춤 등이 있어야 한다.

컴뮤니온으로서의 성만찬

성경은 성만찬은 그리스도의 피와 그리스도의 몸으로 하나 된 교제(koinonia)에 참여하는 표현이라고 말한다(고전 10:16-17). 누가는 헬라어 코이노니아(koinonia)란 단어를 사용하여 빵을 떼며 교제하는 것을 강조한다(행 2:42). 바울도 고린도 교인들에게 빵과 잔에 함께 참여하는 것의 중요성을 언급하면서 코이노니아라는 헬라어를 통해 설명한다(고전 10:16-17). 이는 성만찬의 코이노니아적 특성을 말해 준다. 코이노니아는 참여, 나눔, 교제 등으로 번역할 수 있다. 헬라어 코이노니아를 영어로 번역하면 컴뮤니온이다. 칼빈은 성례인 세례와 성만찬을 통해서 성도의 교통의 의미를 설명한다. 그는 성도들은 성만찬을 통해서 그리스도와 한 몸을 이루어 성장하게 되며,[14] 동시에 모든 성도들이 한 몸이 됨을 말하고 있다(고전 10:16-17). 그러므로 성도들은 자신을 내어주시는 그리스도의 몸의 지체들은 서로 돌보아야 함을 강조한다.[15] "컴뮤니온이라는 말이 성만찬을 가리키는 말로 사용될 경우, 이것이 강조하는 것은 공동체의 하나 됨, 즉 성령을 통해서만 가능한 초자연적인 교제이다. 이 의미는 지역교회(local churches)에서 경험하는 교제뿐만 아니라, 보편교회(the church universal)에도 적용된다."[16]

컴뮤니온으로서의 성만찬은 그리스도의 몸을 세우는데 있다. 그리스도의 몸으로써 공동체는 예수님의 희생과 사랑의 통해 형성되는 공동체이다. 예수님의 희생과 사랑은 그의 찢기심과 피 흘리심에서 절정을 이룬다. 그리스도의 공동체가 성만찬을 행하는 것은 희생과 사랑을 통한 공동체를 형성하는데 있다. 그러므로 성만찬의 중심에는 스스로 자신을 낮추시고, 사람들을 위하여 죽음을 당하신 자기 비움(케노시스)이 있을 뿐만 아니라 그것을 통해 스스로 제한하신 사랑이 담겨 있다.[17] 깊은 의미에서 성만찬은 주님이 마련하신 사랑의 잔치에 참여하는 것이라고 할 수 있다. 즉 성만찬은 주님께서 마련하신 사랑의 제사에 참여하는 것이다.

교부들은 이렇게 사랑으로 행해지는 성만찬을 제사(sacrifice)라 부르는 경우가 많았다. 이는 화목 제물이나 공로를 세우는 의미가 아니라 사랑의 제사 또는 감사의 제사라는 뜻이다.[18] 성만찬에서 우리는 소중한 빵과 포도주를 받는다. 성만찬에 참여하는 자들은 함께 빵과 포도주를 나눈다. 식탁에 참여하는 사람들은 계급과 인종, 성, 기타 어떤 특징도 상관하지 않는다. 이런 참여를 통하여 우리는 서로에게 관대하게 사는 법을 연습하는 것이다. 함께 모여 성만찬을 나누면서 공동체는 모든 계급과 사회적 지위를 넘어서 모든 차별이 사라지게 된다.

성만찬은 모두의 유익을 위해 희생의 제사로 우리를 안내한다. 이러한 희생 제사는 사랑의 행위이다. 그러므로 성만찬은 단순히 주님의 죽으심을 기억하는 것이 아니라 사랑의 행위에 참여하는 것이라고 할 수 있다. 어거스틴은 희생 제사로서 성만찬의 심층적 의미를 이렇게 기술하였다. "진정한 희생 제사는 사랑의 행위이다. 그것이 하나님을 사랑하는 것이라면, 우리 자신을 향하든 이웃을 향하든 동일한 사랑의 행위라고 할 수 있다. 그리고 사랑의 행위는 결국 우리를 불행에서 건져 행복으로 이끌어 줄 것이다."[19] 그리고 어거스틴은 "교회의 성만찬이 이것을 가리키는 성례전적 상징이 되기를 바라신다. 교회는 그분을 머리로 삼는 몸으로서 그분을 통해 자신을 드리는 법을 배운다"라고 하였다.[20]

성만찬은 하나님의 자기 주심의 은혜와 사랑을 경험하는 핵심적인 요소이다. 구체적으로 서술하면, 유대교에서도 제사의 핵심은 사람들이 하나님에게 황소와 염소를 드리는데 있는 것이 아니라, 그것을 통해 하나님이 사람들에게 자기 자신을 주신다는 데에 있었다. 물론 지금 우리가 드리는 예배의 중심적 행위인 성만찬에서도 이 점은 더욱 확연히 드러난다. 여기서 주시는 쪽은 하나님이요 우리는 받는 쪽이라는 사실이 명백하게, 심지어 물리적으로도 나타난다.[21]

성만찬은 지금까지 한국교회에서 이해해 왔던 주님의 죽으심을 기억하고 기념하는 차원을 넘어서 심층적 삶의 의미가 있다고 할 수 있다. 그것은 성만찬은 감사, 희생, 사랑의 제사로 요약될 수 있다. 로드니 클랩(Rodney Clapp)은 성만찬의 깊은 삶의 의미를 다음과 같이 설명하였다.

> 성만찬 의식은 일종의 사랑의 연습이다. 하나님을 위한 사랑의 행위는 최상의 기독교적 의미에서 하나의 희생의 제사라고 할 수 있다. 성만찬은 하나님이 의도하신 세상의 참 모습이 무엇인지 보여준다. 그것은 함께 나눔으로써 모두가 풍성하고 충만한 삶을 배로 누리는 그런 세계로서, 가정에서 둘째가 태어나면 한 아이에게 집중되었던 부모의 사랑이 얕아지는 것이 아니

라 오히려 더 많이 흘러나오는 것과 같다. 그리고 성만찬은 하나님의 관대함만 보여주는 것이 아니다. 그보다 더 중요한 것은, 성만찬이 '과거에 멋지게 창조되었고, 이제는 예수 그리스도 안에서 더 멋지게 회복된' 세계로 우리를 편입시킨다는 것이다.[22]

성만찬은 하나님과 그리스도인들의 인격적인 교제를 심화시키는 방편이다. 성만찬은 이를 통해 하나님뿐만 아니라 그리스도인들이 서로 관심을 가지고 살아가도록 주어진 것이다. 우리는 단순히 하나님과 교제하기 위해서 모여 성만찬을 하는 것이 아니라 우리 구주이며 주인이신 그리스도 안에서 같이 참여하는 표시로 서로를 섬기기 위해 모여 행하는 것이다. 그러므로 성만찬을 통해 그리스도의 몸으로서 서로에게 헌신하는 모습이 드러나야 한다. 현대 교회 안에서는 성만찬의 이러한 '수평적인' 의미가 축소될 때가 많다. 성만찬을 통해 믿음의 지체들을 환영하고 섬기는 책임을 소홀히 하는 사람은 하나님께 합당한 예배를 드릴 수 없다고 할 수 있다.

성만찬의 이러한 공동체성과 사회성은 '홀론'(holon)이란 개념으로 설명 될 수 있다.[23] '홀'이라는 단어는 '전체'라는 뜻의 그리스어에서 온 말로, 자신을 포함해서 수없이 많은 상호관계를 맺고 있는 부분들을 포괄하는 유기체를 의미한다. 전체와 부분의 관계는 유기체적으로 작동된다는 것이다. 적용하여 서술하면, 성만찬의 선물을 통해서 우리는 그리스도의 신비한 육체의 더 '큰 홀론' 안에 존재하는 '홀론들'이 된다. 즉 우리 각자는 자신 안에 신적 변혁의 전체 프로그램을 갖게 된다. 신비로운 몸의 각 세포에 내주하시는 성령은 우리가 그리스도의 정신과 마음으로 하나님 나라에 전적으로 참여하도록 변화될 필요가 있는 모든 영적 은사들을 우리의 곳곳에 두신다. 하나님 나라는 단지 지정학적 조직이나 물리적인 지역이 아니다. 그것은 예수께서 말씀으로 육신을 만들 때 즐겼던 의식의 상태도 포함한다. 초자연적인 조직과 그 모든 면들은 우리 안에서 동시에 성장한다. 하나가 성장하면 다른 모든 것들도 성장한다. 로버트 웨버는 성만찬의 공동체적이고 유기체적 특성과 사회성을 이렇게 말한다. "성만찬 예식은 온 세상을 구원하시는 하나님의 구원 사역을 선포할 뿐만 아니라, 거꾸로 예수 그리스도 안에서 변화된 세상을 하나님께 봉헌한다."[24] 그는 계속해서 이렇게 선언한다. "성만찬의 빵과 음료는 온 세상을 향한 하나님의 목적을 분명히 보여준다. 그리스도의 희생과 속죄 사역은 그 희생 사건으로 끝나지 않고 하나님의 새로운 피조물로서의 교회가 생겨나도록 계획되었다. 또한 교회가 경축하는 성만찬은 온 세상을 향하여 하나님이 정하신 궁극적인 결말을 미리 선포한다. 성만찬의 빵과 음료 안에서 우리는 세상의 모든 암흑의 권세가 무너지고 하늘과 땅이 하나가 되며 보이는 것과 보이지 않는 것들이 하나가 되며 이 세상이 새 하늘과 새 땅으로 온전히 변화하는 영광스러운 날을 미리 바라본다."[25]

성만찬의 아남네시스, 유카리스트, 컴뮤니온의 유형들을 어떻게 시행할지는 그날의 봉독된 성경과 설교 본문과 교회력을 고려하여 시행하는 것이 좋다. 봉독된 성경과 설교의 목표는 대부분 성만찬으로 가는 논리적인 길을 나타내주기 때문이다. 교회력의 어느 절기에 있는지가 성만찬에 어떻게 접근할지를 결정하는 데 많은 도움이 되기 때문이다. 아남네시스로서의 성만찬은 엄숙한 절기인 사순절 기간과 고난주간에 적합하고, 유카리스트로서의 성만찬은 특별히 부활절에 적합하고, 컴뮤니온으로서의 성만찬은 오순절 기간과 절기가 아닌 기간에 적합하다고 할 수 있다.

성만찬의 횟수와 방법

종교개혁자들은 초대교회 예배의 말씀과 성례의 2중 구조로 되돌아가려는 열망을 가지고 있었다. 하지만 그 당시 가장 영향력이 컸던 츠빙글리는 말씀에만 강조점을 두었다. 이 같은 츠빙글리의 견해는 개혁주의 교회의 전통 안에서 가장 큰 영향을 행사하였다. 즉, 츠빙글리는 설교중심의 예배를 중요하게 여기면서 일 년에 성만찬을 4회로 제한하는 데 강력한 영향력을 끼쳤다. 칼빈은 초대교회의 예배의 형태와 정신에 기초하여 말씀과 성례를 통해서 그리스도의 죽음과 부활과 재림을 선포하는 예배의 2중 구조를 유지하기를 소망했다. 하지만 당시 츠빙글리의 강한 영향을 받은 행정관들이 칼빈이 원하는 대로 매 주일 성찬을 거행하는 것을 허락하지 않고 츠빙글리의 견해에 동조했다.

칼빈은 성만찬의 중요성을 강조했다. 칼빈은 성만찬식의 매주 실시를 주장했지만 성공을 거두지 못했다. 칼빈은 제네바에서 적어도 한 주에 한 번은 성만찬 시행을 간절히 바랬지만, 중세 서방교회의 성만찬 중심의 예배에 대한 비판의 물결이 거센 상황에서, 그의 뜻은 이루어지지 못하고 츠빙글리가 제안한 연 4회의 성만찬을 시행하였다. 그러나 그는 가능하다면 매달 행하라고 하였다.[26] 대부분의 개혁교회의 전통에 영향을 교회들이 일 년에 4회 성만찬을 시행하는 것은 츠빙글리의 영향이 크다고 할 수 있다.

특히 신개신교인들(New Protestants)은 로마가톨릭의 남용적인 성만찬에 반대하면서 성만찬에 대해 회의적인 반응을 보였다. 그들도 성만찬을 연 4회로 제한하고 성만찬에 대한 정확한 개념을 상세하게 문서화하였다.[27] 이 같은 영향력은 영국청교도들을 통해서 침례교, 장로교, 회중교회, 독립교회로 퍼져 나갔다. 결국은 이들을 통해서 대부분의 미국개신교로까지 확산되게 되었다. 대부분의 한국교회들이 일 년에 2회나 4회만 성만찬을 시행하는 것은 미국의 청교도들의 성만찬 전통과 밀접하게 관계있다고 할 수 있다.

하지만 현대 유럽의 대부분의 개신교회들은 한 달에 한번은 반드시 성만찬을 시행한다. 영국의 경우에도 성공회, 감리교회, 침례교회, 연합개혁교회 등의 예배에서는 적어도 한 달에 한 번은 성만찬을 반드시 시행한다. 한국교회의 대부분의 교회들은 설교 중심 예배를 지향하고 있지만 성만찬 예전도 중요하게 여기고 한 달에 한 번 정도는 시행하는 것이 필요하다.

성만찬에서 참여자들이 앞에 있는 단으로 나가 무릎을 꿇고 떡과 잔을 받는 것을 반대했던 사람은 존 낙스(John Knox, 1505-1572)였다. 그는 성만찬 때 무릎을 꿇음으로 인해 떡과 포도주를 숭배하는 것으로 여기고 반대하였다.[28] 그러나 대부분의 개신교 전통의 교회들에서는 자리에 앉아 떡과 잔을 받지만 앞에 나가 무릎을 꿇고 받는 교회도 있다. 예를 들면, 1662년과 19세기의 미국의 감리교 의식에서는 이와 같은 형태가

나타났다.²⁹

　대부분의 한국의 개신교회에서는 성만찬 때 떡과 잔을 나누는 성만찬 위원을 장로들과 안수집사들로 제한하는 경향이 있지만, 이는 시정되어야 할 필요가 있다. 영국의 침례교회, 성공회, 감리교회, 연합개혁교회 등은 남녀 차별 없이 성만찬 위원으로 참여하고 있다. 여성들의 성만찬 위원 참여를 제한하는 것은 바람직한 것이 아니다. 이는 역사적으로 잘못된 관습을 계속적으로 유지하는 것일 뿐만 아니라 성경적으로도 지지를 받기가 어렵다.

　성만찬 때 흰 장갑을 착용하는 것은 선택의 문제이지 진리의 문제는 아니다. 대부분의 한국교회에서는 성만찬 때 흰 장갑을 착용하는 경향이 있다. 이러한 문화가 형성하게 된 배경은 일본 문화의 영향이라고 전해지기도 한다. 한국에 기독교 복음이 본격적으로 전해지고 교회가 형성될 때 일본은 사실상 우리나라를 지배하고 있던 시기였다. 일본 사람들의 의식 가운데는 모든 식전(式典)에는 흰 장갑을 착용하는 문화가 있었다. 이런 일본의 문화의 영향을 받아 한국 사람들이 어떤 행사나 의식에서 흰 장갑을 착용하게 되었다는 견해가 있다. 한국교회도 이런 문화의 영향을 받아 또는 수용하여 성례전이나 그 밖의 교회의 의식에서 흰 장갑을 사용하게 되었다는 견해가 있다.

　성만찬에서 성만찬 위원들이 흰 장갑을 착용하는 것은 세계 기독교 역사에서 형성된 것은 아니다. 한국교회를 제외한 대부분의 세계교회에서는 성만찬 때 결코 흰 장갑을 착용하지 않는다. 때문에 한국교회에서 성만찬식과 같은 의식에서 흰 장갑을 착용하는 것을 반드시 금할 필요는 없지만, 착용하지 않는 것에 대해서 왜곡되거나 잘못된 해석을 해서는 안 된다. 성만찬에서 흰 장갑의 착용의 문제는 선택의 문제이기 때문이다.

〈미주〉

1   Zacharias Ursinus, 『하이델베르크 요리문답해설』, 원광연 옮김 (고양: 크리스챤다이제스트, 2006), 616.
2   Don E. Saliers, 『거룩한 예배』, 109.
3   "The First Apology of Justin," *the Martyr in Early Christian Father*, ed., Cyril C. Richardson (Philadelphia: Westminster Press, 1953), 287.
4   Don E. Saliers, 『거룩한 예배』, 108.
5   Don E. Saliers, 『거룩한 예배』, 108.
6   Robert E. Webber, 『예배학』, 61.
7   Alexander Schmemann, *The Eucharist: Sacrament of the Kingdom* (New York: St. Vladimir's Press, 1988), 125.
8   Richard Philips, "주님의 만찬," in Phillip Graham Ryken, Derek W. H. Thomas, Ligon Duncan III, 『개혁주의 예배학』, 354에서 인용.
9   James F. Whites, 『개신교 예배』, 122.
10 기독교 예배 문서상 최초의 성찬 기도문으로 217년경 문서로 알려진 히폴리투스의 『사도전승』(*Apostolic Tradition*)에 있는 성찬기도문이다. "오 하나님, 당신의 사랑하는 자녀, 예수 그리스도를 인하여 당신께 감사드리나이다. 마지막 때에 구주와 속량자와 당신의 뜻의 천사로 우리에게 보내셨나이다. 그는 당신과 분리될 수 없는 말씀이며, 그를 통하여 당신은 만유를 지으셨으며 그 안에서 기뻐하셨나이다. 당신은 그를 하늘로부터 동정녀의 태로 보내시었고 태에 잉태되어 육체를 입으시고 당신의 아들로 명시되었고, 성령과 동정녀로부터 나셨나이다. 당신의 뜻을 이루시고 당신께 거룩한 백성을 바치려고 고난 받아야 할 때에 손을 펴시어 당신을 믿는 사람들을 고통에서 자유하게 하셨나이다. 또한 그가 사망을 멸하고 악의 피를 끊고 지옥을 짓밟고 의로운 자에게

빛을 비추시고 규례를 세우시고 부활을 증명하신 고난에 스스로를 넘겨지셨을 때 그는 떡을 가지사 당신께 감사하며 말씀하셨습니다. '받아먹으라. 이것은 너희를 위해 찢기는 나의 몸이다.' 이와 같이 또한 잔을 가지고 말씀하셨습니다. '이것은 너희를 위해 흘리는 나의 피다.' '이것을 행할 때에 나를 기념하라.' 그러므로 그의 죽음과 부활을 기억하면서 우리가 당신께 떡과 잔을 드리며 또 우리를 당신 앞에 서서 봉사하기에 합당하도록 우리를 여기셨기에 당신께 감사를 드립니다. 또한 당신의 거룩한 성령을 당신의 거룩한 교회의 봉헌물 위에 보내시어 교회로 하여금 하나 되게 하시고, 성물을 받는 사람들이 진리에 대한 믿음의 강화를 위해 참여토록 하시며, 우리가 당신의 자녀 예수 그리스도를 통하여 영광과 존귀가 당신께 있어지기를 성령과 더불어 당신의 거룩한 교회 안에서 지금부터 영원하기를 간구하나이다. 아멘."

11 성만찬에서 드리는 감사기도를 대감사기도라고 하는데, 대감사(The great thanksgiving)기도의 뿌리는 식사에서 떡과 포도주를 나누며, 축복기도를 하였던 유대인 식사 관습에서 유래한 것이다. 유대인 식사에서처럼, 사제가 회중들에게 먼저 "주님이 당신과 함께"라는 전통적인 인사로 기도가 시작하며, 계속해서 사제는 그들에게 "당신의 마음을 주님께 드높이십시오"라고 말하면, 그에 대한 응답으로 회중들은 "우리의 마음을 주님께로 드립니다"라고 한다. 아니면 사제는 "우리 주님께 감사드립시다" 또는 "우리의 주되신 하나님께 감사를 드립시다"라고 말할 때, 회중들은 "그렇게 하는 것이 옳습니다" 또는 "그렇게 감사 찬양을 드리는 것이 합당합니다"라고 응답한다.

12 Willy Rodorf et al., *The Eucharist of the early Christian* (New York: Pueblo Publishing, 1987), 2.

13 Don E. Saliers, 『거룩한 예배』, 161–63.

14 John Calvin, *Institutes of the Christian Religion*, 429–30.

15 John Calvin, *Institutes of the Christian Religion*, 496–97.

16 Constance M. Cherry, *The Worship Architect: A Blueprint for Designing Culturally Relevant and Biblically Faithful Services* (Grand Rapids: Baker Academic, 2010), 89.

17 Don E. Saliers, 『거룩한 예배』, 109–10.

18 Zacharias Ursinus, 『하이델베르크 요리문답해설』, 610.

19 Rodney Clapp, 『사람을 위한 영성』, 148에서 인용.
20 Rodney Clapp, 『사람을 위한 영성』, 148에서 인용.
21 C. S. Lewis, 『시편 사색』, 이종태 옮김 (서울: 홍성사, 2014), 133.
22 Rodney Clapp, 『사람을 위한 영성』, 148.
23 헝가리 출신의 작가이자 철학자요 물리학자였던 아서 케슬러(A. Koestler)는 '홀론'(holon)이란 용어는 구체화시켰다. 홀론은 통전적인 개념으로써 전체(holos)와 부분(-on)을 설명하기 위해 그가 창안해낸 용어이다.
24 Robert E. Webber, 『예배학』, 198.
25 Robert E. Webber, 『예배학』, 198.
26 James F. White, 『개신교 예배』, 105.
27 James A. De Jong, 『개혁주의 예배』, 170.
28 James F. White, 『개신교 예배』, 111.
29 James F. White, 『개신교 예배』, 111.

10

말씀 예전으로서의 기도

기도의 법으로서의 예배

기도는 기독교 예배의 가장 독특한 특징이다. 초대교회 때 형성된 중요한 경구가 있다. 바로 "기도의 법이 곧 믿음의 법이다"(*lex orandi lex credendi*)라는 경구다. 이 경구는 5세기의 수도사 아퀴테인의 프로스퍼(Prosper of Aquitaine)가 말한 것이다.[1] 이 경구는 믿음의 법과 예배의 법을 형성해 왔다. 예배를 하나님의 계시와 우리의 응답으로 이해하는 것을 우리의 정의로 삼는다면 기도는 예배 중의 예배라고 할 수 있다. 기독교 역사에서 기도는 하나님과 대화에서 가장 핵심적인 위치를 유지해 왔기 때문이다. 기도의 법이 곧 예배의 법이라고도 할 수 있다. 우리가 어떻게 기도하는가에 따라 우리의 예배의 방식이 형성된다고 할 수 있다. 예배의 많은 종류의 기도는 예배의 특성을 형성하는 역할을 한다.

콘스턴스 체리(Constance Cherry)는 찬송과 설교에 주어진 시간이 늘어나면서 다른 순서들이 빠져 나갔는데, 가장 대표적인 것이 기도와 성경 낭독이라고 하였다.[2] 체리의 관점은 정당한 관점이라고 할 수 있다. 현대 예배에서 다른 예배 요소에 비해 장시간의 찬송과 설교에 많은 시간을 할애하는 경향이 있다. 하지만 성경 낭독 시간은 거의 없거나 기도의 시간도 상대적으로 작다. 이러한 예배의 경향이 고착화 될 경우 찬송을 통한 카타르시적인 예배와 설교를 통해 말씀을 지적으로 듣는 지성주의적인 예배 문화가 형성될 수 있다.

예수님은 아버지의 집은 "기도하는 집"(마 21:13)이라고 하였다. 초대교회부터 기도는 예배의 중요한 한 요소였다. 기독교 예배의 가장 독특한 특징은 기도라고 할 수 있다. 어떤 의미에서 예배는 설교를 단지 듣는 시간이라기보다는 하나님과 대화인 기도하는 시간이라고도 할 수 있다. 기도는 예배의 이차적인 요소가 아니라 일차적인 요소이다. 예배는 우리가 기도하는 법을 배우는 것과 관련되기 때문이다.[3]

예배 기도의 언어

예배는 우리가 사용하는 언어를 통해 드러난다. 예배 가운데 드러지는 기도의 언어는 하나님 앞에서 우리를 형성한다. 즉 예배 가운데서 발견되는 기도의 독특한 언어는 하나님 앞에서 가장 근본적인 우리의 모습 가운데 우리를 형성하는 시간 가운데 서 있게 된다. 그러므로 예배에서 드러나는 우리의 기도의 언어는 하나님 앞에서 우리가 어떠한 존재인지를 알려준다. 예배에서 우리의 기도의 언어는 하나님의 마음(ethos)과 세상을 향한 열정(pathos)으로 드러나야 한다. 예배와 관련하여 기도의 4가지 기본적인 언어는 기억, 감사, 사랑, 축복의 언어로 요약될 수 있다.

기억의 언어

예배는 하나님께서 우리를 위해 행하신 구원의 이야기를 기억하는 행위이다. 예배는 본질적으로 하나님의 구원과 인도하심에 대한 기억과 관계된 행위이다. 우리를 위해 하나님이 인간이 되신 것을 기억할 수 있을 때, 우리는 진정으로 하나님께 예배할 수 있다. 하나님은 이스라엘 백성들에게 "너희는 애굽에서 종 되었던 것을 기억하고 이 규례를 지키라"(출 16: 12)고 하였다. 기도 또한 단지 간구가 아니라 하나님의 은혜를 기억하는 것이다.

성경에는 기억의 언어와 관계되어 아주 중요한 특징이 나타난다. 그것은 과거 하나님의 구원에 관한 기억 속에서 예배와 윤리를 하나로 결합시킨다는 점이다(신 6:20-25; 벧전 2:9-12).[4] 이런 맥락에서 기억은 하나님의 구원을 기억하라는 의미이기도 하지만 하나님을 잊고 살았던 삶을 고백하고, 사랑과 정의를 위한 능력이 부족했음을 상기시키는 의미라고도 할 수 있다.

기억은 과거의 사건에 대한 단순한 회상이나 추억이 아니다. 기억이란 단순히 과거의 역사적인 사건들에 대한 것이 아니라 자기 백성뿐만 아니라 궁극적으로는 온 세상을 구원하시는 하나님의 놀라운 구원의 신비를 현재 다시금 재현하고 실행하는 것이다.[5] 그러므로 기억은 "과거에 있었던 하나님의 구원 사역을 기억하고 온 피조계를 다스릴 하나님의 통치를 소망하며, 사람과 공동체 그리고 온 세상을 그분의 이야기로 변화시키도록 현재 이 순간 예수 그리스도의 이름으로 모인 자리에서 하나님의 과거와 하나님의 미래를 그대로 실행하는 것이다."[6]

기억은 하나님께서 과거에 무엇을 행하셨고, 지금 어떻게 행하시고 계시며, 미래에 우리를 위해 어떤 분이 되실 것인지에 대한 약속을 수반한다. 예배에서 이러한 기억이 재현되고 드러남으로써 삶과 세상에 대한 우리의 인식을 철저하게 변화시키고 우리의 삶에 능력을 공급해 주며 예수 그리스도와 연합한 우리의 삶에 필연적이면서도 심원한 영향을 가져다준다. 이러한 의미의 기억에 우리의 기도의 언어가 기초하여 이루어져야 한다.

감사의 언어

두 번째 기도의 언어는 '**감사의 언어**'이다. 예배는 감사를 배우는 학교요 열린 마음으로 하나님 앞에 서는 시간이다. 1세기 말이나 2세기 초에 기록 된 열두 사도의 교훈집인『디다케』는 예배 가운데 감사 기도의 특징이 잘 드러난다.

> 우리의 아버지 하나님, 다윗의 거룩한 혈통을 통해 당신의 종 예수 그리스도를 우리 가운데 보내 주신 것에 대해 감사를 드립니다. 모든 세대를 통해 하나님의 이름이 영광을 받으시옵소서. 우리의 아버지 하나님, 당신의 아들 예수 그리스도를 통하여 우리에게 허락하신 생명과 하늘의 지식으로 인해 감사를 드립니다. 영원토록 영광을 받으시옵소서.[7]

감사 기도는 예배에서 가장 본질적인 특성을 이룬다고 할 수 있다. 시편 기자는 "감사로 제사를 드리는 자가 나를 영화롭게 하나니"(시 50: 23)라고 하였다. 우리는 예배를 통해 감사를 드리며 감사의 언어를 배우게 된다. 예배는 감사를 잃어버린 사람들에게 감사를 회복하게 하고 감사를 배우게 한다. 인간은 감사가 없을 때 내적으로 병들게 된다. 감사 기도는 내적으로 병든 마음과 하나님으로부터 멀어지게 하는 모든 것으로부터 우리를 보호해 준다. 감사 기도가 없는 예배는 진정한 예배가 아니다. 예배는 하나님의 사랑과 은혜에 응답하는 시간이기 때문이다. 감사할 줄 아는 사람과 공동체는 그렇지 못한 사람과 공동체와는 질적으로 다른 예배를 드릴 수 있다.

예배는 감사 기도로 충만해야 한다. 그러나 우리가 점검해야 할 것이 있다. 그것은 오직 하나님께서 우리에게 주신 축복에 대해서만 하나님께 감사를 드리는 것으로 은혜와 감사의 언어를 왜곡할 수 있기 때문이다. 감사의 언어가 왜곡되어 잘못 이해되게 된다면 우리 시대 가운데 내재되어 있는 불안, 자괴감, 죄책감, 타인이나 이웃에 대한 혐오감 등과 같은 복합적인 사회 현실에 대해서 외면할 수 있게 된다. 이러한 현실의 한복판에서 감사를 드리지 못하게 될 때 모두를 향해 열린 사랑을 가진 인간성을 표현하고 유지하는 공동체적 치유적 언어를 상실하게 된다. 단 샐리어즈는 기독교적 감사의 특징에 대해 다음과 같이 설명한다.

> 단지 하나님께서 허락하신 모든 축복에 대해 개인적인 차원에서 드리는 감사 정도로 단순화해서는 안 된다. 오히려 감사는 하나님이 우리에게 넘치도록 부어주신 것을 삶의 원천으로 고백하는 인간적 성숙함을 통해 우리를 하나님께 완전히 개방하는 것이다. 그러므로 그것이 개인적인 것이든, 공동으로 드리는 것이든 간에 감사가 없이는 우리는 결코 하나님의 세계를 볼 수 없다. 우리가 어떤 의미에서건 감사라는 단어를 통해 하나님을 알고 있다고 한다면 그것은 복잡한 삶의 현장에서 기쁨과 감사로 응답할 수 있는 마음을 가지고 있기 때문일 것이다.[8]

세상의 조건과 환경에 기초를 둔 감사가 아니라 하나님의 자기 주심과 사랑에 기초를 둔 감사는 하나님의 첫 번째 선물인 '창조'와 그분의 궁극적인 선물인 '구속'이라는 관점에서 삶을 새롭게 보는 시각과 언어를 갖게 된다. 이러한 감사는 '환경'과 '행위'에 기초를 둔 감사가 아니라 '존재'와 '선물'에 기초하여 형성된 감사라고 할 수 있다. 때문에 우리의 존재 자체가 감사의 이유가 되는 것이다. 존재를 통한 감사는 환경을 넘어서기 때문에 범사에 감사하게 된다. 이러한 감사의 시각과 언어를 가지고 있었던 바울은 하나님의 은혜와 축복뿐만 아니라 모든 현실과 상황 속에서도 감사할 수 있었다. 그가 직면한 환경과 세상은 감사하지 않을 이유가 충분히 있었다. 그의 고난의 목록은 한이 없었기 때문이다. 하지만 그가 큰 고통과 약함 가운데서도 범사에 감사할 수 있었던 것은 예수님의 자기 주심이란 '구속'에 기초한 감사가 있었기 때문이다.

사랑의 언어

세 번째 기도의 언어는 '사랑의 언어'이다. 예배는 사랑 안에서 진리를 말하기 위해 함께 나아가는 법을 배우는 장이다. 예배는 우리가 사랑 안에서 하나님의 말씀을 경청하고, 우리 자신의 이기적인 욕망과 싸우는 시간이기도 하다. 하나님의 사랑이 지향하는 방향을 따라 우리 삶을 고쳐 나아가는 것을 요청받게 된다. 다른 사람과 우리의 삶 자체 안에서 하나님의 사랑을 보고 나누는 시간이다. 때문에 우리가 예배를 통해 사랑의 언어를 배우지 못하고, 서로 사랑하는 삶을 형성하지 못한다면 우리가 드리는 예배도 죄가 될 것이다.

예배의 근원은 하나님의 사랑에 기초한다. 하나님의 사랑을 알지 못하면 하나님을 진실로 예배할 수 없다. 사랑의 언어가 예배 안에서 부재하거나 상실되면 하나님을 사랑하는 예배가 될 수 없다. 그리하여 바울에게 있어서 하나님에 대한 앎 또는 사랑은 사랑의 관계 속에 근거를 두고 있고 다른 사람에 대한 사랑의 섬김을 낳게 한다. 요한복음과 요한서신들은 "여호와를 안다는 것"이 의미하는 바에 대하여 가장 풍부한 이해를 나타내 준다. 요한에게 있어서 "여호와를 아는 것"은 사랑하고 복종하고 믿는 것이다. 요한은 "사랑하지 아니하는 자는 하나님을 알지 못한다"고 말한다(요일 4:8). 하나님을 알지 못하는 사람은 진정으로 하나님을 예배할 수 없다. 요한의 진술은 지식과 사랑의 관계 뿐만 아니라 예배와 사랑도 언제나 함께 성장하고 한 쌍을 이룬다는 것을 가르쳐준다.

예수님은 바로 자기 자신과 아버지 사이에 있는 사랑 때문에 "아버지께서 나를 아시고 내가 아버지를 안다"(요10:15)고 말할 수 있었다. 동일한 앎이 예수님과 그의 제자들뿐만 아니라 하나님과 우리들 사이에서도 존재한다(요 10:14, 27). 그러나 이 사랑함과 앎의 동시성에 대한 인식은 이웃에 대한 사랑의 섬김 속에서 표현된다. 그러므로 "하나님을 사랑하는 자는 또한 그 형제를 사랑해야만 한다"(요일 4:21). 이웃에 대한 사랑의 행위들은 하나님에 의해 사랑받고 있다는 깨달음에서 생기고 또 그 깨달음을 나타내는 것이다. 요한은 "사랑하는 자들아, 하나님이 우리를 이같이 사랑하셨은즉 우리도 서로 사랑하는 것이 마땅하도다"(요일 4:11; 요 13:34; 15:12)라고 하였다. 요한에게 있어서 하나님을 안다는 것은 하나님과의 사랑의 관계 속에 거하는 것이요, 그 사랑을 깨닫고 우리 이웃에 대한 사랑을 통하여 거기에 응답하는 것이다. 같은 맥락에서 하나님을 예배한다는 것은 하나님과 사랑의 관계 속에서 거하는 것이다.

하나님은 우리의 모든 것을 들으시고 품을 수 있는 분이시다. 하나님 앞에서 우리가 고백하는 어떤 것도 너무 강하거나 너무 추한 것이어서 그분을 거슬리게 할 수는 없다. 하나님의 이러한 사랑의 성품을 알지 못하면 우리는 진정으로 하나님을 예배할 수 없다. 그러므로 예배는 우리를 치유하시고, 위로하시며, 화해시키시고, 깨닫게 하시는 하나님의 역사하시는 그 현장으로 우리 실재 삶을 가지고 나아올 것을 요청하신다. 그러므로 하나님의 사랑의 장으로 나아가는 것 그 자체가 바로 예배이다. 예배는 사랑의 언어를 배우는 장이라고 할 수 있다. 때문에 예배에서 기도의 언어는 사랑의 언어여야 한다.

축복의 언어

네 번째 기도의 언어는 '**축복의 언어**'이다. 예배의 언어는 온 세상을 위하여 하나님의 이름으로 축복해야 한다. 축복의 언어로 세상을 위해 기도해야 한다. 기도의 언어는 하나님을 찬양하고 회중과 세상을 축복하는 언어여야 한다. 하나님은 사랑하는 자들에게 '복 주시는' 또는 '생명을 주시는' 분이시기 때문이다. 노아가 홍수 후에 드렸던 기도, 즉 "여호와는 복되시다"라는 기도는 인간과 하나님의 관계만큼이나 오래된 것이다. 축복하며 기도하는 언어는 구약성경 전체에 걸쳐 나타난다. 신약시대에 매우 중요한 역할을 했던 바울도 하나님이 자기 백성에게 베푸시는 사랑과 신실하심을 찬미하는 기도를 많이 사용했다. 바울이 "찬송하리로다. 하나님 곧 우리 주 예수 그리스도의 아버지께서 그리스도 안에서 하늘에 속한 모든 신령한 복으로 우리에게 복주시되"라고 한 것은, 그가 하나님이 자신의 기도를 듣고 응답하신다는 사실을 그토록 확신했던 이유이다. 바울은 자기 백성에게 복을 주시는 하나님의 성품을 확신했다. 그러므로 바울은 하나님의 부르심을 받은 사람들은 어떠한 상황 가운데서도 "복을 빌라 이를 위하여 너희가 부르심을 입었나니 이는 복을 유업으로 받게 하려 하심이라"(벧전 3:9)고 말한다. 바울은 자기 백성에게 복을 주시는 하나님의 성품을 확신하고 있었듯이 우리도 이러한 확신 가운데 하나님께 나아가야 한다.

특히 예배에서 중보 기도의 언어는 축복의 언어로 가득해야 한다. 세계와 민족과 교회와 지역 사회와 자녀들과 고통 받는 사람들을 위해 축복의 언어로 기도해야 한다. 우리의 예배 기도 언어의 양태는 모든 백성에게 '복을 주시는' 하나님의 은혜와 사랑에 뿌리를 두어야 한다. 성경에 나타나 있는 '축복의 언어들'은 우리의 기도생활과 예배생활을 풍성하게 해준다.

예배 기도 유형[9]

기원 기도

기원이란 말은 라틴어 '인보카레'(*invocare*)에서 유래한 것으로 '부르다' 혹은 '호소하다'는 뜻이다. 기원 기도(prayer of invocation)는 하나님의 임재를 호소하는 기도이다. 정확히 말하면, 하나님의 임재를 고백하고 받아들이는 기도이다. 왜냐하면 하나님은 예배하는 공동체에 이미 임재해 계시기 때문이다(마 18:20). 때문에 기원 기도는 하나님께 영광을 찬양하고 하나님의 도우심을 구하는 기도라고 할 수 있다. 기원 기도는 예배를 시작할 때 하는 것이 좋다. 하나님이 예배 공동체 안에 임재하심을 고백하고 받아들이는 기도로 예배를 시작하는 것이 좋기 때문이다.

조명 기도

조명 기도(prayer of illumination)는 종교개혁자 마르틴 부처가(Bucer)가 예배에 도입했다. 조명 기도는 진리에 우리 마음을 열어 주시기를 하나님께 구하는 시간이기 때문에 보편적으로 성경 낭독이나 설교 전에 위치한다. 조명 기도는 성령께서 모든 예배자의 마음을 감동 하셔서 성경 봉독과 설교를 통해 선포되는 하나님의 말씀을 잘 깨닫고, 그 말씀에 순종하는 삶을 위해 간구하는 기도이다.[10] 간단하게 말하면, 조명 기도는 공동체가 하나님의 말씀을 이해하도록 하나님의 도움을 구하는 기도이다. 우리의 능력만으로는 하나님의 말씀의 의미와 목적을 이해할 수 없음을 인정하고 하나님의 감동을 구하는 기도이다. 조명 기도의 목적은 공동체가 하나님의 말씀을 경청하고 이해할 수 있도록 하나님의 도우심을 구하는데 있다. 부처는 이 기도를 목사가 행한다고 규정했고,[11] 부처의 영향을 받은 칼빈도 이 기도를 목사가 하도록 했다.[12]

참회 기도

현대 개혁주의 예배에서 시행되고 있는 참회 기도(of prayer confession)는 사람들의 죄를 인정하고 그리스도의 희생에 근거하여 용서를 구하고 화목을 구하는 기도다. 참회 기도는 종교개혁 초기에 칼빈이 공적인 예배에서 처음으로 시행되었다. 칼빈은 참회 기도를 중요하게 여기고 예배의 시작 부분에서 위치시켰다. 하지만 폰 알멘(J.-J. Von Allmen)은 칼빈이 중세 서방교회에서 행해졌던 개인적인 고백, 즉 '고해성사'를 대체

하기 위한 방편으로 예배 중에 참회 기도를 도입하였다고 말한다.[13] 다음 기도문은 칼빈이 1542년 제네바 개혁교회 예배에서 참회 기도로 사용한 기도문이다.

> 영원하시고 전능하신 주 하나님 아버지, 우리는 거룩하시고 존귀하신 하나님 앞에서 거짓됨 없이 우리는 죄악과 타락 속에서 잉태되고 태어난 비천한 죄인들이라는 것을 고백하고 또 인정합니다. 우리는 나쁜 일을 행하는, 선한 일에 무용한 자들입니다. 우리의 약함이 끊임없이 당신의 거룩한 계명들을 위반하게 하며 우리를 곁길로 나아가게 합니다. 이 모든 것 때문에 우리는 당신의 의로우신 심판으로 말미암아 파멸과 멸망을 받을 수밖에 없는 자들입니다. 여러분 모두가 하나님 앞에서 참으로 죄인이라는 것을 겸허하게 고백하고 하늘 아버지께서 예수 그리스도 안에서 여러분에게 은혜를 베풀고자 하시는 것으로 믿으시기 바랍니다. 이렇게 회개하고 예수 그리스도를 자신의 구주로서 찾는 모든 자들에게 나는 성부와 성자와 성령의 이름으로 죄가 사해졌음을 선언합니다. 아멘.[14]

참회 기도는 초대교회의 예배에서는 존재하지 않았을 뿐만 아니라 예배시작 전에 준비하는 기도였다.[15] 즉 참회 기도는 예배 전에 신자들의 개인적인 준비와 관계하는 기도였다. 그러나 9세기 혹은 10세기부터 예배는 죄 고백의 기도로 시작하였다. 이유는 일상생활에서 더렵혀진 우리의 죄를 고백해야 한다는 것이었다.[16] 알멘은 참회 기도는 예배 그 자체를 구성하는 부분으로서가 아니라 오히려 예배에 대한 준비와 관련된 기도로 이해해야 한다고 말한다. 이유는 실제로 예배는 죄를 고백하는 자들에 의해서가 아니라 용서 받은 자들에 의해 실행되기 때문이라는 것이다.[17] 예배는 하나님으로부터 초대받은 자들이 감사와 찬양으로 축하하는 구원의 축제가 되어야 하기 때문이라고 것이다. 이는 마치 연회장에 들어가기 전에 작업복을 벗고 예복을 입어야하는 것과 같다는 것이다(마 22:11).[18]

하지만 우리가 또한 기억해야 할 것은 구원의 축제로서의 예배와 죄의 고백과 참회가 서로 대치되는 특성이 아니라는 것을 인식하는 것이다. 왜냐하면 하나님의 구원의 축제에 초대된 사람으로서 하나님께 대한 찬양과 감사는 우리의 겸손함을 수반하기 때문이다. 하나님께 기쁨으로 드리는 찬양과 감사와 참회는 서로 대치되는 것이 아니라 서로를 충만하게 하고 강화시키는 요소이기 때문이다.

중보 기도

중보 기도(prayer of intersession) 또는 회중 기도(congregational prayer)는 세계와 나라와 세계교회의 선교 사역과 지역사회와 회중 등에 초점을 맞춘다. 이 기도는 특별한 상황들 속에 있는 성도들을 위해 중보 기도를 하고 모든 사람들과 세계 문제들에 대해 살피고 기도하는 것을 포함한다. 이 기도는 보통 긴 편이다. 기도는 일반적으로 세계 문제로 시작해서 특별한 상황 속에 놓여있는 사람들의 문제를 기도하는 것으로 마친다. 보통 교회에서는 이 기도를 중보 기도(prayer of intersession)라고 칭하기도 한다.

기독교 예배 역사에서 중보 기도는 선택과목이 아니라 필수과목이다. 왜냐하면 우리의 세계가 직면하고 있는 불의와 전쟁과 악과 고통의 문제들에 직면하지 않으면서 단지 하나님의 이름만을 부르는 것은 맹목적인 우상숭배가 되고 말 것이기 때문이다. 우리가 진정으로 예수 그리스도 안에서, 그리고 그분을 통해서, 그분의 이름으로 계속해서 예배를 드릴 때 우리는 우리 자신에 대한 인식과 하나님 앞에서 세상을 기억하는 것을 간과 할 수 없게 된다.

하나님 앞에서 세상을 진실로 직면하는 보다 본질적인 기도의 형태는 중보 기도이다. 우리가 진심으로 세상을 위해 기도할 때 하나님께서 알고 계시는 이 세상에 대한 진실과 직면할 수 있게 해줄 것이다. 중보기는 단지 다른 사람의 고통과 필요를 위해서만 하는 것이 아니라 하나님과 다른 사람들과 연대감을 형성하는 것이다.

교회가 중보 기도를 하는 것은 힘들고 고통 중에 있는 사람들과 연합하는 것이다. 5세기 『성 야고보 예전』에 나오는 중보 기도문은 이러한 사실을 웅변적으로 설명해 준다.

> 주님, 나이 들어 연약함 가운데 있는 분들과 질병으로 고통당하고 있는 사람들, 악한 영에 사로잡혀 고통 가운데 있는 사람들을 기억하옵소서. 그들을 치유하시고, 하나님의 구원을 허락하옵소서. 오 주님, 선을 위해 살아가는 모든 사람들을 기억하옵소서. 주여 이 땅의 모든 사람들에게 자비를 베풀어 주옵소서. 우리 가운데 화해의 영을 허락하시며, 수많은 사람들에게 평화를 허락하옵소서. 이 땅의 모든 수치를 제하시며, 전쟁이

끝나게 하옵소서. 교회들을 분열로부터 지켜 주옵시고, 이단들이 창궐하는 것을 막아 주옵소서...우리의 구원자가 되신 하나님, 우리에게 주님의 평화와 사랑을 허락해 주옵소서. 이 세상 끝날까지 모든 사람들에게 평화를 주옵소서.[19]

진정으로 하나님 앞에서 세상을 위하여 기도하는 공동체는 세상의 고통을 향해 열려 있게 된다. 그렇게 될 때 비로소 하나님의 은혜의 차원을 향해 온전히 열린 상태로 설 수 있는 것이다. 교회가 이런 언어로 세상을 기억하고, 세상에 내재해 있는 고통에 대해 하나님께 기도하는 것은 예배 가운데 온전히 참여하고 있음을 의미한다. 이는 진정으로 하나님이 어떤 분이신지를 알고 사랑하며 예배하는 것이다.

그리스도가 연민을 지녔던 것처럼 우리도 연민을 지녀야 하며, 그가 자녀들의 낙담을 살펴주신 것처럼 우리도 그의 자녀들의 낙담을 살펴야 하며, 그가 죽음에 직면했을 때도 사랑하셨던 것처럼 우리도 사랑을 해야 하며...중보 기도는 하나님의 사랑이 바라보는 같은 방향을 우리가 보도록 방향을 돌리는 실제적인 행위를 담고 있어야 한다...자아로부터 떠나야 하고, 교회라는 울타리 속의 선입견에서 떠나야 한다.[20]

하나님 안에서 모여 예배하는 공동체가 함께 기도하는 것은 하나님 앞에서 세상을 기억하는 것이다. 다른 사람을 위해 기도하는 것은 단지 동정을 베푸는 것이나 연민을 갖는 정도를 의미하지 않고, 연대감을 바탕으로 함께 살아가는 삶의 방식이다. 우리 주변의 고통받는 사람들, 가난한 사람들, 차별받는 사람들, 전쟁의 상처를 경험한 사람들, 정의를 위해 애쓰는 사람들과의 연대감을 말한다. 하나님 앞에서 다른 사람을 기억하는 것은 하나님을 기억하는 것의 일부다. 그러므로 중보 기도는 단지 세상의 고통을 위해 하나님께 부르짖는 차원을 넘어 하나님과 연대하는 것이며, 하나님을 예배하는 한 차원이라 할 수 있다.

기독교 예배에서 중보 기도는 보편적으로 다섯 가지 범주를 포함하여 행해져야 한다. 첫째, 하나님의 이름으로 모인 모든 교회를 위해 기도해야 한다. 모든 교회는 '하나님의 가족'의 일부이기 때문이다(엡 2:19). 둘째, 국가와 전 세계의 구원을 위해 기도해야 한다. 디모데전서 2장 1-4절을 보면 그리스도인은 로마제국의 통치하에서 우상숭배를 하지 않는다는 이유로 박해를 받은 초기 그리스도인들이 평화롭고 안전하게 살아갈 수 있도록 민주적 통치자를 위해 기도하라고 권하고 있다. 셋째, 특별히 어려움에 처한 사람들을 위해 기도해야 한다. 지진, 홍수, 태풍 등과 같이 자연재해로 인해 고통받는 사람들을 위해 기도해야 한다. 넷째, 교회가 속한 지역사회를 위해 기도해야 한다. 예배에 참석한 사람들은 자기 자신과 자신들이 속한 지역사회와 교회가 필요로 하는 것을 위해 기도해야 한다. 다섯째, 결혼식이나 장례식 또는 기념일과 같은 특별한 일이 있을 경우에도 기도해야 한다.

서구교회의 여러 교회들은 중보 기도 노트에 기도문을 작성하여 기도하는 경우를 많이 볼 수 있다. 한국교회 상황은 다른 문화가 있을 수 있지만, 중보 기도 노트를 마련하여 중보 기도를 담당하는 사람들이 기도문을 작성하여 기도하도록 하면 좋다. 중보 기도문을 작성하여 기도하면 기도를 성실하게 준비하여 구체적으로 할 수 있을 뿐만 아니라 교회의 중요한 역사적 기록물이 될 수 있기 때문이다.

예배와 축도

축도는 오랜 전통을 가지고 있다. 고대교회는 예배의 마지막에 정규적으로 축도를 했다. 중세교회에서는 축도가 약화되었지만, 종교개혁자들에 의해 회복되어 개신교회의 중요한 특징이 되었다.

축도(benediction)는 축복(blessing)이다. 영어 '베네딕션'(benediction)은 라틴어에서 '베네디체레'(*benedicere*)에서 유래된 단어이다. '베네'(*bene*)는 '좋은'을 뜻하고, '디체레'(*dicere*)는 '말하다'를 의미한다. 영어 '베네딕션'에서 '베네'(bene)도 '좋은'(good)을 의미하고, '딕션'(diction)은 '말'을 의미한다. 때문에 축도는 좋은 말을 하다는 의미이다. 그러므로 축도는 하나님을 대신하여 다른 사람에게 좋은 말을 하는 것이다. 축도는 하나님이 사람의 삶을 풍요롭게 하실 것을 믿고 그렇게 되기를 원하는 것이다. 하지만 축도에는 하나님이 다른 사람을 위해 무엇을 해주시기를 바라는 것 이상의 의미를 담고 있다. 축도는 오히려 선언(pronouncement)에 더 가깝다. 축도는 하나님께서 우리에게 은혜를 베푸실 것을 기대할 수 있음을 상기시켜 주는 것이다.

엄밀하게 축도는 선언하는 것이지 기도하는 것이 아니다. 기도는 하나님을 향한 것이고, 축도는 사람을 향한 것이기 때문이다. 그러므로 축도는 눈을 감고 하나님께 기도하는 모습으로 하기보다는 사람들을 보면서 하나님의 복을 선언하는 것이 더 바람직하다고 할 수 있다.

우리는 하나님이 우리에게 복을 주시고 지키시고 은혜의 평강을 우리에게 주시겠다는 약속에 따라 하나님의 선하신 뜻을 최종적으로 성취하실 것이라는 믿음을 가지고 세상으로 나아가야한다(민 6:24-26). 때문에 축도는 단순히 예배의 끝맺음을 의미하는 것이 아니라 하나님의 보살핌과 능력을 확신하면서 하나님의 뜻을 행하기 위해 세상으로 나아가는 파송 예전이라 할 수 있다.

다음 성경 구절들은 축도를 위해 일반적으로 사용할 수 있는 성경 구절들의 예이다.

- 여호와는 네게 복을 주시고 너를 지키시기를 원하며 여호와는 그의 얼굴을 네게 비추사 은혜 베푸시기를 원하며 여호와는 그 얼굴을 네게로 향하여 드사 평강 주시기를 원하노라(민 6: 24-26).

- 소망의 하나님이 모든 기쁨과 평강을 믿음 안에서 너희에게 충만하게 하사 성령의 능력으로 소망이 넘치게 하시기를 원하노라(롬 15:13).

- 평강의 하나님께서 너희 모든 사람과 함께 계실지어다 아멘 (롬 15:33).

- 주 예수 그리스도의 은혜와 하나님의 사랑과 성령의 교통하심이 너희 무리와 함께 있을지어다(고후 13:13).

- 평강의 하나님이 친히 너희를 온전히 거룩하게 하시고 또 너희의 온 영과 혼과 몸이 우리 주 예수 그리스도께서 강림하실 때에 흠 없게 보전되기를 원하노라 너희를 부르시는 이는 미쁘시니 그가 또한 이루시리라(살전 5: 23-24).

- 우리 주 예수 그리스도와 우리를 사랑하시고 영원한 위로와 좋은 소망을 은혜로 주신 하나님 우리 아버지께서 너희 마음을 위로하시고 모든 선한 일과 말에 굳건하게 하시기를 원하노라(살후 2:16-17).

- 우리 주 예수 그리스도의 은혜가 너희 무리에게 있을지어다 (살후 3:18).

- 양들의 큰 목자이신 우리 주 예수를 영원한 언약의 피로 죽은 자 가운데서 이끌어 내신 평강의 하나님이 모든 선한 일에 너희를 온전하게 하사 자기 뜻을 행하게 하시고 그 앞에 즐거운 것을 예수 그리스도로 말미암아 우리 가운데서 이루시기를 원하노라 영광이 그에게 세세무궁토록 있을지어다 아멘 (히 13:20-21).

- 은혜가 너희 모든 사람에게 있을지어다(히 13:25).

사도신경의 위치

예배에서 사도신경을 고백하지 않는 교회도 있지만 대부분의 개신교회는 고백을 한다. 기독교 역사에서 4세기 말경에 세례에서 행하는 신앙고백이 되었던 '사도신경'(Apostle's Creed)이 9세기경에는 매일 기도회인 성무일과의 한 요소가 되었다.[21] 특히 사도신경은 5-6세기에는 성만찬 기도와 밀접하게 관계되어 고백되었다. 이유는 신앙고백이 성만찬의 빵과 잔을 받기 전에 행하는 일종의 준비 의식이라는 생각이 강했기 때문이다. 다시 말해서 주님의 몸과 피에 참여하기 위해서 신앙고백을 할 필요가 있었던 것이다.

이후 서방교회에서는 사도신경을 통한 신앙고백은 복음서 봉독 직후에 행해졌다. 왜냐하면 신앙고백이 선포된 복음 말씀에 대한 하나의 응답의 표시로 이해됐기 때문이다. 종교개혁자들은 대체로 이런 서방교회의 전통을 받아들여 성경봉독 이후에 사도신경을 통한 신앙고백을 하였다.

예배에서 사도신경을 고백하는 대부분의 현대교회들은 설교 이후에 행한다. 하나는 신학적인 것으로써 신앙고백은 말씀을 선포하신 하나님께 대한 응답의 표현이어야 하기 때문이다. 다른 하나는 실천적인 이유로써 성경봉독과 설교가 하나의 말씀이라는 말씀의 단일성을 강조하기 위함이다. 즉, 성경봉독과 설교 사이에 다른 순서가 들어가면 말씀의 단일성이 훼손된다는 것이다. 사도신경을 설교 후에 행하는 교회들은 성공회, 루터교회, 미국감리교회, 미국장로교회 등이다.

주기도문의 위치

주기도문이 주일오전 예배에 도입된 것은 4세기 중반이다. 4세기 교부 예루살렘의 시릴(Cyril of Jerusalem)에 의하면 주기도문은 성만찬 기도가 끝난 직후, 즉 성찬의 빵을 받아먹기 직전에 행해졌다.[22] 이후로 주기도문은 성만찬의 떡을 받아먹기 직전인 성만찬 기도의 맨 마지막에 행해졌다. 이유는 주기도문의 내용에 있는 죄의 용서를 구하는 내용과 일용할 양식을 구하는 내용이 성찬의 떡의 의미와 비슷한 특성을 가지고 있는 것으로 보았기 때문이다.[23]

주기도문이 성찬 예전과 말씀 예전에서 행해진 것은 종교개혁 이후 개신교 예배에서이다. 특별히 『웨스트민스터 예배모범』은 설교 직후에 감사 기도와 주기도문으로 진행하도록 제시하였으며, 1662년에 개장된 성공회의 『공동기도서』(Book of Common Prayer)는 주기도문을 예배의 가장 먼저 위치시켰다.[24] 1905년에 발간된 미국 감리교회의 예식서에도 주기도문을 설교보다 앞선 예배의 전반부에 위치시켰다.[25]

대부분의 한국 개신교회는 주기도문을 예배의 끝부분이나 축도할 목사가 없을 때 축도 대신 주기도문을 하기도 한다. 이러한 경향은 가정에서 드리는 예배에도 영향을 주어 예배에 끝부분에서 하는 경우가 일반적이다. 대부분의 한국교회에서는 사도신경을 예배 초반부에 하고, 주기도문은 예배의 후반부에 하지만, 바꾸어서 주기도문을 예배 초반부에 하고 사도신경을 설교 후에 하는 것을 고려해 보는 것도 좋다.

예배와 대표 기도

성경과 기독교 역사에서 '대표 기도'는 발견되지 않는다. 대표기도는 한국교회가 관습상 사용하는 용어이다. 한국교회에서 행해지는 대표기도는 회중을 대표해서 하나님 앞에 함께 나아가 그의 왕 되심을 인정하고 그의 이름을 높이며 세계와 나라와 교회의 필요를 아뢰는 기도이다.

대표 기도는 한국교회에서는 주일 오전 예배 때는 주로 장로와 안수집사들이 하고 주일 오후 예배는 주로 권사와 집사가 하지만 서구교회에서는 주로 목회자가 한다. 서양에서는 이를 목회 기도(pastoral prayer)라고 부르는데, 이때 목회자는 개인으로서가 아니라 교인들의 대표로서 기도를 한다.

초대교회의 예배에서 평신도가 회중을 대표해서 기도하는 경우는 없었다. 주일 예배에 대한 최초의 역사적 문헌인 저스틴의 『제1 변증서』에는 초대교회 예배에서는 두 번의 기도가 행해졌는데, 한 번은 설교 직후에, 또 한 번은 떡과 포도주와 물을 앞으로 가지고 나와서 바친 후에 행해졌다. 이 때 기도 '인도자'는 '감독'이었다.

5세기에서 6세기에는 설교 전에 하는 기도가 도입되었다. 이 기도는 '모음 기도,' '그날의 기도,' '본 기도' 등으로 칭해졌다. 이유는 예배를 집전하는 목사나 사제가 회중의 모든 기도를 모아서 하나님께 기도하였기 때문이다.[26]

기독교 예배의 역사에서 한국교회에서 행해지는 식으로 평신도가 회중을 대표해서 기도한 사례는 찾아보기 어렵다. 한국교회에서 행해지는 이러한 대표기도는 19세기 미국에서 행해진 '목회 기도'에서 비롯되었다고 볼 수 있다. 『웨스트민스터 예배모범』에는 이 목회기도가 설교 전에 하는 공중 기도라고 되어 있다. 이 기도는 고백, 찬양, 감사, 봉헌, 중보, 간구까지 모든 것이 포함했다.[27] 이러한 예배 기도의 전통에 의해 영향을 받은 초기 한국교회의 선교사들은 한국말이 익숙지 않아서 즉석에서 고백, 찬양, 감사, 봉헌, 중보 등을 포함하는 기도를 하는 것이 불가능했다. 이러한 상황에서 초기 선교사들을 수행하던 한국인 조사나 전도사 또는 장로에게 기도를 대신하게 하였다. 예배에서 이렇게 실행해 오던 기도가 한국교회의 관행으로 정착되었다고 할 수 있다.

한국교회에서 행해지고 있는 대표 기도는 그 성격과 목적이 모호한 측면이 있다. 설교보다 앞에서 행해지기 때문에 예배를 위한 기도, 감사 기도, 중보 기도 등의 요소가 혼재되어 있기 때문이다. 때문에 예배를 위한 기도는 예배 인도자가 하고, 현재 장로나 집사에 의해 실행되고 있는 기도는 설교 후에 설교를 통해서 들려주신 하나님의 말씀에 비추어 필요한 간구와 중보 기도 형태로 하는 것이 더 타당할 수 있다. 설교 전에 기도를 한다면 기도자로 하여금 예배를 위한 기도와 함께 반드시 중보 기도 형태로 진행하는 것이 더 바람직하다고 할 수 있다. 현대 한국 교회 예배에서 행해지는 대표 기도의 성격은 개인의 신앙과 관점에 따라 진행되는 경향이 있기 때문에 기도의 성격과 목적을 제시하는 것이 좋다. 특별히 기도할 때 설교자가 성경을 중심으로 설교를 준비해서 선포하듯이 기도자도 성경을 중심으로 기도하는 것이 좋다.

공적인 예배 기도의 3가지 방식

　기독교 역사에서 공적인 예배 기도는 성문화된 기도문을 사용하는 경우와 즉흥적으로 기도하는 경우 모두 행해졌다. 먼저 예배 의식서에 수록된 성문화된 기도문으로 기도한 전통은 주로 로마가톨릭과 성공회 예배에서 채택되었다. 종교 개혁자들은 일반적으로 성문화된 시도문을 사용하는 것을 반대했다.

　다음은 기도할 내용을 써서 기도하는 방식이다. 이러한 방식은 설교자가 설교를 준비해서 설교를 해야 하는 것처럼, 기도를 묵상 가운데 준비해서 하는 방식이다. 가장 바림직한 방식이 될 수도 있다. 하지만 이렇게 기도할 때는 여러 번 준비한 기도문을 읽어서 충분히 숙지하여 마음으로 기도해야 한다.

　셋째는 즉흥적인 기도 방식이다. 즉흥적인 기도는 기도하는 사람이 기도문을 준비하지 않고 즉각적으로 하는 기도 방식으로서 한국교회에서 가장 많이 발견되는 기도 형태이다. 한국교회에서는 기도문을 준비해서 기도하는 것보다 즉석 기도를 잘하는 정도에 비추어 믿음의 정도를 평가하는 경향이 있다. 하지만 이러한 경향은 바람직한 것은 아니다. 왜냐하면 기도문을 준비해서 성실하게 하는 기도하는 것도 매우 중요하기 때문이다.

　기독교 역사에서 회중교회는 성문화된 기도문을 가지고 기도하는 것을 강하게 반대한 대표적인 경우이다. 왜냐하면 회중교회는 기도란 하나님의 영의 인도를 받아 마음속에서부터 나와야 한다고 생각하였기 때문이다. 회중교회는 성문화된 기도서를 이용하여 기도하는 것을 거부하였다. 그들은 이 같은 견해를 입증하기 위해 다음과 같은 6가지 주장을 하였다.

(1) 성문화된 기도서는 기도하는 사람의 사고와 말을 박탈한다.
(2) 고정된 형식은 특정한 회중의 다양한 필요를 만족시켜 주지 못한다.
(3) 고정된 형식은 예배 의식서(liturgy)를 성경과 동일시하기 때문에 우상숭배와 같은 것이다.
(4) 고정된 형식은 타성과 무관심을 유발시킨다.
(5) 고정된 형식을 강요하는 것은 일종의 박해이다(이 같은 주장은 각 회중이 자연스럽게 그들이 원하는대로 할 수 있는 '자유'를 얻기 위해서 투쟁하던 때에 나온 것으로 지금은 해당되지 않는다).
(6) 고정된 기도는 성부께 합당하게 나아가는 길을 오히려 방해만 한다.28

기록된 기도를 가지고 기도를 하는 것을 반대하는 이유는 기록된 기도는 보통 성령에 의해 감동 받은 것으로 여기지 않기 때문이다. 성령께서는 기도를 하는 순간에만 우리를 인도하실 수 있기에 미리 기도에 대해서 생각하는 것은 성령의 역사를 제한하는 것이라는 견해를 가지고 있기 때문이다. 그러나 이러한 견해는 성경적인 증거가 없다.

그러나 우리가 기억해야 할 것은 준비된 기도의 목적은 하나님과 공동체를 위하여 기도의 목적에 오히려 충실한 것이라 할 수 있다. 왜냐하면 기도를 준비하는 것 그 자체가 마음으로부터 기도하는 것이다. 또한 마음으로부터 기도하는 것은 신실함과 진실함과 관계가 있다. 때문에 기록된 기도든 즉흥적인 기도든 기도하는 데 있어 똑같이 마음으로부터 나온 기도라고 할 수 있기 때문이다.

공적 예배에서 기록된 기도가 주는 유익들이 많다. 특별히 주기도문과 같은 기록된 기도를 암송하여 기도할 때 하나 된 공동체로써 하나님께 한 목소리로 하나님의 뜻을 구하는 위한 길을 제공해 준다. 기록된 기도는 다른 사람들이 표현한 하나님과 기독교 신앙에 대한 진리를 통해 우리가 그들의 아름다움과 상상력이 풍부한 생각을 알아갈 때, 하나님에 대한 우리의 비전을 넓혀 줄 수 있다.

성경적 역사적 패턴에 따르면 모든 기도 방식이 공동체 예배에 유익하다. 즉흥적인 기도를 할 수 없다면 함께 모여 즉흥적으로 하는 한국교회의 통성 기도는 정당성을 확보할 수 없게 된다. 또한 성문화된 기도를 부정적으로 여긴다면 주기도문과 사도신경도 정당성을 확보할 수 없게 된다. 이러한 기도 방식들은 성경과 기독교 역사에서 모두 볼 수 있다.

준비된 기도의 대표적인 예는 성경 본문을 기도로 이용하는 모델이다. 다른 사람이 사용한 기도나 믿음의 선진들의 기도를 사용하는 것은 부적한 것이 아니다. 가치있는 좋은 기도는 다시 사용할 수 있다. 왜냐하면 어느 시대 교회의 기도든지 반복하기에 적합할 수 있기 때문이다. 성경의 기도를 현대에 사용하기 위해 재구성하는 관습은 성경 그 자체만큼이나 오래된 것이다. 성경의 믿음의 사람들이 믿음의 선진들의 기도를 사용한 경우가 많다.

먼저 선지자 요나는 성경의 시편을 통해 기도한 대표적인 예이다. 그가 물고기 뱃속에서 필사적으로 기도할 때 시편을 통해 배운 것으로 기도한 것이다(욘 2:2-9). 유진 피터슨은 요나의 기도를 흥미롭게 관찰하였다.

> 요나가 기도했다는 것은 놀랄만한 일이 아니다. 절박한 상황에 처할 때 우리는 보통 기도한다. 그러나 요나가 기도했던 방법은 놀랄만한 것이다. 그는 "정해진" 기도를 했다. 요나의 기도는 자신의 즉흥적인 표현이 아니다. 이것은 다른 것을 완전히 본뜬 것이다. 요나는 기도를 배운 것으로 기도했다. 그의 기도의 학교는 시편이다…기도의 한 단어도 자신의 것이 아니다. 요나는 모든 단어를 시편에서 가져왔다. 단어뿐만 아니라 형식도 본뜬 것이다.[29]

피터슨은 기도가 즉흥적일수록 보다 진실하고 좋은 기도라는 생각은 잘못된 판단이라고 말하였다. 요나는 배운 기도를 했다.

예수님도 십자가에서 고통스런 순간에 즉흥적인 말로 외친 것이 아니라 시편을 통해 기도하셨다. 예수님이 십자가에서 죽음을 맞이할 때, 시편의 기도로 외치셨다. 즉 "내 하나님이여 내 하나님이여 어찌 나를 버리셨나이까"(시 22:1). 시편은 예수님의 기도라고 규정될 정도로 예수님은 시편의 언어와 구조로 기도를 하셨다.

또 한 예는 마리아이다. 누가복음 1장 46-55절에 있는 마리아의 기도 또는 마리아의 찬가는 사무엘상 2장 1-10절에 기록된 한나의 기도와 비슷하다. 내용뿐 아니라 형식까지 비슷하다. 마리아가 감동을 받아서 한나의 기도를 자신의 것으로 변형해서 기도한 것 같다고 할 수 있다.

공중 기도를 하는 사람은 첫째, 준비된 기도문을 가지고 기도할 수 있다. 둘째, 교회 공동체에서 공적으로 만든 성문화된 기도서를 가지고 기도할 수 있다. 셋째, 준비된 기도문이나 교회에서 만든 성문화된 기도서 없이 성령의 인도하심에 의지하여 마음속에서부터 우러나오는 기도를 할 수 있다. 이 모든 유형이 가능하다. 하지만 주일 공적 예배에서 기도한다면 설교자에게 설교 본문을 문의하여 그 본문을 묵상하여 예배와 세계와 나라와 교회를 위해서 기도문을 작성하여 기도하는 것이 가장 좋은 방법이 될 수 있다.

공적인 예배 기도와 성경

개혁교회 예배에서 공적인 기도는 성경의 내용으로 기도하는 것을 가장 바람직한 기도로 여겼다. 개혁교회 예배에서 기도는 기도된 말씀으로 받아들이기 때문이다. 공적인 기도가 기도된 말씀으로서의 특성을 가지기 위해서는 성경의 내용으로 기도하는 것이 좋다. 즉 공적인 기도는 성경의 언어와 내용으로 하는 것이 바람직하다. 헤롤드 베스트(Herold Best)는 공적인 기도를 위해서 "성경의 기도들은 연구되어야 하며 우리의 기도로서 이해되지 않으면 안 된다. 그리고 우리는 이 기도문들을 견본으로 사용하며 우리의 최고의 사고와 최고의 언어를 사용하여 유사한 기도문들을 공들여 준비하는 것을 배우지 않으면 안 된다"라고 하였다.[30] 공적인 예배 기도는 자신의 신념과 주관적 경험에 의해 기도하기보다는 성경의 기도와 언어로 기도를 준비하여 기도하는 것이 좋다.

구체적으로 예를 들면, 우리가 공적인 기도를 할 때는 "주님, 우리와 함께 하여 주소서!"라고 기도하기보다는 "주님, '내가 과연 너희를 버리지 아니하고 과연 너희를 떠나지 아니하리라'(히 13:5)고 하신 당신의 약속을 믿습니다"라고 기도하는 것이 좋다. 공동체 안에서 예배 기도를 시작할 때 "우리에게 기도할 수 있는 특권을 주신 하나님께 감사드립니다"라고 하기보다는 "우리는 당신의 초청으로 이 자리에 모였습니다. 오 주님이시여! 당신께서 '구하라 그러면 너희에게 주실 것이요 찾으라 그러면 찾을 것이요 문을 두드리라 그러면 너희에게 열릴 것이니'(마 7:7-8)라고 약속하신 주님! 우리가 주님의 약속을 믿고 구하고 찾고 두드리기 위해 왔나이다"라고 기도하는 것이 더 바람직하다. 우리가 공적인 기도에서 성경의 약속들을 따라 기도하는 것은 우리가 사람들의 마음을 더욱 효과적으로 위로할 수 있게 된다. 공적인 예배를 시작하는 기도도 머릿속에서 갑작스럽게 생각나는 대로 기도하기보다는 "오라 우리가 굽혀 경배하며 우리를 지으신 여호와 앞에 무릎을 꿇자 대저 저는 우리 하나님이시요 우리는 그의 기르시는 백성이며 그 손의 양이라"(시 95:6-7)라고 기도하는 것이 좋다. 공적 예배에서 준비 없이 설교해서는 안 되듯이 공적인 기도도 준비 없이 해서는 안 된다.

예배 기도의 형태

기도는 하나님과 대화라는 일반적 이해로부터 말하는 차원과 듣는 차원이 수반되는 영적 행위임을 알 수 있다. 말하는 기도는 통성 기도나 간구 기도와 묵상 기도를 주요 형식으로 삼는다. 하지만 듣는 기도는 침묵을 주요 매개체로 삼는다. 기도는 이렇게 듣고 말하는 대화의 형식을 수반하지만 또한 다양한 방편들을 통해서 수행될 수 있다. 오늘날 잘 실행되지 않고 있는 몸 기도, 쓰기 기도, 노래 기도, 말씀 기도는 기독교 전통에서 매우 적극적으로 실행되었다. 형식적인 차원에서 기도는 통성 기도나 간구 기도와 묵상 기도와 침묵 기도 등으로 요약될 수 있고, 방법적인 차원에서 기도는 말씀 기도, 쓰기 기도, 노래 기도, 몸 기도 등이 있다. 우리는 예배에서 다차원적이고 풍성한 기도를 통해 더욱 넓고 깊게 하나님과 대화할 수 있어야 한다.

예배 기도로서의 간구 기도

간구 기도는 주로 부르짖는 기도나 통성 기도와 묵상 기도 형태로 이루어진다.[31] 간구 기도는 소리를 내어 부르짖는 기도와 작은 소리로 읊조리는 형태로 간구한다. 간구 기도는 종교개혁 전통에서 가장 활발하게 행해온 기도이다.

기도는 일반적으로 간구와 간청이다. 간구 기도는 우리가 가장 어렵고 힘들 때 하는 가장 일반적인 기도다. "기도는 간청에 의해 활발해지고, 간구에 의해 절박해지며, 감사에 의해 만족스럽고 마음에 드는 것이 된다. 그리고 효력과 용납이 결합하여 간청을 효과 있게 만들고 보증한다."³² 간구 기도는 우리를 돌보시며 우리를 치유하시는 하나님에 대한 믿음과 우리들의 소망을 연결시켜 준다. 시편 기자는 하나님의 전지하심을 알고 있었지만 이렇게 구했다. "내가 여호와께 말하기를 주는 나의 하나님이시니 여호와여 나의 간구하는 소리에 귀를 기울이소서 하였나이다"(시 140:1). "여호와여 나는 곤고하고 궁핍하오니 귀를 기울여 내게 응답하소서"(시 86:1). 기도는 아픔과 고통의 땅에서 하는 것이지 평안의 낙원에서 하는 일이 아니다. 세상의 고난은 오히려 하나님을 향해 간구로 부르짖게 한다. 세상의 고난은 오히려 하나님을 찾게 하는 수단이 된다.

성경에는 간구 기도의 예가 풍부하다. 예수님은 인간에게 간구 기도가 필요하다는 것을 아셨다. 예수님의 기도 중 마지막으로 간구하신 것도 도움을 청하는 기도였다. 즉 우리에게 일어나는 모든 악으로부터 하나님의 구원을 간구하는 기도였다. 예수님께서 가르쳐 주신 '주기도문'은 총 여섯 가지 간구 형태로 구성되어 있다.

> 당신의 이름에 '하늘에서' 거룩히 여김을 받으신 것같이
> '땅에서도' 거룩히 여김을 받기를 바라고,
> 당신의 나라가 '하늘에 임하신 것같이
> '땅에도' 임하기를 바라고,
> 당신의 뜻이 '하늘에서' 이루어진 것같이
> '땅에서도' 이루어지기를 바랍니다.³³

구약성경의 많은 인물들도 긴 간구 기도를 드렸다. 시편은 하나님께 표현된 많은 종류의 간구 기도로 가득 차 있다. 시편에는 특히 간구 기도가 많이 발견된다.

질병으로부터 구원해 달라는 간구가 있다. "여호와여 내가 수척하였사오니 내게 은혜를 베푸소서 여호와여 나의 뼈가 떨리오니 나를 고치소서. 나의 영혼도 매우 떨리나이다 여호와여 어느 때까지니이까"(시 6:2-3).

불의로부터 구원해 달라는 간구가 있다. "여호와여 어찌하여 멀리 서시며 어찌하여 환난 때에 숨으시나이까. 악한 자가 교만하여 가련한 자를 심히 압박하오니 그들이 자기가 베푼 꾀에 빠지게 하소서"(시 10:1-2).

구약에서 하나님의 종들은 다른 사람을 위해 능력있는 기도를 했다. 그들은 하나님의 치료하시는 은총과 자비를 구했다. 선지자들은 심판과 구원에 대한 하나님의 말씀을 선포하는 그분의 대언자인 동시에 개인과 국가를 위해 중보 기도를 함으로써 백성의 대언자가 되기도 했다.

사르밧 과부는 자기 아들을 살려 달라는 엘리야의 기도가 응답되었을 때 이렇게 고백했다. "여인이 엘리야에게 이르되 내가 이제야 당신은 하나님의 사람이시요 당신의 입에 있는 여호와의 말씀이 진실한 줄 아노라 하니라"(왕상 17:24).

야곱은 에서의 마음을 달래기 위한 나름대로의 전략을 갖고 있었지만, 고향을 향해 돌아가던 도중 얍복 강에서 어떤 사람을 만나 씨름한다. 그 사람은 바로 야곱이 자기편이 되어 달라고 자기를 축복해 달라고 기도하면서 자기 힘으로 이겨보려고 했던 바로 하나님이셨다. "당신이 내게 축복하지 아니하면 가게 하지 아니하겠나이다"(창 32:26). 그 씨름에서는 어느 누구도 지지 않았다. 그것은 믿음이 신실한 야곱과 하나님의 만남이었다. 야곱은 간구한대로 축복받고 바뀌었다. 씨름하다가 다쳐 절뚝거리며 돌아간 야곱은 자신을 다스리는 습관을 버리고 형과 화해한다. 구원을 부르짖는 야곱의 기도는 하나님과 이웃에 대한 사랑의 눈을 뜨게 한 만남을 통해 응답되었다.

성경에서 많은 기도는 간구 형태로 이루어져 있다. 간구 기도의 핵심은 온 피조물이 고통 가운데 신음하고 있다는 것이다. 시편의 상당수가 탄식과 비탄과 간구로 이루어져 있다. 육체적 고통, 정신적 상처와 번민, 사회적 소외, 방황과 절망, 허무와 죽음에 직면한 사람은 하나님께 부르짖는다. 기도는 이처럼 간구와 간청의 특성을 지닌다.

간구 기도에서 간과해서는 안 되는 요소들이 있다. 비록 우리의 기도가 우리의 필요와 치유를 간구할 때라도 필수적인 세 가지 요소를 기억해야 한다. 그것은 사랑과 용서와 평화이다.[34]

첫째, 우리는 하나님 앞에 설 때, 우리 자신이 얼마나 상처가 많은 존재인지를 깨닫게 된다. 하나님의 사랑에 응답하기에는 우리가 얼마나 죄 많고 부족한 존재인지를 깨닫게 된다. 이때 우리가 기억해야 할 것은, 우리의 기도가 우리의 상태에 의존되어진 것이 아니라 하나님의 사랑에 의존되어 있다는 것을 분명히 해야 한다. 기도의 출발은 하나님의 사랑이다. 어떤 사람은 우리는 예수님께 가까이 갈 자격이 없으며, 하나님의 사랑을 받을 만큼 선하지 않다고 말할 것이다. 예수님은 이런 자세를 가진 사람들에게 탕자의 비유를 들어 설명하신다(눅 15: 11-32). 이 비유를 통해서, 예수님은 우리가 아버지 집으로 돌아올 때 하나님은 우리의 죄를 진심으로 뉘우쳤기 때문이 아니라 무한하신 사랑으로 인하여 우리들을 기쁘게 맞아주시는 하나님의 무조건적인 사랑을 계시하셨다. 우리는 기도할 때, 이런 사랑에 마음을 열게 해달라고 구하고, 우리의 삶 속에서 하나님의 자비를 구해야 한다.

둘째, 우리는 자신과 이웃의 용서, 그리고 그것을 받아들이는 은혜를 구해야 한다. 우리는 과거로부터 쉽게 벗어나지 못하는 성향이 있다. 하나님은 이미 기억하지 않음에도 불구하고 우리는 죄와 죄책감에 매달려 있는 경우가 많다. 이런 말이 있다. "하나님은 우리들의 죄를 호수에 던져버리시고, 그곳에 '낚시 금지'라는 푯말을 세워두셨다."

셋째, 우리는 기도할 때 평화를 구해야 한다. 우리의 삶이 다른 사람을 위한 평화의 선물이 되게 해 달라고 하나님께 구해야 한다. 엄밀한 의미에서 기도는 사적인(private)것이 아니다. '사적인'(private)은 타자와 엄격히 분리된 사적인 관계를 의미한다.[35] 기도는 평화를 위한 행동이다.

기도가 인간의 욕구를 위한 간구로부터 출발한다는 말은 정당하다. 인간의 욕구가 기도생활의 가장 원초적인 동기가 되기 때문이다. 그러나 기도에서 욕구를 위한 간구란 필수적이고 기초적이지만 모든 것은 아니다. 왜냐하면 "기도란 하나님에 대한 지식을 얻기 위해서 그리고 그 안에서 성장하기 위해서 하나님과 함께 교제의 기쁨을 나누기 위해서 하나님과 대화하고 교제할 수 있는 관계 속으로 들어가는 것"을 포함하기 때문이다.[36]

예배 기도로서의 침묵 기도

침묵 기도는 말하는 기도보다는 듣는데 초점이 있는 기도이다. 성경의 많은 기도는 하나님의 은혜와 자비의 근원이 되시는 창조주 하나님께 초점이 맞추어져 있다. 만물을 지으시고 구원하시는 하나님에 대한 의지의 표현은 시편에서 종종 발견된다.

> 여호와여 내 마음이 교만하지 아니하고 내 눈이 오만하지 아니하오며 내가 큰일과 감당하지 못할 놀라운 일을 하려고 힘쓰지 아니하나이다. 실로 내가 내 영혼으로 고요하고 평온하게 하기를 젖 뗀 아이가 그의 어머니 품에 있음 같게 하였나니 내 영혼이 젖 뗀 아이와 같도다. 이스라엘아 지금부터 영원까지 여호와를 바랄지어다(시 131:1-3).

이 여인의 부드러운 음성은 이스라엘 백성의 기도가 되었다. 그녀는 우리에게 기도는 구하는 것일 뿐만 아니라 침묵하는 것, 즉 하나님께 행동을 요구함과 동시에 그분의 임재를 참고 기다리는 것이라는 것을 알려준다. 욥도 이 여인만한 믿음의 수준에 이르러 마침내 다음과 같이 선포하기까지는 많은 시간이 걸렸다.

> 무지한 말로 이치를 가리는 자가 누구니이까 나는 깨닫지도 못한 일을 말하였고 스스로 알 수도 없고 헤아리기도 어려운 일을 말하였나이다. 내가 말하겠사오니 주는 들으시고 내가 주

> 께 묻겠사오니 주여 내게 알게 하옵소서. 내가 주께 대하여 귀로 듣기만 하였사오나 이제는 눈으로 주를 뵈옵나이다. 그러므로 내가 스스로 거두어들이고 티끌과 재 가운데에서 회개하나이다(욥 42:3-6).

욥은 티끌과 재 가운데 회개하며 자신이 하나님의 마음을 이해할 수 없는 피조된 인간이라는 사실에 만족한다고 고백한다. 창조주 하나님을 생각하면 우리는 피조물이라는 사실에 만족하게 된다. 반면 "주는 천하 만국에 홀로 하나님이시라"는 사실을 깨닫지 못하면 우리는 자신을 향해 기도할 뿐 하나님과 대화하지 않게 된다.

본질적으로 성숙한 기도는 말의 언어보다는 침묵의 언어를 주요한 매개체로 삼는다. 우리는 보통 기도할 때 말을 너무 많이 한다. 개인 기도든, 공적인 기도든, 사람들은 기도할 때 하나님께 말하는 우리를 강조하는 경향이 있다. 하나님께 부르짖는 것은 권장되어야 한다. 그러나 기도에서 듣는 부분이 지나치게 과소평가되어있다. 침묵의 시간이 있어야 한다. 성경은 기도를 하나님과 우리의 대화로 가르친다. 기도에서 우리가 하나님께 말하는 것만 있다면, 우리는 진정한 기도를 경험하지 못한 것이다. 침묵이 중요한 이유는 그 가운데 우리는 우리에게 말씀하시는 하나님께 우리의 귀를 기울이기 때문이다. 많은 사람들이 침묵을 개인적으로 하나님께 기도하는 시간으로 생각한다. 침묵은 하나님이 우리에게 말씀하시는 때이다. 그러므로 잠잠히 듣는 시간이다.

말과 말 사이에 존재한 침묵은 소리만큼 중요하다. 왜냐하면 이러한 요소들을 통해서 청각적인 이미지들이 만들어지기 때문이다. 침묵은 성경에 제시된 교회 공동의 기억들을 나눌 수 있도록 분위기를 만들어 준다. 예배도 침묵의 필요성에 관심을 가져야 한다. 언어는 이를 둘러싸고 있는 공간들에 대한 필요성을 인식해야 한다. 우리는 어디를 가든지 계속적으로 소리로부터 공격을 받는 문화 속에서 고요함의 연습은 치유를 가져다준다. 침묵에는 많은 유익이 있다. 침묵은 평화롭고 고요한 순간을 제공해 준다. 그러나 이것이 기도에서의 침묵의 목적이 아니다. 침묵 기도의 목적은 하나님께 듣는 것이다.

예배 기도의 방법

예배 기도로서의 말씀 기도

한국교회 안에는 말씀을 통하여 기도하는 문화가 자리 잡지 못하고 있다. 개인의 문제나 소원을 가지고 자기 생각이나 감정에 의존하여 기도하는 경우가 대부분이다. 하지만 우리의 욕구와 감정만을 붙들고 기도하기보다는 성경을 가지고 기도할 때 풍성한 기도를 경험 할 수 있다. 우리가 지금까지 형성해온 기도 문화를 소중하게 여기고 실천하는 것은 중요하다. 하지만 한국교회 성도들이 기도할 때 말씀을 통해 기도하는 것은 매우 중요하다. 말씀을 붙들고 기도하면 예수님처럼 하나님의 뜻을 구하는 기도를 할 수 있기 때문이다(마 26:42). 교회 역사에서 약 1300년대까지 그리스도인들의 기도 체험의 직접적이고도 일차적인 젖줄은 바로 성경이었다. 성경을 통해 기도의 언어를 발견하고 성경을 붙들고 기도했다.

우리의 기도에서 성경과 기도를 분리시켜 생각해서는 안 된다. 우리는 하나님이 우리의 기도를 들어 주실 것이라 기대하며, 성경에 있는 기도와 찬양을 자신의 것으로 삼아 하나님께 기도하는 것이 좋다. 성경 또한 우리에게 성경에 기록되어 있는 기도를 자신의 것으로 활용하라고 권한다. 성경은 하나님이 우리에게 하시는 말씀인 동시에 우리에게 기도의 언어를 제공해 준다. 우리의 기도의 언어가 빈약할 때 성경을 통해 기도의 언어와 지혜를 얻어 기도할 때 천상의 기도가 될 수 있다. 특히 시편을 통해 기도할 때 감사와 탄식의 기도를 넘어 하나님의 성실하심과 신실하심을 붙들고 기도할 수 있다. 금요 심야 기도회나 주일 오후 예배에서 말씀 기도를 실행하면 더 풍성한 기도를 경험할 수 있다.

예배 기도로서의 쓰기 기도

우리는 일반적으로 기도를 소리를 내어 하거나 묵상적인 형태로만 한다고 생각하는 경우가 많다. 하지만 기도는 다양한 형태로 실행될 수 있다. 특히 쓰기 기도와 같은 기도는 매우 중요한 기도의 방편이 될 수 있다. 특히 쓰기 기도는 마음과 생각을 하나님 앞에 깊이 성찰하는 기도가 될 수 있기 때문에 소리를 내어 정신없이 하는 기도보다 더 깊고 풍성한 기도가 될 수 있다. 쓰기 기도는 매일의 삶이 하나님과 어떠한 관계를 갖고 있는지를 살펴보게 해준다. 나아가 하나님의 은혜가 얼마나 풍성했는지를 기억할 수 있도록 해준다. 쓰기 기도는 영성일기 형태로 실행할 수 있지만 개인 기도 시간이나 공적인 예배에서도 실행할 수도 있다. 수요일 밤 예배 같은 경우는 대부분 성숙한 성도들이 예배에 참여하기 때문에 찬송과 설교뿐만 아니라 쓰기 기도를 종종 실행하면 매우 성찰적인 기도가 될 수 있다. 쓰기 기도는 자신의 기도의 역사로 남을 수 있기 때문에 매우 의미있는 기도가 될 수 있다.

예배 기도로서의 노래 기도

시편의 많은 부분의 시가 불평과 탄식과 비탄 가운데 드리는 기도이지만, 히브리인들은 시편을 가리켜 '기도의 책'이라 부르지 않고 '찬양의 책'이라고 불렀다. 히브리인들이 기도로 넘치는 시편을 찬양의 책이라고 부른 이유는 기도와 찬양을 분리된 관계로 여기지 않았다는 것을 뜻한다. 시편에서는 끝없이 계속되는 수많은 기도가 찬양이 되고 있다. 절실하고 애절한 기도로 시작했더라도 모든 기도는 마침내 '찬양'으로 끝을 맺는다. 때로는 기도가 쉽게 찬양으로 변하는 것은 아니다. 그러나 모든 간구와 탄식과 비탄의 기도가 찬양으로 바뀌는 것을 시편은 보여주고 있다. 비록 감당하기 힘든 탄식과 간구로 시작했더라도 언젠가는 찬양으로 마치게 된다. 기도는 찬양으로 승화될 때 가장 아름답다. 찬양은 언제나 경이와 경탄을 수반하기 때문이다. 가장 아름다운 기도는 노래로 승화된 기도라고 할 수 있다. 노래 기도는 찬양으로 승화된 기도요 감사로 넘치는 기도의 표지라고 할 수 있기 때문이다. 우리는 예배에서 기도를 노래로 승화시켜야 한다. 기도는 인간의 필요만을 위한 수단이 아니라 하나님을 찬양하는 노래가 되어야 한다. 기도는 우리를 초월하여 존재하시는 하나님께 우리의 간구와 찬양을 올려 드릴 때 천상의 노래가 되기 때문이다.

예배 기도로서의 몸 기도

몸을 통한 율동과 춤은 우리의 기도에서 중요한 역할을 한다. 다윗은 하나님 앞에서 내적 기쁨을 신체적 춤으로 표현하지 않을 수 없었다. 법궤 앞에서 춤추던 다윗의 시편에서 그 성경적 예를 볼 수 있다. "내 영혼이 여호와의 궁정을 사모하여 쇠약함이여 내 마음과 **육체**가 생존하시는 하나님께 부르짖나이다"(시 84:2). 우리가 언어로 하나님께 기도할 수 있다면 몸을 통해서도 기도할 수 있다. 우리는 말을 통하여 기도할 수 있다면 몸을 통해서도 기도할 수 있다. 기도할 때 고개를 숙이거나 두 손을 맞잡거나 팔을 펼 수 있다. 이러한 몸짓들은 모두 '기도의 언어'의 일부이다. 기도할 때 무릎을 꿇고, 고개를 숙이거나 하늘을 향해 쳐들고, 눈을 감거나 위를 쳐다보고, 두 손을 꼭 쥐고, 얼굴을 땅에 대고 엎드리는 것, 옆 사람과 손을 잡는 등 다양한 자세는 기도의 만국 공용어다.

불행하게도 기독교 역사는 춤에 대한 부정적인 견해를 가지고 있었다. 예를 들면 로마가톨릭교회에서는 원래 춤을 추지 못하도록 되어 있었다. 춤과 예식은 엄격히 분리되어 있었다. 1994년에야 비로소 춤은 예전적인 형태의 한가지로 언급되었다. 우리는 결코 언어만으로 기쁨의 힘인 환호를 표현할 수 없다. 환호는 현재적인 몸의 언어에서 구체화되기 때문이다. 단지 언어만을 가지고는 하나님 앞에서 우리의 아픔과 눈물과 고통과 기쁨과 환희를 다 담아낼 수 없다. 아프리카계 사람들이 많이 모이는 교회에서의 예배는 생동적이다. 그들은 몸으로 찬양하고 몸으로 기도한다. 몸으로 표현된 그들의 아픔과 기쁨이야 말로 진정한 찬양이고 기도이다.

기도에 몸을 사용한다는 사상의 신학적 토대는 성육신이다. 안디옥의 성 이냐시오는 다음과 같이 말하였다. "당신이 육체적으로 행하는 것들도 모두 영성적이다. 당신은 모든 일이 예수 그리스도 안에서 하기 때문이다."[37] 기도의 삶은 확실히 균형이 잘 잡힌 몸 조건을 전제로 한다. 몸을 무시하는 행위는 기도를 방해할 수도 있기 때문이다. "우리는 몸으로부터 거리감을 갖고 몸을 무시하며 혹은 가능한 한 육체성을 거부함으로써 하나님과 교통하는 것이 아니다. 오히려 우리는 창조를 거룩한 것으로써 지금 여기에서 경험되는 하나님의 현존으로 축하함으로써 하나님과 교통하는 것이다."[38]

기도는 정신적인 활동만은 아니다. 하나님은 우리의 언어나 머릿속에만 있는 분이 아니기 때문이다. 기도는 총체적인 인간의 활동이다. 몸도 기도하게 해야 한다. 몸 기도는 주일 오후 예배나 금요일 심야기도회에서 실행하면 더 풍성하게 기도할 수 있다.

〈미주〉

1 Simon Chan, *Liturgical Theology: The Church as Worshiping Community* (Downers Grove: InterVArsity Press, 2006), 48.
2 Constance Cherry, "My House Shall Be Called a House of Announcements," *Church Music Worship*, January-April (2005): 33.
3 Don E. Saliers, 『거룩한 예배』, 151.
4 Robert E. Webber, 『예배학』, 53-4.
5 Robert E. Webber, 『예배학』, 61.
6 Robert E. Webber, 『예배학』, 50.

7   Willy Rodorf et al., *The Eucharist of the early Christian* (New York: Pueblo Publishing, 1987), 2.
8   Don E. Saliers, 『거룩한 예배』, 86.
9   제임스 드종(James De Jong)은 현대의 개혁주의 예배에서 주로 실천하고 있는 기도의 유형을 기원 기도, 조명 기도, 참회 기도, 중보 기도로 제시하였다(James A De Jong, 『개혁주의 예배』, 134).
10 Donald Wilson Stake, *The ABCs of Worship* (Louisville: Westminster/John Knox Press, 1992), 150-51.
11 Bard Thompson, *Liturgies of the Western Church* (Philadelphia: Fortress Press, 1961), 164.
12 Bard Thompson, *Liturgies of the Western Church*, 198-99.
13 Jean-Jacques von Allmen, 『구원의 축제』, 박근원 옮김 (서울: 진흥, 1993), 221.
14 Jean-Jacques von Allmen, 『구원의 축제』, 221-22에서 인용.
15 Jean-Jacques von Allmen, 『구원의 축제』, 222. 알멘은 『디다케』 14:1의 내용을 통해 이렇게 설명한다. "우리는 자신의 죄에 대한 고백은 하지 않고서는 성만찬을 거행하지 않아야 한다"고 명령할 때, 우리는 그것이 죄의 공개적인 고백과 공동체적인 고백과 관계하는 것이 아니라는 것을 안다. 그것은 개인적이고 인격적인 준비와 관계하는 것이다(Jean-Jacques von Allmen, 『구원의 축제』, 254).
16 Jean-Jacques von Allmen, 『구원의 축제』, 222-23.
17 Jean-Jacques von Allmen, 『구원의 축제』, 223.
18 Jean-Jacques von Allmen, 『구원의 축제』, 223.
19 R. C. D. Jasper and G. J. Cuming, *Prayers of the Eucharist: Early and Reformed* (London: Collins, 1975), 60.
20 Don E. Saliers, *The Soul in Paraphrase: Prayer and the Religious Affections* (Memphis, TN.: OSL Publications, 1991), 98.
21 성무일과(daily office)는 매일 아침과 저녁에 행하는 기도회이다. 6세기 베네딕트 수도원에서는 하루에 여덟 번의 기도회를 가졌다. 기도회는 보통 찬송, 기도, 성경 봉독, 설교로 행해졌다.
22 Edward Yarnold, *The Awe-Inspiring Rites of Initiation: The Origin of the*

RCIA (Minnesota: The Liturgical Press, 1994), 94.

23　Paul Bradshaw, *The New Westminster Dictionary of Liturgy & Worship*, 290.

24　R. C. D. Jasper and G. J. Cuming, *Prayer of the Eucharist: Early and Reformed* (Minnesota: The Liturgical Press, 1987), 187.

25　James F. White, 『개신교 예배』, 304.

26　Paul Bradshaw, *The New Westminster Dictionary of Liturgy & Worship* (Louisville: Westminster John Knox Press, 2002), 119.

27　James F. White, 『개신교 예배』, 314.

28　J. G. Davies, ed., *Westminster Dictionary of Worship* (Philadelphia: Westminster, 1972), 149.

29　Eugene H. Peterson, *Under the Unpredictable Plant: An Exploration in Vocational Holiness* (Grand Rapids: Eerdmans, 1992), 100-01.

30　Herold Best, *Unceasing Worship*, 43.

31　묵상 기도는 일반적으로 말을 하지 않고 마음으로 하나님을 생각하며 숙고하는 기도라고 생각한다. 하지만 묵상 기도에서 '묵상'이란 용어를 어떻게 이해하느냐에 따라 묵상 기도는 다르게 이해될 수 있다. 일반적으로 '묵상'이란 용어는 히브리어 '하가'를 번역한 것이다. 하지만 '하가'는 다양한 뜻이 있다. 즉 '읊조린다,' '중얼거린다,' '작은 소리로 옹알거린다'와 같은 뜻으로 번역될 수 있다. 때문에 묵상 기도는 작은 소리로 '읊조리는 기도'라고 할 수도 있다.

32　James Houston, *The Transforming Power of Prayer: Deeping Your Friendship with God* (Colorado: NavPress, 1996), 253.

33　류호준, 『시편 사색 1』, 26-7.

34　Gerrit Scott Dawson, Adele V. Gonzalez, E. Glenn Hinson, Rueben P. Job, Marjorie J. Thomson, Wendy M. Wright, *Companions in Christ*, 137-138.

35　Gerrit Scott Dawson, Adele V. Gonzalez, E. Glenn Hinson, Rueben P. Job, Marjorie J. Thomson, Wendy M. Wright, *Companions in Christ*, 139.

36　Marjorie J. Thomson, *Soul Feast: An Invitation to the Christian Spiritual Life* (Louisville, Kentucky: Westminster John Knox Press, 1995), 32.

37 Kenneth Leech, *Soul Friend: A Study of Spirituality* (London: Sheldon Press, 1985), 271에서 인용.

38 Dorothee Solle, *The Silent Cry*, 111.

…
11

말씀 예전으로서의 찬송

예배와 찬송

　음악은 하나님이 우리에게 주신 가장 큰 선물들 중의 하나이다. 음악의 역사는 인류의 역사만큼이나 오래되었다(창 4:21). 이처럼 음악은 우리의 삶과 함께 해왔다. 음악이 없는 예배는 쉽게 상상하기 어려울 정도로 예배에서 핵심적인 요소이다. 비록 종교개혁 시기에 츠빙글리 같이 예배에서 음악 사용을 반대했던 사람도 있었지만, 예배가 있는 곳에는 항상 찬송이 있었다. 오늘날에는 찬송과 예배는 분리될 수 없을 만큼 유기적인 관계로까지 발전하였다. 예배에서 찬송은 하나님의 에토스

(*ethos*)와 인간의 파토스(*pathos*)를 가장 깊이 담아내는 역할을 한다고 할 수 있다.[1]

찬송과 신앙 고백은 모두 희랍어 '홀몰로기아'로 되어있다. 이는 신앙 고백 형성의 근원적인 뿌리가 예배의 중요한 요소인 찬송과 밀접하게 관계되어 있다는 것을 시사해 준다.[2] 이처럼 찬송은 우리의 신앙과 예배에 중요한 역할을 한다는 것을 알 수 있다.

음악은 청각 예술일 뿐 아니라 마음의 예술이다. 음악도 그 무엇보다도 우리의 마음을 움직이는 기능을 가지고 있다.[3] 셈 킨은 신앙생활이 지적인 이론으로 흐르게 되면 리듬과 율동에 따라 활기차게 움직여야 할 종교적 감성들이 깊이 잠들어 결국 퇴화하고 만다고 하였다.[4] 음악은 이처럼 우리의 신앙을 율동감 있게 하고, 종교적 감성들을 가장 잘 담아내는 기능을 할 수 있다. 다윗이 하나님과 관계가 깊어지고 풍성해질 때 몸과 마음을 다해 춤을 추며 찬양하였듯이(시 150:3-4), 하나님과의 관계가 깊어지고 풍성해질수록 찬송의 풍성함을 더 경험하게 된다.

우리가 잘 알고 있는 장로교회의 요리문답은 인생의 가장 큰 목적이 '하나님을 영화롭게 하고 그분을 영원토록 즐거워하는 것'이라고 말하고 있다. 사실 하나님을 영화롭게 하는 것과 즐거워하는 것은 같다. 하나님을 즐거워하는 것이 곧 그분을 영화롭게 하는 것이기 때문이다. 최고의 가치있는 대상이신 하나님을 사랑하고 즐거워하는 영혼은 최고의 복락(beatitude)의 상태일 것이다. 왜냐하면 찬양은 찬사와 경의를 표현하면서 기쁨이 자연스럽게 흘러넘치는 일이기 때문이기도 하다.[5] 이러한 기쁨은 모든 사람들에게 찬양할 것을 권하는 시편 기자들의 언어들은 사람들이 자신이 좋아하는 것을 말할 때의 행동과 같다. 즉 연인들이 서로에게 반복해서 아름답다고 말해주는 것은, 단순히 찬사를 표하기 위함이 아니라 그렇게 표현하지 않으면, 그들의 즐거움은 완전해질 수 없는 것과 같다. 그러므로 찬양은 단순히 하나님의 은혜와 영광에 찬사를 드리는 것뿐만 아니라 우리를 완성시켜 주는 행동이라고 할 수 있다.

시와 찬송과 신령한 노래

바울은 예배에서 시와 찬송과 신령한 노래를 부르라고 말한다. 바울의 이 제안은 공동체적 예배의 행위에 관해 쓰고 있다는 점에 특별한 의미를 갖는다.

> 시와 찬송과 신령한 노래들로 서로 화답하며 너희의 마음으로 주께 노래하며 찬송하며 범사에 우리 주 예수 그리스도의 이름으로 항상 아버지 하나님께 감사하며(엡 5: 19-20).

> 그리스도의 말씀이 너희 속에 풍성히 거하여 모든 지혜로 피차 가르치며 권면하고 시와 찬송와 신령한 노래를 부르며 감사하는 마음으로 하나님을 찬양하고(골 3:16).

바울이 말한 "시와 찬송과 신령한 노래"에서 '시'는 헬라어 '프살모스'를 번역한 것으로써 초대교회 공동체가 예배 중에 인용한 구약의 시편을 가리킬 수 있다. 고린도전서 14장 26절에서는 같은 단어를 '찬송시'

로 번역한다. 이는 초대교회가 구약이나 유대교회 관례에 따라 시편이나 찬송시로 하나님을 찬양하였을 수 있다. 그러나 일반적으로 '시'로 번역된 '프살모스'는 하나님을 찬양하는 모든 종류의 노래를 뜻한다. '찬송'으로 번역된 '휨노스'는 신약성경 전체에서 에베소서 5장 19절과 골로새서 3장 16절에만 등장한다. 보편적으로 '찬송'은 그리스도 안에서 하나님께서 이루신 구원에 관한 노래를 의미할 수 있다(마 26:30; 막 14:26). '노래'로 번역된 '오데'는 요한계시록에서 승리를 거두신 하나님의 어린양을 찬양하는 노래를 의미한다(계 5:9). '노래'라는 단어 앞에 있는 '신령한'이라는 형용사는 성령에 의해 감동을 받은 것을 뜻하기 때문에 여기서 '신령한 노래'는 성령에 의해 감동을 받은 찬송을 의미한다.[6]

바울이 말한 "시와 찬송과 신령한 노래"는 구약성경의 헬라어 번역인 70인 역과 다른 초기 헬라어 문서들은 이 용어들이 서로 호환성 있게 사용되기 때문에, 서로 다른 세 개의 형식을 뜻하는 찬송이 아니라고 할 수 있다.[7] 즉 "시와 찬송과 신령한 노래"는 각각 다른 종류의 찬송이라기보다는 모두 하나님과 그리스도를 찬양하는 노래들이라고 할 수 있다. 이는 바울이 유사한 용어들을 중복하여 사용하는 것이라고 할 수 있기 때문이다. 초대교회에서 신령한 노래들은 공적인 예배에서 성도들이 하나님을 찬양하는 것뿐 아니라 교창하면서 서로 가르치고 권면하는 이중적인 기능과 목적이 있었다.[8]

그러나 "시와 찬송과 신령한 노래"는 예배에서의 노래의 다양성을 뜻하는 것으로 이해하는 경우도 많다.[9] 이러한 견해는 바울이 신약의 예배에서 "일어나는 다양한 음악적 활동을 기술하기 위해" 세 가지 용어를 사용한 것으로 본다.[10] 예를 들어 랄프 마틴은 ""시"는 구약 시편을 본뜬 기독교 시를 가리킬 수 있다. "찬송"은 좀 더 긴 작품일 수 있다. 이러한 찬송의 실례를 신약에서 찾을 수 있는 증거가 있다. "신령한 노래"는 성령의 감동을 받은 예배자들의 단편적인 즉흥 찬양을 가르킨다"라고 하였다.[11] 따라서 "다양한 용어사용 자체는 초대교회가 그 공동체 예배에서 음악적이며 시적인 표현의 창의적인 다양성을 장려했다는 것을 말해 주는 것이다."[12]

바울이 노래의 다양성을 말한 것은 당시 에베소와 골로새의 그리스도인들은 다문화적인 상황에서 살았다. 특히 에베소는 국제적인 도시였다.[13] 이러한 다문화적인 상황에서 다양한 노래의 형태가 발전되었을 수도 있다. 이러한 다문화적인 상황 속에서 발전한 다양한 노래들은 표현의 풍성함과 연결된다고 할 수 있다.[14] 이러한 맥락에서 도날드 허스테드(Donald Hustad)는 이렇게 설명한다.

> 바울은 골로새교회와 에베소교회에 보낸 편지에서, 그리스도인들이 각종 기도를 표현하는 역사적인 시편들, 새로 등장하는 교회의 새로운 신학을 가르치는 신선한 찬송, 그리고 이성적인이기보다는 최소한 감정적이고 아마도 즉흥적이거나 방언을 사용했던 신령한 노래들을 비롯해서 회중 음악의 표현을 폭넓게 사용했다고 생각한다.[15]

하나님 찬양을 위한 노래의 다양성은 표현의 풍성함의 중요성을 보여준다. 이는 다양한 장르, 다양한 연령, 다양한 문화에 의해 하나님을 찬양함으로써 하나님과 소통하는 것의 중요성을 제공해 준다. 그러므로

"말씀의 높이와 깊이와 넓이를 담아 낼 음악을 한 세대가 모두 만들 수는 없다."[16] 게다가 "모든 찬송은 창작될 당시에는 '현대적인' 것이었다. 오늘날 우리가 고상하다고 생각하지만 창작될 당시에는 신랄하다고 간주되었던 찬송도 있었다."[17] 헤럴드 베스트(Herold Best)는 "음악이 신앙으로 봉헌이 되면 아무리 급진적이고 새롭고 생소한 음악이라도 기독교 예배에 적합하지 않은 음악이란 없다. 또한 진실로 믿음으로 사는 그리스도인이라면 음악 작품이 단순히 급진적이라고 하여 그 음악을 거부해서는 안 된다"라고 하였다.[18] 이런 맥락에서 시편송, 라틴어 찬송, 헬라어 찬송, 국악 찬송, 복음송 등은 모두 하나님 찬양을 위한 표현의 풍성함을 우리에게 제공해 주는 자원들이라고 할 수 있다.

시와 찬송과 신령한 노래의 역사

성경에서의 음악

성경은 음악으로 가득 차 있다. 창조의 도래를 알리기 위해서 "새벽별들이 함께 노래"(욥 38:7)하며, "수금과 퉁소를 잡는 모든 자의 조상"(창 4:21)인 유발이 있었고, 바로의 군대에서 벗어나 홍해를 안전하게 건넌 이후에 모세와 미리암이 노래를 불렀고(출 15:1-27), 다윗 왕은 성전 예배를 조직했다(대상 15:16). 시편은 찬양부터 탄식까지의 서정시로 가득 차있으며 영광스럽게 합류하는 모든 종류의 찬양대와 악기들로 가득하다(시 15:3-6). 음악은 마리아의 송가(눅 1:46-55)에서, 베들레헴의 들판

(눅 2:14-15)에서, 최후의 만찬이 끝날 때 쯤(마 26:30)에 예수 그리스노의 이야기를 포함한다. 초대교회는 노래를 만들도록 권했으며(엡 5:19), 바울과 실라는 감옥에서 찬송했으며(행 16:25), 군중들은 찬송으로 하늘을 가득 채웠다(계 4:8-11).

초대와 중세시대의 교회 음악

기독교 초기에는 시편을 찬송으로 많이 불렀다. 그러다가 서서히 유대교에서 벗어나면서 찬송가 가사가 등장했다(빌 2: 6-11; 딤전 3:13; 엡 5:14; 골 1: 15-20; 계 4:11 등). 기독교 초기 역사에서 찬송가 형식으로 노래를 최초로 만든 사람은 약 340년 프랑스 트레베에서 출생한 밀란(Milan)의 암브로스(Ambrose)이다. 그는 한 절을 네 줄씩 해서 여덟 줄의 찬송가 형식을 만들었다. 최초의 찬송가 모음은 시리아어로 보존된 '솔로몬의 송가'(Odes of Solomon)였다. 그는 예배 음악으로써 찬송을 발전시키는데 중요한 공헌을 한 사람이다. 그는 많은 회중 찬송을 만들어 보급하였다.

로마 황제 콘스탄틴 대제의 기독교 공인 이후 예배가 가정이 아닌 바실리카 성당에서 드려지게 되면서 예배 음악이 복잡해지고 정교화되기 시작했다.[19] 4세기에는 예배자들의 노래를 인도하는 선창자나 독창자 등이 생겼다. 그 이후에 운율이 있는 교회 음악이 점차 발달하기 시작하면서 매일 기도회에서도 찬양이 도입되기 시작하였다.[20]

중세시대에는 교회 음악의 발전이 많이 이루어졌다. 특히 수도원의 기도회에서 찬양은 적극적으로 활용되었고, 교회력을 위해 찬송가가 만들어졌다. 수도원에는 찬양대도 만들어졌으며, 시편을 서로 화답 형식으로 부르는 노래가 발달되었다. 또한 중세시대에 그레고리 1세(590-604)에 의해 그레고리안 찬트(Gregorian chant) 혹은 단성가(plain song)가 발전되었다. 이 찬트는 화음이 아니라 제창(unison) 형식으로 불려졌다. 즉 가사에 따라 리듬을 맞추어 부르는 방법이다. 그레고리 찬트는 선율이 부드럽고 엄숙할 뿐만 아니라 공동적이고 묵상적이며 단순한 스타일이었다.[21] 이 때의 교회 음악은 많은 발전을 하였지만, 찬송은 라틴어로 만들어졌을 뿐만 아니라 성직자들이 예배에서 찬송을 주도하면서 일반 성도들은 수동적인 구경꾼으로 머무르게 되는 결과를 낳았다.[22]

종교개혁시대의 교회 음악

종교개혁은 교회 음악의 발달과 확장성에 매우 중요한 역할을 하였다. 특히 종교개혁자들 중에 루터는 교회 음악에 대해 매우 긍정적인 자세를 가졌을 뿐만 아니라 음악을 하나님의 선물 중 신학 다음으로 보았다. 그는 설교 이외의 다른 요소들은 노래로 드리는 예배를 소망하기도 하였다. 루터는 음악은 하나님이 받으실만한 영적인 제사라고 보았다. 루터는 만인제사장직의 확신에 따라 세례받은 모든 사람은 찬송을 통해 제사장직과 의무를 다할 수 있을 것으로 보았다. 루터는 자국어로 부르는 찬송은 물론 시편에만 제한하지 않고 일상의 언어와 문화를 반영하는 찬송의 발달과 확장성에 큰 공헌을 하였다. 특히 루터는 일상생활 가운데서도 찬송을 부를 수 있도록 대중적 찬송을 활성화시켰다.

그러나 츠빙글리는 뛰어난 음악가였지만 그는 성경에서 음악을 허용하지 않는다고 믿었다. 때문에 1523년에 취리히교회의 예배에서 노래가 중단되었고, 1527년에는 츠빙글리의 영향으로 취리히 시의회가 파이프 오르간 파괴를 명하기까지 하였다. 성경을 따른다는 것이 츠빙글리의 동기였다. 이때 교회 음악은 고통을 겪게 된다. 그는 그의 생애 동안에 모든 음악을 취리히에서 금지하였다.

칼빈은 음악은 하나님의 말씀에 봉사하며 사람들로 하여금 기도하도록 고무시켜 준다고 믿었다. 하지만 칼빈은 찬양대, 예전 음악, 그리고 찬송가를 금지시켰다. 대신 회중이 시편을 부르도록 하였다. 시편은 성경에서 나온 것이기 때문에 영감 없이 작사된 일반 찬송보다 더 우위에 있다고 보았다. 분명히 시편은 우리에게 예배하는 방법을 가르쳐 주고, 시편은 하나님께 감사하고, 찬양하며, 간구하고, 영화롭게 하는 적절한 내용과 언어이다. 시편은 또한 고백과 탄식을 보여준다.

예배 노래에 대한 견해

구 분	로마가톨릭	루터교회	츠빙글리	칼빈 스코틀랜드 청교도	재세례파	성공회	퀘이커	감리교회
악 기	o	o				o		
찬 양 대	o	o				o		
예전음악	o	o				o		
찬 송 가		o			o			o
시 편 가		o		o	o			o

* 위 표는 16세기 각 교파와 이후 퀘이커 그리고 감리교회의 교회 음악에 대한 입장을 나타내고 있다.[23]

종교개혁 이후와 현대의 교회 음악

　종교개혁 이후 17세기 개신교회 예배 음악은 루터의 영향으로 전성기를 누리게 되지만, 영국에서는 영국 국교회인 성공회의 예배 음악에 반항하는 운동이 일어났다. 특히 회중주의자들인 청교도들은 단선율로 부르는 시편만을 회중 찬송으로 받아들였을 뿐만 아니라 오르간 사용의 반대와 성가대 폐지를 주장하였다. 당시 가장 급진적인 예배 개혁을 추진했던 퀘이커교도들은 회중 찬송을 포함한 모든 형태의 음악을 반대하였다. 퀘이커교도들은 예배에서 성령의 내적 감화를 가장 중요하게 여겼다. 그들은 내적 감화의 가장 중요한 방편은 침묵이라고 여겼기 때문에 음악과 같은 외형적인 자극은 방해가 된다고 보았다.
　18세기에는 '영국 찬송가의 아버지'로 불리는 아이작 왓츠(Isaac Watts)와 웨슬리 형제들에 의해 찬송의 전성기를 누리게 된다. 왓츠는 심금을 울리는 찬송들을 만들었지만, 회중주의자들인 청교도들에게는 영향이 미치지 못하였다.[24] 하지만 웨슬리 형제는 새로운 찬송을 통해 신앙 부흥을 일으켰을 뿐 아니라 선교지향적 예배를 활성화시켰다. 초기 감리교는 찬송 발달에 매우 중요한 역할을 한다. 찬송은 감리교가 받은 가장 위대한 은사라고 할 만큼 많은 공헌을 하였다.[25] 존 웨슬리는 예배에서 열정적인 설교와 찬송을 도입하였고, 이것은 감리교의 특징이 되었다.[26]
　19세기 북미의 경우 프런티어 부흥회 전통에서 음악은 매우 중요한 요소였다. 미국 전역에서 일어나기 시작한 부흥집회를 통해 음악은 활성화 되었다. 뿐만 아니라 음악은 부흥집회에서 회심을 목적으로 하는 복음적 설교를 받아들이도록 사람들을 준비시키는 중요한 역할을 했기 때문이다.[27] 부흥집회에서 사용된 찬송은 많이 배우지 못한 사람들이나 아직 개종하지 않은 사람들을 배려해 단순한 가사와 마음에 감동을 주는 실용주의적 음악을 지향했다.[28]

20세기 들어와서 개신교에서 교회 음악에 가장 중요한 역할을 한 교회는 감리교에서 유래한 성경교회와 오순절교회이다. 특히 오순절교회들은 예배에서 음악을 많이 사용하였다.[29] 오순절교회에서 많이 부르는 찬송은 웨슬리에서 크로스비에 이르는 감리교에 기원을 갖고 있는 것들이다.[30]

현대에 들어와서는 예배 개혁 운동과 찬양 운동의 영향 하에서 교회 음악이 확장되었다. 특히 20세기에는 개인의 주관적 체험과 영적 감화를 통해 만들어진 복음송과 서구 유럽의 노래 스타일에만 의존하는 경향에서 벗어나 자기 문화의 정서와 선율의 노래가 만들어졌다. 그러한 의미에서 CCM(Contemporary Christian Music)은 특히 젊은 세대의 문화에 호소를 한다는 점에서 그리고 많은 장르를 도입한다는 점에서 많은 가치가 있다. "민요, 가요, 락(rock), 랩(rap) 등은 대중적인 스타일뿐 아니라, 가벼운 느낌의 클래식 스타일도 가지고 있어 대중 문화의 모든 것을 요약해 놓았다는 것이다. 특히 인격적이고 영적인 성실성도 지니고 있다는 것이다. 게다가 젊은 세대에게는 세속 음악에 대한 확실하고 유익한 대안이 되고 있고, 그들의 다양성과 창의성을 쏟아 부을 수 있다는 것이다."[31] 그러나 CCM이 교회 음악으로 사용되기 위해서는 그 위험성을 인식할 필요가 있다. CCM은 상업주의적 성격, 스타에 의해 주도되는 점, 고전적인 찬송에 대해 배타적인 경향, 유행에 따라 바뀌므로 시간이 지남에 따라 감격이 약화될 수 있다는 등의 위험성이 있으므로 이

를 잘 인식하여 대처해야 할 필요가 있다.[32]

시와 찬송과 신령한 노래의 유형

시편 찬송(Psalters)

시편을 노래하는 것은 시와 찬송과 신령한 노래의 한 부분으로 규정될 수 있다. 여기서 시는 시편을 통한 노래와도 밀접한 관련이 있는 노래이기 때문이다. 게다가 시편은 우리에게 예배하는 방법을 가르쳐주고 있고, 시편은 하나님께 찬양하며, 기도하며, 영화롭게 하는 영적이고 예배적인 언어들과 요소들을 가장 많이 제공해 준다.

시편의 성경 구절을 노래하는 관습은 유대교와 기독교에서 수천 년 동안 지속되었다. 시편은 신구약 중간기에 회당 예전에서도 중심적인 역할을 해왔다. 시편을 노래하는 것은 신약교회에서도 계속되었다. 유대인과 초기 그리스도인들에게 시편은 일상의 중요한 부분이었다.[33]

시편은 4세기에 등장한 수도원 공동체의 노래의 핵심적인 요소였을 뿐 아니라 종교개혁자들에 의해서도 가장 중요한 찬송의 핵심적 내용으로 삼았다. 특히 칼빈은 예배에서 순수한 하나님 말씀으로만 노래하는 것을 중요하게 여기고 시편만으로 노래하도록 장려했다. 그는 운율 시편(metrical psalms)으로 노래하도록 하였다. 운율 시편이란 시편의 본문 내용을 조금 수정하여 노래하기 쉽게 시 형식으로 만든 시편 찬송(psalters)이다. 칼빈은 그가 목회하던 제네바에서 시편 150편 모두를 찬송으로 만들어 불렀다. 그는 1542년 판 『제네바 시편 찬송』 서문에 '독사들에게 보내는 편지'라는 글에서 다음과 같이 썼다.

> 성 어거스틴이 말씀한 바는 참되고 사실입니다. 즉 사람이 하나님으로부터 먼저 받지 않으면 누구고 하나님께 드려야 할 합당한 것을 노래할 수 없다는 것입니다. 따라서 우리는 높은 곳이나 낮은 곳이나 그 어디든지 그런 것이 있나 하고 철저하게 찾아보았습니다. 그런 목적에 꼭 들어맞는 노래는 다윗의 시편이었습니다. 시편보다 더 좋은 노래, 더 적절한 노래를 찾을 수 없을 것입니다. 다윗의 시편이 무엇입니까? 다윗을 통하여 성령께서 친히 만드시고 말씀하신 성경이 아닙니까? 더욱이 시편을 노래할 때 우리는 마치 하나님이 자신의 영광을 드높이기 위해서 우리 속에서 친히 노래하고 계신 것과 같이 하나님께서 우리의 입 속에 말씀을 넣고 계시다는 확신을 하게 됩니다.[34]

오늘날에는 시편을 운율 시편, 찬송가, 복음송, 교창, 찬미와 같은 다양한 형식과 스타일을 통해 노래로 불리고 있다. 시편은 찬양, 탄식, 기도, 찬미 등과 같이 폭넓은 주제와 내용을 제공해 주고 있기 때문에 찬송의 보물창고라고 할 만큼 풍성하다. 특히 시편은 하나님의 에토스(ethos)와 인간의 파토스(pathos)를 다양하고 풍성하게 제공해 주고 있기 때문에 예배 순서에 거의 모든 곳에서 사용될 수 있다. 시편은 하나님을 찬양하는데 도움을 줄 뿐만 아니라 기도에도 많은 도움이 된다.

분명한 것은 시편은 하나님의 백성이 가진 유일한 예배 찬송가는 아니다. 기독교 노래는 찬송, 송가, 복음 송 등을 통한 시편에 대한 기독교적인 해석을 포함해야 한다. 휴스 올리펀드 올드(Hughes Oliphant Old)는 "초대 그리스도인들의 송영은 역동적인 균형 속에서 시편 영창과 찬송가를 유지했다"라고 하였다.[35]

교회 예배 역사에서 불린 시편은 다양하다. 『그레고리 시편 영창』(Gregorian Psalmody)로부터 『스트라스부르 시편』(Strasbourg Psalter, 1953)과 『제네바 시편』(Genevan Psalter, 1956)의 운율적인 시편과 『베이 시편 책』(Bay Psalms Book)에 이르기까지 다양하다.

송가(Canticles)

송가는 성경 구절을 가지고 운율이 거의 없이(non-metrical) 부르는 것이다. 송가는 구두 전승을 통해 전해져 성경에 기록된 노래들이다. 다시 말하면, 송가는 시편을 제외한 성경에 노래들이다. 구약의 모세와 미리암의 노래(출 15:1-18, 21), 모세의 노래(신 32:1-43), 이사야의 노래(사 26:9-21), 한나의 노래(삼상 2:1-10), 하박국의 노래(합 3:2-19)는 히브리인들이 홍해를 지나는 기적적인 여정을 통해 애굽의 노예생활로부터 구원받은 것을 축하한다.[36] 신약의 마리아의 찬가(눅 1:46-55), 사가랴의 노래(눅 1: 68-79), 시므온의 찬가(눅 2: 29-32)는 하나님께 영광을 돌리며 하나님의 사역과 구원을 위한 기쁨과 감사의 마음을 드러내는 노래이다. 이 노래의 대부분은 하나님의 구원에 대한 성령 충만한 사람들의 반응이었다. 송가는 특별히 예수 그리스도의 구원의 이야기를 노래한다.

개혁교회 예배에서는 송가를 많이 사용하고 있지 않지만 성령에 영감된 성경의 노래이기 때문에 예배에서 적극적으로 활용할 필요가 있다. 성경에 등장하는 송가를 간과하는 것은 성경에서 풍성하게 제공하고 있는 시와 찬송과 신령한 노래들의 가치를 잃는 것이다.

찬송가(Hymns)

찬송은 '경배의 노래'(song of praise or worship)를 의미하는 것으로 멜로디가 들어간 노래이다. 즉 찬송가는 박자에 맞춰진 절(stanzas)로 된 노래이다. 찬송가는 신앙고백적인 것이 많은데, 주로 예수 그리스도에 대한 내용들이 많다. 다시 서술하면, 구약의 시편과 송가에서도 그리스도를 읽을 수 있지만, 시편은 성자보다는 성부 하나님에 대한 찬양에 초점이 주로 맞추어져 있다. 하지만 복음서와 서신서들은 그리스도의 주되심을 시작으로 찬양하며 특별히 예수 그리스도에 대한 찬송을 하고 있다. 이는 성경적 노래의 새로운 장르이다. 랄프 마틴(Ralph P. Martin)은 다음과 같이 설명한다.

> 승귀하신 그리스도가 교회의 찬양을 받는 분으로서 하나님과 동일한 수준으로 정해지신 결정적인 단계는 예배였다. 따라서 찬송가학과 기독론은 하나님에 대한 찬미의 가치가 있는 것으로 신약 정경이 마감된 후 곧 큰 소리로 불리는 한 주님에 대한 예배에서 합병되었다.[37]

보편적으로 찬송가는 구약보다는 대부분 신약의 예수 그리스도와 그의 구원 이야기를 중심으로 형성된 것이라고 할 수 있다. 왜냐하면 구약의 시편과 송가와 '찬송가'가 기본적으로 성경의 진리에 기초되어 있지만 대부분의 찬송가는 예수 그리스도에게 그리고 예수 그리스도에 대한 찬미의 노래들로 구성되어 있기 때문이다.

나아가 시편 본문은 예수님과 복음을 직접적으로 언급하지 않기 때문에 구약의 시편과 송가에서 그리스도를 드러내기를 원하는 노력들이 일어났다. 호튼 데이비스(Horton Davies)는 이러한 노력들에 의해 만들어진 찬송가는 "시편을 기독교적으로 변화시킨 것"이라고 말하였다.[38] 이러한 노력의 대표적인 예는 아이작 왓츠이다. 왓츠는 시편을 '기독교화'하려는 목적을 가지고 시편 의역들과 찬송을 썼다. 그는 긴 시편을 간소화하고, 시편의 은유적인 언어를 피하고, 시편 의역의 많은 부분 중에 적어도 한 연에서 그리스도에 대해 직접적인 언급을 하거나 복음을 언급했다.[39] 그는 또한 루터와 같이 그리스도인들이 시편만을 찬송으로 부르는 것에서 벗어나 찬송의 확장성을 추구했다고도 할 수 있다.

찬송의 확장성은 왓츠 전에도 성경의 시편과 송가를 넘어 기독교 진리와 가르침으로 찬송가가 고대 헬라 형식의 찬송가가 쓰여졌다. 알렉산드리아의 클레멘트(Clement of Alexandria, 150-215)는 "처음으로 헬라 사고로 기독교 진리와 가르침에 접근했던 사람이 있었는데...그의 찬송가에서 헬라 시의 정신과 기독교 신학을 결합하려고 했던 노력을 볼 수 있다."[40]

기독교 예배의 언어가 4세기에는 헬라어에서 라틴어로 바뀌면서, 찬송도 라틴어로 쓰여져 불려졌다. 밀라노의 주교인 암브로스(Ambrose, 340-397)와 아우렐리우스 클레멘스 프루덴티우스(Aurelius Clements Prudentius, 348-413)는 기독교의 기본적인 가르침이 풍부한 찬송가를 썼다. 라틴어 찬송가는 중세기까지 계속되었다. 이 라틴어 찬송가는 주로 수도사들에 의해 계속되었고, 지역교회 미사는 회중이 노래하는 것보다는 성직자 성가대와 다른 전문 음악가들이 노래하는 것으로 바뀌었다.[41]

마틴 루터가 등장하기 전까지는 대부분의 회중은 관객이었다. 신학자이자 음악가이기도 했던 루터는 라틴어로 되어있던 성경과 찬송가를 자국의 언어로 번역하고 가사를 만들어서 사람들이 함께 부를 수 있도록 하였다. 루터는 예배 인도자들의 찬송가에서 회중들의 찬송가로 전환시키는데 결정적인 공헌을 했다. 개신교회에서 찬송가가 루터로 인해 회중의 노래로 회복되었지만, 회중들이 찬송가를 부르는 것은 천천히 발전되어 16세기 말에 이르러서야 보편화되었다.

시편 찬송, 송가, 찬송가 비교

구 분	성 경	찬양 내용과 방법	언어의 특성
시편 찬송	구약의 시편	하나님-운율 찬양	구약의 성경 언어
송 가	시편 외 구약과 신약의 노래와 찬가	하나님 예수님-비운율 찬양	신구약의 성경 언어
찬송가	구약과 신약의 진리와 복음	하나님 예수님 성령님-멜로디 찬양	신구약의 성경 언어와 일상 언어

복음송(Gospel Song)

찬송가와 복음송은 밀접한 관련이 있지만 상당히 다른 차이점이 있다. 먼저 찬송가는 하나님에 대한 객관적인 진리를 반영하는데 반해,

복음송은 일반적으로 하나님에 대한 주관적인 지식이나 영적 감화를 반영한다는 것이다. 찬송가의 가사는 성경과 교회에서 받아들이는 일반적으로 진리에 근거를 두지만, 복음송의 가사는 대부분 개인적 체험이나 영감에 기초한다. 물론 복음송은 성경과 교회 진리와 무관하다는 것은 아니다. 단지 복음송은 개인적 경험이나 지식에 의해 확증되는 형태로 만들어진다는 것이다.[42]

찬송가와 복음송의 두 번째 차이는 가사의 구조이다. 복음송은 일반적으로 후렴이 매절의 후반부에 반복되는 것이 일반적이다. 대게 후렴은 절의 요점을 강화하고 노래하는 사람들에게 진리가 뜻하는 바를 강화하는 기회를 제공한다.[43]

복음송이 발달하게 된 배경을 살펴보면 흥미로운 것이 있다. 그것은 미국 개척자시대에는 노래책이 드물었고 성인들 대부분은 문맹이었다. 때문에 노래 인도자는 절을 노래했고 회중은 후렴구를 노래할 때 동참했다. 짧은 가사를 반복함으로써 예배자들이 후렴구를 쉽게 부를 수 있었기 때문이다.[44]

후렴구 발전에 있어서 흥미로운 현상이 발생하였는데, 부흥기 한참 전에 쓰인 고전적인 찬송가에 후렴구를 추가하는 것이다. 예를 들면, 아이작 왓츠가 지은 찬송가 "만왕의 왕 내 주께서"는 18세기 초에 절(stanza)만 있는 찬송가 형식으로 처음에 만들어졌지만, 19세기 전도집회가 왕성할 때 즈음에 후렴구 "십자가 십자가"가 왓츠의 찬송가에 덧붙여졌다. 이러한 현상으로 인해 어떤 찬송가에는 찬송가 형태와 복음송 형태를 모두 실어놓기도 하였다. 즉 후렴구가 없는 것은 찬송가였고, 후렴구가 있는 것은 복음송으로 분류했다. 정리하면, 복음송의 중요한 특징이었던 후렴구는 일반적으로 찬송가의 객관적 진술에 대한 주관적인 해설의 성격을 가지고 있었다고 할 수 있다.[45]

떼제 노래(Taize Song)

떼제 노래의 특성은 단순성에 있다. 즉 떼제 노래는 단순한 가사와 단순한 멜로디로 압축되어 있다. 떼제 노래는 단순하기 때문에 누구나 쉽게 부를 수 있지만 심금을 울리는 것이 또한 특징이다. 떼제 노래의 또 다른 중요한 특징은 기도의 형태로 되어있다는 점이다. 때문에 떼제 노래는 자연스럽게 기도로 나아가게 한다. 떼제 노래는 그 자체가 기도요 또한 기도가 노래로 이어지게 하는 유기적인 특성이 있다. 그러므로 떼제 노래는 단순하고, 반복적이며, 기도의 성격을 띤다. 떼제 노래는 즐겁게 부르는 노래에서도 묵상의 분위기를 형성한다. 떼제 공동체를 설립한 로저 수사가 말한 다음의 내용은 떼제 노래의 본질과 특징을 잘 드러내 준다.

> 살아있는 하나님과 교제하는데 있어서, 홀로 있을 때 절정의 순간에 마음 속에서 침묵으로 계속해서 끝없이 노래하며 묵상기도를 하는 것만큼 도움이 되는 것은 없다. 단순한 상징들의 아름다움을 통해 하나님의 신비를 감지할 수 있을 때, 그 신비가 너무 많은 말로 인해 질식되어 버리지 않을 때, 다른 사람과 함께하는 기도가 단조로움과 지루함이 전혀 없이 우리에게 이 땅에서의 천국의 기쁨을 일깨워준다.[46]

떼제 노래는 1950년대 초 로저 수사가 공동체 기도에 좀 더 공식적인 수도원 전례를 도입하기 위해 '제네바 시편'에서 음악을 끌어 온 것으로부터 시작되었다.[47] 하지만 1960년대 후반부터 떼제 공동체에 세계 여러 곳에서 모여든 젊은이들의 모임이 시작되면서 그들이 효과적으로 함께 노래할 수 있는 방법을 모색하게 된다. 그때 스페인 바르셀로나 근처에 있는 몬세라트의 베네딕트 수도원에서 쓰는 '카논 형식'의 노래를 도입하게 된다. 베네딕트 수도원의 '카논 형식'의 노래는 단순성과 보편성 때문에 다양한 순례자들에게 수백 년 동안 호소력 있게 사용되었다.[48]

떼제 공동체도 베네딕트 수도원과 같이 단순한 카논 형식의 노래를 만들어 반복적으로 부르게 된다. 보편적이고 단순하게 통합된 기도 형태의 노래의 중요성을 깨닫고 작곡가이자 음악가인 자크 베르디(Jacques Berthier)에 도움을 받아 떼제 노래를 만들게 된다. 떼제 수사들과 베르디에 의해 가사가 만들어지게 된다. 노래 가사의 90퍼센트 이상은 성경에 기초한 것이었고, 다른 가사들은 교회 신경에서 취한 것이었다.[49] 떼제 노래의 작곡가 베르디는 떼제 수사들이 노래가 기도의 분위기와 특성이 드러나기를 원했던 것을 알고 그러한 특성이 드러나는 수도원적 분위기의 노래를 만들었다.

그러나 1980년 중후반에 이르러 모든 사람들이 보다 더 쉽게 부를 수 있는 형태로 바뀌게 된다. 1980년대 후반에 이르면 단순한 노래들은 더 많이 작곡된다.[50] 떼제 노래의 이러한 단순성은 노래의 핵심이 되었고, 떼제 노래를 생각할 때 표준이 되었다.

떼제 노래는 참여하기 쉽도록 간단하고 반복적인 후렴구, 처음 주어진 선율이 나중에 여러 성부에서 다른 음높이로도 반복되고 그 길이가 축소되거나 확대되는 카논(canon) 방법이다. 또한 어떤 일정한 음형을 동일 성부에서 반복하는 오스티나토(ostinato) 방법을 사용한다. 떼제 음악 스타일의 다른 특징은 어쿠스틱, 즉 전자 장치를 쓰지 않는 악기, 독창, 단성부 합창, 노래가 진행되면서 목소리들이 더해지며 부르는 것, 악기들이 더해지는 것, 천천히 하다가 중간 빠르기로 하는 것 등이다.[51] 떼제 노래에서 자주 사용되는 노래 중 하나는 부드럽게 하였다가 강하게 그리고 다시 부드럽게 하는 강약(dynamic)의 변화이다.[52]

떼제 노래는 단순하고 아름답고 부르기 쉬운 특성이 있다. 뿐만 아니라 묵상할 수 있는 분위기를 조성하는 특성이 있기 때문에 현대 그리스도인들의 영적 성찰을 위한 노래로서 중요한 역할을 할 수 있다.

민족 찬송(Ethnic Song)

민족 찬송은 자기 민족의 고유한 기독교 노래이다. 세계의 많은 나라의 교회들이 민족 찬송에 대한 관심을 갖게 된 것은 20세기 말이다.[53] 그때가 되어서야 특히 비서구 나라들의 교회들은 자기의 문화적 선율 혹은 곡조(tune)를 통해 노래를 만들어냈다. 그 때까지는 거의 서구 유럽의 노래들만 찬송가에 포함되어 있었다. 대부분의 비서구 나라의 교회들은 서구 유럽의 노래들을 자국어로 번역하고 부르는 것이 일반적이었다.

현대에 와서 교회는 자기 문화적 정서가 스며들어있는 노래로 하나님을 예배하는 것의 중요성과 가치를 인식하게 되었다. 이러한 인식의 결과로 비서구권 문화의 그리스도인들이 자신들의 문화의 스타일, 언어, 전통, 정서가 담겨진 노래를 만들었다. 이로 인해 자기 문화의 노래들이 예배에서 필요할 뿐만 아니라 정당한 위치를 차지해야 한다는 인식들이 늘어나고 있다.

나아가 자기 문화의 노래의 중요성에 대한 인식은 다른 문화에서 만들어진 노래의 가치를 인정하는 인식의 확장성으로까지 발전하게 되었다. 다시 서술하면, 교회의 노래인 찬송가가 서구 유럽의 노래의 울타리에서 자기 문화의 노래로까지 확장되면서 세계의 노래로까지 확장되어가고 있다. 비록 이러한 확장성에 부정적인 견해를 가진 사람들도 있지만, 교회의 예배 노래가 서구 유럽의 노래만이 아니라 자기의 노래와 다른 나라의 노래를 모두 포함할 때, 하나님에 대한 우리의 시각은 넓어지고 우리의 노래는 풍성해지기 때문이다.

한국교회 예배에서는 동남아시나 아프리카와 같은 나라에서 만들어진 예배의 노래를 거의 부르지 않지만 서구 유럽의 교회들 중에는 다른 나라의 언어로 만들어진 노래를 실제로 부르는 경우가 종종 있다.

시와 찬송과 신령한 노래의 선택

예배에서 찬송을 선택하는 기준을 만드는 것은 쉬운 것은 아니다. 왜냐하면 찬양의 선호도뿐만 아니라 연령, 신앙의 성숙도, 남녀 등에 따라 서로 다른 선호도를 가질 수 있기 때문이다. 이러한 어려움에도 불구하고 찬양 선택은 성도들에게 공동체를 위해서 자신들의 선호도를 성숙하게 대처하는 것도 대단히 중요하다.

교회 예배에서 음악이 강한 선호도를 유발시킨다. 토마스 트로거

(Thomas Troeger)는 우리 각자는 소리 문화(sonic culture)를 형성하고 있다. 즉 우리 안에 형성된 이러한 소리 문화는 "핏 속 깊이 흐르고 있는 음악적 기억들을 가지고 있으며 그것들은 예배에 대한 사람들의 응답에 숨은 힘을 휘두를 수 있다."[54] 우리는 어린 시절부터 소리에 의해 각인된 지워지지 않는 소리 문화를 가지고 있다. 이러한 소리 문화는 교회 예배 음악의 선호도에도 영향을 미친다. 그러나 현대의 다문화적인 특성과 글로벌적인 네트워크는 광범위한 소리 문화를 만들어내면서 놀라울 정도로 음악의 범위가 확장되어 있다. 이러한 풍성한 다양성을 고려하며 트로거는 회중들에게 나타나는 각기 다른 소리 문화를 분류하기 위한 지혜를 제안한다. 그는 '내가 예배로 가져오는 소리 문화 분류하기' 단계를 다음과 같이 말한다.[55]

1단계 : 각 사람은 어떤 형태건, 어떤 스타일이건 세 개의 가장 좋아하는 예배를 위한 곡들을 열거한다. "당신의 감정을 전율시키며, 당신을 기도의 상태로 고양시키며, 당신에게 성령의 임재를 경험하게 하고, 당신의 신앙을 강화시키며, 감정이 북받쳐 당신의 목이 메이거나 눈에 눈물이 나는 곡들"이다.

2단계 : 가능하다면, 응답자들은 어떻게, 어디에서 각각의 곡들을 알게 되었는지, 자신들에게 그 곡이 주는 어떤 특별한 기억이나 연상이 있는가를 말하도록 요청받는다.

3단계 : 각 사람은 2단계에서 분류되었던 곡들 안에 있는 강점과 약점은 무엇인가를 질문하면서 개인적인 경험으로부터 벗어나서 전체 회중을 위해서 예배를 기획하고 인도해야하는 한 사람의 책임을 맡도록 요청받는다.

4단계 : 응답자들은 회중으로부터 다른 두 사람들의 곡들을 가지고 선택들, 연상들, 평가들을 비교하도록 요청받는다. 그 곡들은 얼마나 비슷한가, 아니면 얼마나 다른가? 그 곡들은 양립 가능한가, 아니면 상충되는가?

이런 단계들은 예배자들이 자신들이 누구이며, 자신들이 예배에 어떤 기대를 가지고 오는지를 이해하는 것을 돕는다. 1–4단계가 현실에 초점을 맞추는 반면, 공동체 형성이라는 점에 비추어 하나의 추가적인 질문이 필요한 음악 형태들이 있는가라고 질문을 받는다.

5단계 : 응답자들은 "하나님의 보다 넓은 교제를 위해서 당신은 어떤 다른 종류의 음악을 기꺼이 공유하고자 하는가? 형제자매를 만나기 위해서 당신은 기꺼이 받아들이고자 하는 음악 형태들이 있는가?"라고 질문 받는다.

한국교회 안에서 다세대가 참여하는 예배에서 어떤 스타일의 찬송을 선택할 것인가는 중요한 이슈이다. 젊은이들은 전통적이고 느린 곡조의 찬송을 선호하기보다는 일반적으로 현대 음악적 특성이 가미된 빠른 곡조의 찬송을 선호하는 편이다. 이런 상황에서 젊은 세대들이 부모 세대가 선호하는 음악 스타일에 맞추어야 하는지 아니면 부모 세대가 젊은 세대가 선호하는 음악 스타일에 맞추어야 하는지에 대한 문제는 중요하다. 이러한 문제는 여러 형태의 방안이 나올 수 있다. 먼저 음악 스타일의 선호도에 따라 부모 세대는 다른 장소에서 전통적인 예배를 드리고 젊은 자녀 세대도 다른 장소에서 현대적인 예배를 드리는 것을 선택할 수도 있다. 다음은 젊은 세대가 부모 세대가 선호하는 음악 스타일에 맞추어 함께 예배를 드릴 수도 있다. 셋째는 반대로 부모 세대가 자녀 세대들이 선호하는 음악 스타일에 맞추어 예배를 드릴 수도 있다. 물론 넷째는 부모 세대와 자녀 세대가 선호하는 음악 스타일의 양쪽을 균형 있게 선택하여 부르는 것도 한 대안이 될 수 있다.

한 교회 공동체 안에서 다른 시간에 선호하는 음악 스타일에 따라 예배를 드리는 것이 가장 효과적인 예배라고 말할 수도 있다. 다시 서술하면, 공동체 안에서 전통적인 음악 스타일과 현대적인 음악 스타일을 병행하여 예배드리는 것을 가장 지혜로운 방안이라고 할 수도 있다. 교회는 현대적인 예배와 전통적인 예배를 모두 제공하고 성도들로 하여금 선택하도록 하는 것이 지혜로운 것이라고 생각하는 것이다. 왜냐하면 각기 다른 스타일의 예배가 사람들에게 자신들이 선택한 스타일에서 편안함을 느끼도록 해줄 뿐만 아니라 각자가 독립된 방식으로 하나님께 자신들의 최선을 드리도록 해주기 때문이라고 생각하기 때문이다. 그러나 이러한 생각은 예배를 지극히 개인주의적이고 기능적인 차원에서만 이해하는 것이라고 할 수 있다. 예배의 목적은 단순히 효과적으로 드리는 것에만 목적이 있지 않다.

우리는 자신의 음악적 선호도에 따라 자신은 번성할지 모른다. 그러나 이것은 우리로 하여금 하나님께서 공동체를 세워가시려는 것으로부터 중대한 어떤 것을 잃어버릴 수 있다. 즉, 하나님께서 우리로 하여금 다세대와 다문화를 통하여 우리의 공동체를 세워가시려는 뜻에서 벗어나는 것이 될 수 있다. 예배에서 음악적 선호도보다 더 중요한 것은 공동체적 삶의 실현이다. 그러므로 우리는 하나님을 위해서 우리 자신들의 선호도를 봉헌함으로써, 서로의 차이점을 받아들이는 성숙한 예배자로서, 음악의 선택은 항상 공동체 형성이라는 맥락에서 이루어져야 한다.

시와 찬송과 신령한 노래의 기능

찬송은 예배생활뿐만 아니라 우리의 삶에도 아주 중요한 역할을 한다. C. S. 루이스는 역사상 "가장 균형 잡힌 삶을 산 사람들과 도량이 넓은 사람들이 가장 열렬히 찬양했으며, 불안전한 사람들과 사회 부적응자들, 불평분자들은 가장 적게 찬양하는 삶을 산다는 사실"을 발견하였다.[56] 찬송은 이처럼 우리 삶에 중요한 역할을 한다.

먼저 찬송은 찬양으로서 역할을 한다. 시편과 찬송이 가장 보편적인 주제로서 하나님을 찬양하는 주제이다. 찬송은 하나님의 말씀과 행위와 속성을 위해 가장 보편적으로 하나님을 찬양하는 주제이다. 그리스도에 대한 찬송과 송가 또한 대부분의 찬양의 찬송이다. 시편에는 특별히 찬양을 지향하는 시편의 마지막 다섯 장은 모든 피조물에게 하나님을 노래, 춤, 음악, 악기를 가지고 찬양할 것을 호소한다.

다음은 찬송은 선포적인 역할을 한다. 루터는 그리스도인의 영적 성장에 음악이 중요한 역할을 한다고 믿었다. 루터는 음악의 역할에 대해서 다음과 같이 언급하였다.

우리는 하나님의 말씀을 노래하고 찬양하고 존중하기 위해서 이 음악을 하나님의 살아있고 거룩한 말씀에 덧붙인다. 우리는 음악의 이 아름다운 예술이 그 음악의 창조주이며 그 창조주의 그리스도인을 섬기는데 바르게 사용되기를 원한다. 창조주는 음악을 통해서 찬양을 받으시며 영광을 거두신다. 그리고 그 분의 거룩한 말씀이 감미로운 음악을 통해서 우리 마음에 감동 될 때 우리는 믿음 안에서 더욱 좋아지고 더욱 강해진다.[57]

분명히 음악으로 하나님의 말씀을 노래할 때 우리의 믿음은 강해질 수 있을 뿐만 아니라 음악은 영성생활에 큰 에너지로 작용할 수 있다. 성경은 음악에 대한 구절이 600개 이상 등장할 정도로 음악이 중요하게 다루어지고 있다. 제임스 보이스(James Mongtgomery Boice)는 교회사에 나타난 음악의 역할에 대해 이렇게 말한다. "교회사의 위대한 시기는 항상 노래하는 것과 전하는 것 두 가지 모두로 특징된다는 것을 기억하는 것은 흥미로운 일이다. 종교개혁 시기에 마틴 루터의 찬송은 루터의 말씀이 독일 사람들의 마음에 있는 만큼 그들의 입술에 머물고 있었다. 영국 웨슬리 부흥 시기에 복음의 회복은 그와 동일하게 복음을 노래하는 것이 활발하게 회복된 사실을 동반한다."[58]

마지막으로 예배에서 찬송가의 역할은 찬양과 선포에 국한되지 않고 기도로서의 역할을 한다. 기도로서 찬송은 가장 중요한 특징 중의 하나이다. 시편의 많은 부분이 노래의 형식을 띤 기도로 되어 있다(시150:3-4). 성경은 노래하는 것과 기도하는 것이 연결되어 나타난다. "너희 중에 고난당하는 자가 있느냐 저는 기도할 것이요 즐거워하는 자가 있느냐 저는 찬송할찌니라"(약 5:13). "내가 영으로 기도하고 또 마음으로 기도하며 내가 영으로 찬미하고 또 마음으로 찬미하리라"(고전 14:15). 성경은 기도와 노래하는 것과의 관계를 밀접하게 관계시키고 있다.

찬송은 찬양의 형태, 선포의 형태, 그리고 기도의 형태로 나타나는 것을 성경을 통해서 알 수 있다. 예배에서 찬송의 역할은 결코 빼 놓을 수 없는 요소이다. 예배에서 찬송이 성경의 언어와 정신으로 가득할 때 찬송은 노래된 말씀으로서 역할을 한다. 많은 예배자들이 나약하게 선포된 말씀에서보다는 능동적으로 노래된 말씀을 통해서 감동을 받고 변화를 경험하는 경우가 많다.

음악은 영감을 주고 기도와 찬양을 풍성하게 하지만 치유하며 갱신시키는 힘도 있다. 과학에서도 음악이 즐거운 화학 반응을 하는 엔돌핀을 방출한다고 말한다. 음악이 인간의 정서에 아주 중요한 역할을 한다는 것은 이미 알려져 있고 경험하는 것이다. 매사츄세츠에 있는 '뇌와음악과학연구소'(Institute of Brain and Music Service)는 음악과 신경질환의 긍정적인 처방 사이의 중요한 상관관계를 찾아냈다.[59] 음악이 우리 삶의 필수적인 부분이라는 사실을 부정할 수 없다. 음악은 우리 삶을 치유하는 기능을 하기도 한다. 음악은 하나님이 우리에게 주신 선물들 중의 선물이기 때문에 우리가 잘 사용하면 많은 유익을 누릴 수 있다. 또한 우리가 음악을 통해 하나님을 높일 때 하나님은 영광을 받으시지만 동시에 하나님은 우리 안에서 역사하시는 경험을 우리가 할 수 있다.

예배에서 음악이 중요한 역할을 하지만 또한 우리가 음악 자체의 힘에 종속되어 버릴 수 있는 위험이 있다는 것을 인식하는 것도 매우 중요하다. 헤럴드 베스트는 믿음 그 자체가 본질이 되기보다는 오히려 믿음의 본질을 음악에 둠으로써 믿음이 오해될 수 있다는 사실을 지적한다 (히 11:1). 그는 "나는 음악의 힘과 하나님께 가까이 하는 것과의 관계를 구축하는 것을 너무나 쉽게 그만 둘 수 있다. 이런 일이 한 번 일어나면 나는 심지어 음악의 힘과 하나님께 가까이 함을 동일시하는(equating) 죄에 빠질 수 있다"라고 말한다.[60] 그러므로 그는 "음악을 음악이 속한 곳으로 돌려보내자"라고 강조하였다.[61] 왜냐하면 음악이 회중 예배를 보조하는 대신 주도할 수 있기 때문이다. 예배에서 음악의 역할은 지도자가 아니라 봉사자이기 때문이다.

특히 현대 예배에서 음악은 중요한 역할을 하고 있지만 재고되어야 할 부분도 발견된다. 다시 서술하면, 기독교 음악에서 노래의 대상이 하나님이 아니라 감정이 될 수 있다. 음악에 의해 사람들의 감정이 조장될 수 있다. 예배에서 음악에 의해 조장된 감정은 하나님을 예배하는 것이 아니라 감정을 예배하는 행위가 될 수 있다. 시편 찬양에서 감정은 하나님께서 우리의 찬양을 위해 주신 말씀을 통해 마음이 하나님과 합치된 결과이다. 로버트 갓프리(Robert Godfrey)는 예배에서 감정의 역할에 대해 다음과 같이 지적한다.

> 전통적 예배 형식에는 자발성과 성령이 없다고 비난하는 자들이 가장 세심한 감정의 조장자라는 것은 아이러니한 사실이 아닐 수 없다. 그들은 성령과 자신들이 세심하게 계획한 예배 연출 사이에 일관성이 결여된 사실은 모르고 오히려 전통적 예배의 계획된 예전과 설교는 성령이 없는 죽은 예배라고 주장한다. 그들은 성령이 성경에 계시된 예배 형식들을 통해 임재

하신다는 사실에 대해서는 회의적이다. 로버트 다브니(Robert Dabney)의 탁월한 경고에 귀를 기울여야 한다. "소경은 우연히 접한 종교적 장소나 말씀 또는 광경을 통해 감각적인 동물적 감정을 느꼈기 때문에 자신의 종교적 감정을 가졌다고 상상하기 쉽다. 그러나 이것은 수백만의 자기 기만적 영혼을 지옥의 나락으로 떨어지게 했던 치명적인 실수이다."[62]

분명히 하나님을 예배할 때 감정은 이성보다도 중요한 역할을 할 수 있다. 칼빈은 "그리스도인의 삶은 입술의 교리가 아니라 삶의 교리이다. 이러한 삶은 다른 교훈과 다른 훈련과 달리 이해와 기억만으로는 불가능하며 오직 온 마음을 사로잡아 마음의 가장 깊숙한 정서에 안착할 때에 비로소 가능하다"라고 말하였다.[63] 하지만 귀한 것일수록 주의가 요구되듯이 특히 감정은 더욱 그렇다. 감정은 쉽게 조작되거나 남용될 수 있다는 사실을 인정하고 예배를 통해 바른 감정이 표현되도록 해야 한다. 그렇지 않으면 "교회는 참 믿음 대신 감정과 카타르시스가 있는 극장이 되기 쉽다."

〈미주〉

1   여기에서 인간의 파토스(*pathos*)는 인간의 곤경 가운데서 부르짖음을 포함하여 하나님을 향한 인간의 열정을 의미하는 개념이고, 하나님의 에토스(*ethos*)는 하나님의 성품과 이 세상을 향한 하나님의 마음을 드러내는 총체적인 개념을 의미한다.

2   정일웅, 『개혁교회 예배와 예전학』(서울: 총신대학출판부, 2011), 379-80.
3   Wayne E. Oates, *The Psychology of Religion*, 145-46.
4   Sam Keen, *To a Dancing God* (New York: HarperSanFrancisco, 1991), 5.
5   C. S. Lewis, 『시편 사색』, 137.
6   Gordon D. Fee, 『바울, 성령, 그리고 하나님의 백성』, 216-7.
7   Barry Liesch, *The New Worship: Straight Talk on Music and the Church* (Grand Rapids: Baker Books, 2001), 40.
8   Gordon D. Fee, 『바울, 성령, 그리고 하나님의 백성』, 217-18.
9   Barry Liesch, *The New Worship*, 41.
10 Barry Liesch, *The New Worship*, 41.
11 Ralph P. Martin, *Worship in the Early Church* (Grand Rapids: Eerdmans, 1974), 47.
12 Wesley W. Isenberg, "Hymnody: New Testament," in Carl Schalk, ed., *Key Words in Church Music* (St. Louis: Concordia, 1978), 181.
13 Barry Liesch, *The New Worship*, 41.
14 Barry Liesch, *The New Worship*, 42.
15 Donald P. Hustad, *True Worship: Reclaiming the Wonder and Majesty* (Wheaton, IL: Hope, 1998), 223.
16 Terry W. York and C. David Bolin, *The Voice of Our Congregation: Seeking and Celebrating God's Song for Us* (Nashville: Abingdon Press, 2005), 76.
17 Bryan Chapell, 『그리스도 중심적 예배』, 496. 창작될 당시에 신랄하다고 간주되었던 찬송의 대표적인 경우는 아이작 와츠가 작사한 "주 달려 죽은 십자가"이다.
18 Harold M. Best, 『신앙의 눈으로 본 음악』, 하재은 역 (서울: IVP, 1995), 153.
19 James F. White, *Introduction to Christian Worship* (Nashville: Abingdon Press, 2000), 117-18.
20 James F. White, *Introduction to Christian Worship*, 119-20.
21 James F. White, *Introduction to Christian Worship*, 120.
22 Kenneth W 외, 『교회음악 목회』, 김창근 옮김 (서울: 이레서원, 2002), 22.
23 James F. White, *Introduction to Christian Worship* (Nashville: Abingdon Press, 2000), 122.

24　James F. White, *Introduction to Christian Worship*, 125.
25　김진두, 『웨슬리의 실천신학』(서울: 진흥, 2000), 219.
26　Robert E. Webber, 106.
27　James F. White, 『개신교 예배』, 316.
28　James F. White, 『개신교 예배』, 317.
29　James F. White, 『개신교 예배』, 333.
30　James F. White, 『개신교 예배』, 332.
31　김세광, 『예배와 현대 문화』(서울: 대한기독교서회, 2005), 45.
32　김세광, 『예배와 현대 문화』, 45-6.
33　Emily R. Brink and Bert Polman, eds., *The Psalter Hymnal Handbook* (Grand Rapids: CRC, 1998), 18.
34　류호준, 『시편사색 1』(서울: 이레서원, 2006), 40에서 인용.
35　Hughes Oliphant Old, "The Psalms of Praise in the Worship of the New Testament Church," *Interpretation* (1985): 32.
36　William J. Reynolds and Milburn Price, *A Survey of Christian Hymnody* (Carol Stream, IL: Hope, 1987), 2.
37　Ralph P. Martin, "Hymns in The New Testament: An Evolving Pattern of Worship Response," *Ex auditu* 8(1992): 32.8
38　Horton Davies, *The Worship of the English Puritans* (Morgan, Pa: Soli Deo Gloria, 1997), 176.
39　Horton Davies, *The Worship of the English Puritans*, 177-78.
40　William J. Reynolds and Milburn Price, *A Survey of Christian Hymnody*, 5.
41　Constance M. Cherry, *The Worship Architect*, 161-62.
42　Constance M. Cherry, *The Worship Architect*, 163.
43　Constance M. Cherry, *The Worship Architect*, 164-65.
44　Constance M. Cherry, *The Worship Architect*, 165.
45　Constance M. Cherry, *The Worship Architect*, 165.
46　Taize Communities and Brother Roger of Taize, *Prayer for Each Day* (Chicago: GIA, 1988), v.
47　Jason Brian Santos, 『떼제로 가는길』, 150.

48 Jason Brian Santos, 『떼제로 가는길』, 152.
49 Jason Brian Santos, 『떼제로 가는길』, 153.
50 Jason Brian Santos, 『떼제로 가는길』, 154-55.
51 Constance M. Cherry, *The Worship Architect*, 168.
52 Constance M. Cherry, *The Worship Architect*, 168.
53 Constance M. Cherry, *The Worship Architect*, 173.
54 Thomas Troeger, *Preaching and Worship* (Atlanta, GA: Chalice Press, 2003), 59.
55 Thomas Troeger, *Preaching and Worship*, 59-60.
56 C. S. Lewis, *Reflections on the Psalms* (New York: Harcourt, Bruce and Company, 1958), 94.
57 Martin Luther, "Preface to the Burial Hymns(1542)," *in Luther's Works: Liturgy and Hymns* v. 53, ed. and trans. by Ulrich S. Leupold (Philadelphia: Augsburg Fortress, 1970), 328.
58 James Mongtgomery Boice, *Psalms: An Expositional Commentary* 1, (Grand Rapids: Baker, 1994), 79.
59 Michael J. Quicke, *Preaching as Worship*, 235.
60 Herold M. Best, *Unceasing Worship: Biblical Perspectives on Worship and the Arts* (Dowers Grove, IL: IVP Press, 2003), 30.
61 Herold M. Best, *Unceasing Worship*, last chapter.
62 Robert Godfrey, "예배와 감정," in Phillip Graham Ryken, Derek W. H. Thomas, Ligon Duncan III, 『개혁주의 예배학』, 577-78.
63 John Calvin, *Institutes of the Christian Religion*, 3.6.4.

12

드림 예전으로서의 헌금

예배 헌금의 성경적 의미와 정신

헌금을 예배 의식 가운데 포함하게 된 역사적 배경은 모세의 율법에 지시된 각종 제물의 규정에서 발견된다. 하나님께서는 이스라엘 백성들에게 번제(burnt offering), 화목제(peace offering), 소제(cereal offering), 속제(sin offering), 속건제(guilt offering)를 명하였다. 이러한 제사는 소와 양과 염소에 의한 제사와 비둘기, 곡물을 바침으로써 이루어졌다.[1] 구약의 제물은 주로 속죄를 위한 목적으로 드렸지만, 감사와 나눔을 위해서도 드렸다.

신약시대의 제사는 구약의 불연속성과 연속성이 있다. 불연속성은 속죄 목적의 제물 봉헌, 즉 희생 제사로서의 헌물은 예수님의 십자가의 죽음으로 종결되었다(엡 5:2 등). 하지만 감사와 나눔의 의미에서의 제사는 연속적이라고 할 수 있다(롬 12:1; 15:16; 히 13:15-16 등).

바울은 봉헌 또는 나눔과 관련된 용어들인 의연금(*leiturgia*, 고후 9:12), 모금(*eylogia*, 롬 15:28), 성금(*charis*, 고전 16:3; 고후 8:4이하), 구제금(*koinonia*, 롬 15:31, 고후 8:4; 9:1-12)과 같은 단어들을 사용하고 있다. 히브리서 기자는 이런 봉헌들을 제물(*thysiai*), 곧 희생 제물(히 13:16)이란 말로 표현한다. 성경에서 구속받은 백성이 드리는 제사는 하나님께 단지 '찬미의 제사인 하나님의 이름을 우리의 입술로 찬양하는' 것만이 아니라 '선한 일을 하고 자기 것을 나눠주는 일'이기도 하다. 왜냐하면 하나님께서는 이런 제사를 기뻐 받으시기 때문이다.

성경에서 의미하는 봉헌은 단지 가난한 사람들에게 자선을 베푸는 것만이 아니라 이 세상의 감각적 행복에 대한 절제와 영적인 의미를 담고 있다. 이는 성경에서 마음과 물질의 유기적인 관계를 설명하는 것에서도 알 수 있다. 누가가 "너희 보물 있는 곳에는 너희 마음도 있으리라"(눅 12:34)라고 한 내용이다. 성경에서 봉헌의 의미는 그리스도인들의 형제애의 가시적 표지이다. 바울이 예루살렘의 성도들을 위해 시도한 모금은 단지 봉사적인 의미만 있는 것이 아니다. 바울이 소망한 것은 항해 도중에 그를 위협할지도 모르는 죽음의 위험들에도 불구하고 자신이 직접 그 모금을 예루살렘에 가지고 가는 것이었다. 바울의 모금 정신은 단지 자선에 기초한 것만 아니라 형제애에서 나온 것이다.

봉헌은 단지 교회 운영을 위한 방편으로 여기고 예배드림의 요소가 아닌 것으로 여기는 경향이 있다. 헌금(giving)은 하나님이 우리에게 주신 모든 선물에 대한 감사(고후 9:15)로 드려야 한다. 하나님은 인색함으로나 억지로 하지 않고(고후 9:7), 하나님의 물질적이고 영적인 거대한 선물에 대한 감사함으로(고후 8:9) 즐겨내는 자들을 사랑하신다(고후 9:7).

헌금은 항상 하나님께 초점을 맞추어야 한다. 성경에서 가르치는 헌금 정신은 우리의 물질, 시간, 재능을 관통하는 청지기 직분이라는 넓은 범위를 포함하지 않으면 안 된다. 때문에 봉헌은 단지 돈만을 의미하는 것은 아니다. 성경은 각각 그 마음에 정한대로 드리라고 말한다(고후 9:7). 여기서 드리는 돈은 산 제물로서 예배의 중요한 요소이다. 예배하는 공동체 안에서도 공동체 너머에서도 다른 사람에게 도움을 주는 것은 공동체 형성과 선교적인 삶에 있어서 필수적이다(고후 9:7).

예배 헌금의 역사적 배경과 특징

기독교 예배에 대한 최초의 역사적 설명인 2세기 중반에 기록된 저스틴의 『제일 변증서』에는 예배에서 헌금을 거둬서 고아와 과부, 환자들, 감옥에 갇힌 자들, 이방인 그리고 물질의 궁핍에 처한 사람들에게 나누어 주었다.[2]

콘스탄틴 대제의 기독교 공인 이후 예배가 정형화된 틀을 갖춰가면서 헌금이 예배의 요소로 포함되기 시작한 것은 4세기경이다. 이때는 성찬에 사용되는 떡과 포도주와 기타 필요한 것들을 예배 시간에 바치는 것과 함께 헌금을 봉헌하였다. 하지만 예배 의식에서 헌금만을 봉헌하는 일이 일반화되기 시작한 것은 11세기 때부터였다. 이때부터 헌금은 예배의 한 요소가 되었다. 헌금은 하나님께 대한 감사와 가난한 자들을 위한 돌봄과 사랑을 표시하는 수단이었다.³

초대교회 그리스도인들은 나눔에 많은 관심을 가지고 실천하였다. 특별히 가난한 사람들을 돕기 위한 헌금을 많이 하였다. 만일 가난한 자를 위한 헌금을 할 형편이 안 되면 금식을 하여 절약한 양식을 헌물로 드렸다. 초대교회 그리스도인들은 나눔의 실천과 공동체적 삶을 중요시 했다. 로마 황제 줄리안을 두고 배교자 줄리안이라고 부를 정도로 이방 종교를 부흥시키려 힘썼던 사람이었다. 줄리안 황제가 이방 종교를 부흥시키려고 노력하였지만 기독교가 강하게 뿌리를 내렸기 때문에 제대로 안되었다고 한다. 줄리안 황제가 친구에게 했던 말은 지금까지 우리에게 전해 내려오고 있다. "왜 우리는 무신론자들이 낯선 사람에게 자비를 베풀고 죽은 자를 묻어 주고 거룩하게 사는 척하여 그 세력을 확장시켜 나가는 것을 보지 못하는가? 사악한 갈릴리인들이 자기들의 가난한 사람들뿐만 아니라 우리의 가난한 사람들도 도와주는 것을 볼 때 부끄러울 뿐이다." 초기 그리스도인들은 '갈릴리인' 또는 '나사렛당'이라고 불려졌다. 그러다가 처음으로 그리스도인이라 칭함을 받은 곳이 안디옥이었다(행 11:26). 줄리안 황제의 편지에 "갈릴리인들이 가난한 사람들을 돕는데 자기들뿐만 아니라 우리들까지도 도와주는 것을 볼 때 참 부끄럽다"라고 할 정도로 그리스도인들은 이웃을 돌보는 일에 열심이었다.

칼빈은 "그리스도께서 선한 사마리아 사람의 비유에서 '이웃'이라는 말에 가장 먼 사람도 포함되는 것으로 말씀하셨으므로(눅 10:36), 우리는 사랑의 교훈을 가까운 사람에게 국한시켜서는 안 된다…우리는 사랑이라는 유일한 감정으로 인류 전체를 예외 없이 포용해야 한다. 여기에는 야만인과 문명인, 가치있는 사람과 그렇지 못한 사람, 친구와 원수 등의 구별이 있을 수 없다. 왜냐하면 모든 인간은 그 자체로가 아니라 하나님 안에서 보아야 하기 때문이다"라고 하였다.[4] 예배란 단지 설교를 듣고 찬양을 통해 감정을 뜨겁게 하기 위한 방편이 아니라 하나님의 나라 건설에 참여하는 행위이다. 칼빈에게 있어서 하나님께 대한 예배와 봉사는 하나님의 영광뿐만 아니라 인간 삶의 기초이며 이웃에 대한 봉사와 섬김을 위한 통로였다.

하나님 섬김의 표지로서의 헌금

예수님의 가르침과 삶의 많은 부분은 재물의 올바른 사용에 관한 것이다. 예수님은 재물을 인간의 삶에 필요한 하나님의 좋은 선물이라고 강조한다. 삶에 필요한 재물에 대한 예수님의 가르침은 교회 전통 속에 반영되어 있다. 초대교회의 신학자들은 재물 그 자체를 부정적으로 보지 않았다. 알렉산드리아의 클레멘트(Clement)는 재물이 하나님의 은혜의 선함으로 제공되는 선물이라고 가르친 전형적인 사람이다.[5] 재물을 부정적으로 보는 것은 성경에서 가르치는 핵심이 아니다. 그러나 재물 그 자체가 목적이 될 때에, 그것은 하나님과 인간의 관계 그리고 우리 삶을 파괴한다.

재물은 우리에게 유익하지만 영혼을 늪에 빠뜨리고 비윤리적으로 치닫게 할 수도 있다. 왜냐하면 돈의 정신성 때문이다. 존 헐(John Hull)은 우리 시대는 살아계신 하나님은 이론이나 관념 속에서는 존재하지만 실제로는 하나님의 자리에 돈이 자리하고 있다고 지적하였다.[6] 헐의 주장은 '돈의 정신성'이다. 돈은 이미 매개적 도구 이상으로서 사람들의 가치와 사상을 움직이고 사로잡는 정신성을 가지고 있다. 돈 자체는 문제가 아니지만 돈이 갖는 우상성이 문제이다.

출애굽기 32장에 나오는 금송아지 사건은 이스라엘 백성들이 금송아지로 하나님을 대신하려는 것도 아니었을 뿐 아니라 다른 신을 만들려는 것도 아니었다. 단지 그들은 자기들 가운데 하나님의 현존을 상징하는 것을 금송아지로 만들었을 뿐이다. 바로 이 행위에는 "유일신을 거스르는 죄는 없지만 하나님의 초월성을 훼손"함이 있기 때문이다.[7] 이와 같은 우상숭배가 오늘날 교회 공동체에도 발생할 수 있다. 파블로 리차드는 교회 공동체가 범하기 쉬운 돈에 대한 탐욕을 우상숭배와 동일시하면서 다음과 같이 지적하고 있다.

> 우상은 돈일 수 있다. 그 자체 본질로서는 아니지만, 그 소유에서 나오는 힘, 타인으로부터 돈을 뺏거나 뺏고 싶어 하며 그리하여 불화나 원한을 초래하는 점에서 그러하다. 그래서 탐욕을 우상숭배와 동일시하며 우상숭배자를 약탈자, 도둑, 사기꾼과 동일시한다.[8]

우리의 삶에서 커다란 애매성을 지니고 있을 뿐만 아니라 우상숭배가 가장 빈번하게 일어나는 주된 분야는 돈, 성, 지식이다. 왜냐하면 인간이 이런 실재들이 없이는 살 수 없으면서도 이러한 실재들이 우리를 파

괴할 수 있는 특성을 가지고 있기 때문이다.[9]

하나님이 우리에게 주신 재물은 선물이지만 동시에 의무도 부여된다. 자신의 기본적 삶의 필요를 충족할 의무, 이웃을 사랑에 대한 의무도 동시에 부여된다. 예수님은 재물과 우상의 관계를 부각시키신다. 재물에 대한 예수님의 가르침은 의무와 사랑의 차원을 넘어 우상의 차원으로까지 확대되어 진술된다. 우리가 소유한 재물에 부여된 의무를 저버리는 삶은 재물을 섬기는 방식으로 구체화된다는 것이다. 재물은 우리의 필요와 이웃에 대한 사랑을 위해 주어진 선물인데 이러한 의무와 사랑을 저버리는 것은 재물에 종속되는 우상숭배의 전형적인 형태라고 할 수 있기 때문이다.

예수님은 "한 사람이 두 주인을 섬기지 못할 것이니 혹 이를 미워하고 저를 사랑하거나 혹 이를 중히 여기고 저를 경히 여김이라 너희가 하나님과 재물을 겸하여 섬기지 못하느니라"(마 6:24)고 하셨다. 나아가 예수님의 이러한 진술 속에는 예배에서의 재물 봉헌의 의미를 새롭게 조명해 준다. 예수님의 가르침은 우리가 재물과 하나님을 겸하여 섬기지 못한다는 의미와 하나님보다 재물을 더 사랑하는 것은 우상숭배라는 것을 시사하고 있다. 예수님의 가르침에는 재물의 '우상성'을 내포하고 있다. 이러한 맥락에서 예배에서 재물 봉헌은 재물의 우상성을 극복하는 실천적 행위를 포함한다고 할 수 있다. 예수님의 재물에 대한 가르침의 방식은 하나님과 우리의 관계를 구체화한 것이다. 예수님의 가르침은 재물이 우상숭배의 주요한 매개체라는 것을 명백히 한 것이다.

재물이 숭배의 대상이 될 때 하나님이 우리에게 부여하신 의무를 거부하고 공동체 안의 다른 사람들을 향한 우리의 책임을 회피하게 된다.

무엇보다도 재물숭배는 우리의 자유를 상실하게 한다. 재물은 인격성이 없기 때문에 속박의 특성이 있다. 재물은 기쁨의 도구가 될 수 있지만, 그것은 또한 자유를 파괴한다. 우리에게 주어진 재물을 하나님께 드리는 행위는 재물숭배로부터 자유하는 삶을 실천하는 것이다. 재물을 하나님께 드리는 행위는 하나님을 섬긴다는 실천적인 표지이기도 하다. 바로 예수님의 가르침에서 두 주인을 섬기지 못한다는 의미가 이러한 의미를 함축하고 있다고 할 수 있다.

예배의 실천적 의미로서의 헌금

성경적 예배는 단지 우리의 머리를 냉철하게 하고 마음을 따듯하게 하는데 목적이 있지 않다. 이스라엘의 제사장과 레위인들이 율법을 따르는 것과 궁지에 빠진 사람을 돕는 것이 별도의 일이라고 여기고 죽어가는 사람을 보고도 못 본척하고 지나갔듯이(눅 10:25-37), 하나님의 사랑과 긍휼을 고백하며 찬양하면서도 다른 사람의 필요를 전혀 생각하지 않는 예배는 하나님이 기뻐 받지 않으신다. 이사야시대에 하나님께 더 강렬하게 예배하기를 소망했던 사람들은 금식을 자주 하였다. 그들은 하나님을 더 헌신적으로 섬기기 위해 금식을 자주 하였지만, 이사야는 그들에게 참된 금식은 굶주린 자를 먹이는 것과 이 땅에 존재하는 불의에 대한 반응이어야 한다고 권고한다. 불의에 대한 가장 바른 반응은 하나님을 알아가는 것뿐만 아니라 가난한 사람에게 연민을 가지고 이 땅에 정의를 실현하고 하나님의 백성들 가운데 평화를 위해 열정적으로 노력하는 것이다(사 58: 6-7). 요한 크리소스톰은 금식의 실천적 의미를 다음과 같이 진술하였다.

> 금식의 위대한 점은 음식을 먹지 않는 것에 있는 것이 아니라 죄악 된 행동에서 돌아서는 것에 있다…가난한 사람을 보면 불쌍히 여기라! 원수를 보면 화해하라! 친구가 명예를 얻으면 질투하지 말라!…입만 금식하지 말고 눈과 귀와 발과 손과 우리 몸에 붙어 있는 모든 것들이 금식하게 하라. 손은 도둑질과 탐욕에서 정결해 짐으로써 금식할 수 있다…입도 부끄러운 말들과 언어와 욕설을 금함으로 금식할 수 있다.[10]

위와 같은 맥락에서 예배도 단지 하나님의 이름을 입술로 부르고 귀로만 듣는 것이 아니다. 진정한 예배는 실천을 수반한다. 봉헌은 실천이 결여된 예배를 예방하는 실제적인 표지이다. 진정한 예배는 하나님의 백성인 우리가 이기심과 물질적인 욕망의 의지를 버리고 하나님의 마음으로 우리의 욕구를 정화하며 가난한 사람들에게 나눔과 정의를 실현하는 것을 포함한다. 예배는 하나님과 그분의 비전과 연결되는 행동이다. 우리가 하나님의 비전을 품고 감각적인 복락에 매이지 않고 나눔의 봉헌을 드리는 것은 하나님의 복과 의가 우리를 통해 펼쳐지는 것이다. 때문에 예배에서 하나님 앞에서 가난한 자를 위한 봉헌은 예배의 실천적 요소라고 할 수 있다.

봉헌은 예배의 주변적인 것이 아니다. 예배에서 헌금을 드리는 것은 마음으로 찬양을 드리는 것과 동일하게 중요한 요소이다. 하지만 예배에서 물질을 드리는 것과 마음을 드리는 것 모두 중요하다는 의미가 마음만 드리고 물질을 드리지 않으면 진정한 예배가 아니라는 방식으로 해석해서는 안 된다. 게다가 예배의 목적 자체가 헌금을 위하거나 지나치게 헌금 종류를 많이 만들어 헌금을 유도하는 것은 지극히 비성경적일 뿐만 아니라 예배의 정신을 퇴색시키는 것이라고 할 수 있다. 물질이 궁핍한 사람들이 헌금의 부담 때문에 상처를 받게 하는 것은 예배의 정신을 퇴색시키는 것이다. 왜냐하면 성경에서 가르치는 헌금의 정신은 그 목적이 하나님 앞에서 고통 받는 자들을 위해 기도를 해야 하는 것처럼 하나님 앞에서 가난한 자들을 위해 드리는데 있기 때문이다.

봉헌된 헌금의 구심력과 원심력

구심력은 안으로 끌어당기는 힘이고 원심력은 밖으로 내보내는 힘이다. 교회는 구심력과 원심력을 가진 공동체가 되어야 한다. 교회가 이 두 힘을 균형 있게 갖지 않으면 교회의 본질과 존재 목적을 상실하게 된다. 교회가 구심력이 없으면 원심력을 발휘할 수 없고, 구심력만 있고 원심력이 없으면 결국 구심력도 상실하게 된다. 이는 마치 사람이 음식을 먹고 소화하는 원리와도 같다. 즉 사람이 음식을 먹어야 에너지를 얻을 수 있다. 음식을 안으로 받아들이는 힘이 없으면 생명을 유지할 수 없다. 하지만 음식을 안으로 받아들이는 힘만 있고 밖으로 내보내는 능력이 없으면 많은 문제를 일으킬 뿐만 아니라 새로운 음식을 먹을 수 없게 된다.

교회는 반드시 구심력과 원심력이 균형 있게 작동하는 교회가 되어야 한다. 안으로 끌어당기는 것은 예배와 영성 훈련과 전도와 헌금 봉헌 등이라면 밖으로 내어 보내는 것은 사명과 선교와 나눔 등이다. 어느 한쪽을 강조하고 거기에 자원을 쏟아 부을 것인가에 대해서는 실제로 차이가 있을 수 있다. 하지만 교회가 안으로 끌어당기는 힘만 있고 밖으로 내보내는 일을 하지 않을 때는 마치 수레가 한쪽 바퀴만으로는 달릴 수 없는 것과 같이 기능을 상실하게 된다.

교회의 구심력과 원심력은 마치 사람의 생명을 유지하기 위한 호흡과도 같다. 인간이 생명을 유지하기 위해서는 숨을 들이쉼과 내쉼이 있어야 한다. 사람의 숨은 들이쉼이 없으면 내쉼도 없다. 내쉼이 없으면 들이쉼도 없다. 이 둘의 관계는 분리될 수 있는 관계가 아니고 생존을 위해서는 반드시 유기적이어야 한다. 교회의 생명력과 역동성은 들이쉼과 내쉼을 상징하는 구심력과 원심력이 균형 있게 유지될 때이다.

교회가 구심력과 원심력을 균형 있게 실행해야 할 것은 하나님 앞에 봉헌된 헌금으로서의 돈이다. 봉헌된 헌금으로서의 돈은 교회의 영혼의 경제에서 중요한 요소이다. 이 경제는 교회 공동체를 나눔과 생명으로 이끌기도 하고 파괴시키기도 한다. 봉헌된 헌금은 교회 공동체의 활력을 주기도 하고, 사랑을 베푸는 재료가 되기도 하고, 거룩한 공간을 창출하기도 한다. 봉헌된 헌금은 교회를 보다 생동감 있는 공동체로 만들 수도 있지만, 하나님의 이름으로 가장 우상화시킬 수 있는 실체이기도 하다. 때문에 교회 공동체의 경제의 핵심적 요소인 십일조 헌금의 바른 사용은 교회의 건강의 중요한 척도이다.

교회는 십일조 헌금의 구심력과 원심력의 조화를 이루어야 한다. 다시 서술하면, 교회는 성도들이 드린 십일조 헌금을 교회의 유지만을 위해서 사용해서는 안 되며, 최선을 다해 나눔을 실천해야 한다. 십일조 헌금은 오이코스적인 관점에서 이해되어야 한다. 하나님은 자신이 창조한 오이코스(oikos, 집)의 살림살이를 위한 방편으로 십일조 헌금을 제정하였다. 하나님의 집안에 있는 어떤 생명도 굶주림이 없도록 하기 위해서다. 하나님의 집안의 경제적 정의를 실현하기 위해 십일조 헌금을 명하신 것이다. 십일조 헌금은 하나님의 집안의 경제적 살림살이를 위해 만드신 제도이다. 이는 하나님의 집안에 있는 레위인, 고아와 과부 등 가난한 자들을 위한 것이다.

 십일조 헌금을 드리는 일은 바로 나누는 활동에 참여하는 것이다. 때문에 십일조 헌금을 나누는데 일에 사용하지 않는 것은 십일조의 목적 자체에서 벗어나는 것이다. 십일조 헌금의 사용은 교회의 건강의 바로미터이다. 교회의 십일조 헌금 사용은 하나님과의 관계를 보여주는 중요한 영적 척도이다. 예를 들면, 이스라엘 백성들은 그들의 영적 건강을 나타내는 지수를 민족 안에 있는 가난하고 힘없는 자들을 어떻게 다루고 돌보는 것에 따라 평가하였다. 이스라엘 백성들은 여호와를 잊어버리고 배신하고 다른 국가의 신을 좇을 때마다, 약하고 힘없는 자들을 잊어버리고 말았다. 하나님의 사랑은 과부와 고아와 나그네에 대한 섭리적인 돌보심에서 끊임없이 나타난다. 하나님께서 십일조 헌금을 제정하신 것도 그가 창조한 생명을 보존하고 살리기 위해서이다. 교회가 십일조 헌금을 어떻게 사용하느냐 하는 것은 교회의 영적 척도를 보여주는 중요한 요소이다. 마이클 퀵(Michael Quicke)은 교회의 나눔의 중요성을 다음과 같이 기술 하였다.

모이고 흩어지는 공동체의 존재에 관한 사역 강령을 만들었던 교회는 많은 사람이 선교적인 비전에 반대했던 관계로 교인 수가 150명에서 50명으로 급격하게 줄어들었다. 그런 후에 교회라는 존재가 무엇을 의미하는지에 대한 새로운 이해를 획득하게 된 예배자들로 공동체는 천천히 다시 세워졌다.[11]

초대교회 예배에서 드려진 헌금 사용에 대해 연구한 헨리 체드익(Henry Chadwick)에 따르면, 헌금의 4분의1 정도는 감독 또는 담임 교역자 생활비로 사용하고, 4분의 1은 기타 교역자들을 위하여 사용하고, 4분의 1은 교회 관리비로, 그리고 4분의 1은 가난한 자와 도움이 필요한 자들을 위하여 사용하였다.[12] 초대 교회는 헌금을 예배의 한 요소로 시행하였을 뿐만 아니라 성경에서 가르치는 헌금의 정신에도 충실하였다는 것을 알 수 있다.

초대교회는 말씀을 전하는 기능과 사회 봉사를 담당하는 기능을 구분하여 보다 전문화되고 조직화되었다. 특별히 초대교회에서 집사는 가난한 자들을 위한 기부금이나 재산 등을 관리하는 사람들이었다. 집사는 병자, 궁핍한 자, 특별히 과부, 고아, 죄인들을 찾아 방문하고 그들이 필요로 하는 것을 교회에 알리고 그들을 돕는 일을 실천하였다.

봉헌된 헌금 관리의 중요성

헌금의 정신이 잘 살아날 경우 하나님께 대한 예배 정신과 우리의 성숙한 삶의 중요한 역할을 할 수 있다. 하지만 헌금의 정신과 역할에 대한 인식의 중요성뿐만 아니라 헌금 관리를 지혜롭게 하는 것도 대단히 중요하다.

먼저 가난하여 헌금을 하지 못하는 성도들이 상대적 박탈감과 상처를 받지 않도록 헌금을 지혜롭게 관리하는 것도 중요하다. 둘째, 예배 시간에 헌금자의 이름을 말하고 기도하는 것은 바람직한 예배 정신이라고 보기 힘들다. 헌금한 사람을 개인적으로 축복해 주는 것도 중요하지만 헌금을 하지 못한 사람은 이러한 기도를 통해 소외를 경험할 수도 있다. 게다가 헌금을 축복 기도의 조건으로 삼는 것도 바람직하지는 않다. 교회는 성도들로 하여금 헌금은 하나님께 드린다는 인식을 갖도록 도와야 한다. 이러한 차원에서도 헌금자를 위해서 특별히 기도해 주는 것도 고려될 필요가 있다.

셋째, 주보에 헌금자의 명단을 공개하는 것과 명단과 함께 헌금액을 공개하는 것은 성경적 헌금 정신에 맞지 않다고 할 수 있다. 어떤 교회는 이렇게 하는 것은 헌금자가 헌금을 확인하게 하기 위해서라고 말한다. 그러나 헌금자 명단 공개가 이러한 이유 때문이라면 얼마든지 다른 방법으로 확인할 수도 있다. 헌금자가 헌금 관리를 하는 위원들에게 찾아가 개인적으로 확인할 수도 있고, 헌금한 개인 성도들에게 정기적으로 문자로 통보해 줄 수도 있다. 이렇게 하기 위해서는 헌금 봉투에 개인전화번호나 메일주소를 기록하게 할 수도 있고, 규모가 큰 교회에서는 사무직원들을 통해서 문자를 보낼 수도 있다. 마태복음 6장 3-4절에서 구제를 할 때 오른손이 하는 것을 왼손이 모르게 하라고 가르치는 정신에도 맞지 않다.

넷째는 헌금한 성도들을 위해서 개별적으로 기도하고, 헌금자의 명단을 공개하는 것은 헌금생활을 촉진하는 방법이 될 수도 있다. 헌금에 인색한 사람이나 헌금의 의미를 잘 모르는 성도들에게 이러한 방법은 어느 정도 도움이 될 수도 있지만, 문제는 이러한 방식이 표준화되고 영속화되면 헌금에 대한 부정적인 문화를 초래할 수도 있다.

다섯째, 헌금 강조 설교, 외부 부흥사나 강사를 초청하여 헌금을 종용하는 행위, 십일조 헌금을 복의 조건으로 여기거나, 헌금에 대한 하나님 편에서의 보상을 강조하며 복의 개념을 왜곡하는 것은 바람직한 헌금정신이 아니다.

여섯째, 헌금은 성경적인 가르침과 원리에 의해 관리하는 것이 바람직하다. 초대교회에서는 목회자는 기도와 말씀을 전하는 일에 집중하고, 물질의 관리와 나눔 사역은 집사들에 의해 실행되었다. 영국과 미국의 대부분의 교회들은 목회자가 재정 관리와 집행에 관여하지 않는다. 목회자들은 목양과 말씀 사역에 전념하고, 재정과 관계된 사항은 장로와 집사의 임무로 되어있다.

〈미주〉

1 송인규, 『아는 만큼 누리는 예배』(서울: 홍성사, 2004), 126.
2 "The First Apology of Justin," *the Martyr in Early Christian Father*, 67, 287.
3 송인규, 『아는 만큼 누리는 예배』, 127.
4 John Calvin, *Institutes of Christian Religion*, II. 8. 55.
5 M. Douglas Meeks, *God the Economist: The Doctrine of God and Political*

Economy (Minneapolis: Augsburg Fortress, 1989), 101.

6   John M. Hull, "Christian Education in a Capitalist Society: Money and God," David Ford and Dennis L. Stemps eds., *Essentials of Christian Community: Essays in Honour of Daniel W. Hardy* (Edinburgh: T&T Clark, 1996), 241-252. "Bargaining with God: Religious Development and Economic Socialization," *Journal of Psychology and Theology* 27, 3 (1999): 241-249. "Competition and Spiritual Development," *International Journal of Children's Spirituality* 6, 3 (2001): 263-275. "Spiritual Development: Interpretations and Applications," *British Journal of Religious Education* 24, 3 (2002): 171-182를 참조.

7   Pablo Richard 외, 『죽음의 우상 생명의 하느님』, 기춘 옮김 (서울: 가톨릭출판사, 1993), 13.

8   Pablo Richard 외, 『죽음의 우상 생명의 하느님』, 40.

9   Douglas Meeks, *God the Economist*, 21.

10 John Chrysostomus, "The Congressman Who Can's Stomach Hunger," *Christianity Today* (June 20, 1994), 15.

11 Michael J. Quicke, *Preaching as Worship*, 150.

12 Henry Chadwick, 『초대교회사』, 서영교 옮김 (서울: CLC, 1983), 59.

제4부

현대 예배와 영혼의 어두운 밤

13   현대 예배의 유형과 예전의 흐름
14   예배와 영혼의 어두운 밤

13

현대 예배의 유형과 예전의 현대적 흐름

현대 예배의 유형

예전적 예배 유형

　예전적 예배는 역사적인 전통을 중요하게 여길 뿐 아니라 형식적인 경향이 있다. 예전적 예배는 이성적이고 합리적인 방법들 안에서 말씀을 듣고 보는데 초점이 주로 맞추어져 있다. 개신교회에서는 주로 연합감리교회, 장로교, 연합그리스도교, 성공회, 루터교 등이 주로 예전적인 예배를 실행하고 있다. 예전적 예배의 가장 두드러진 특징 중 하나는 예배 순서들이 주로 예배서나 기도서를 따라서 교회에 의해 자세히 규정되어있다는 것이다. 예전적 예배는 교육적인 특징이 강하고 전통적인 교회 음악이 차지하는 비중이 크다. 예전적 예배는 일반적으로 "예식서에 의존하고, 직선적이며, 배타적이고, 염세적이며, 현대 문화에 무관심하다는 점에서 문제가 된다."[1]

예전적 예배는 다음과 같은 일반적 특징이 있다.

- 수직적인 방향이다.
- 하나님의 초월성에 초점을 맞춘다.
- 하나님 중심이다.
- 고전적인 기도, 찬송가, 성가대 찬양, 기타 등이 있다.
- 매주 혹은 자주 성찬식을 갖는다.
- 상징의 두드러진 사용, 예배 장식천의 사용, 의도적인 집기 배치, 상징적인 건축이 있다.
- 회중의 참여가 많다.
- 예전을 전체적으로 기도로 여긴다.[2]

예전적 예배의 장점은 다음과 같이 이해될 수 있다.

- 성경에 기초한다.
- 강한 경건 의식이 있다.
- 대체로 객관적이다.

- 세계적인 공동체 의식이 있다. 즉 예배 내용과 순서가 같은 교단에 속한 다른 교회의 예배와 비슷하다.
- 참여적이다.[3]

하지만 예전적 예배는 다음과 같은 단점이 드러날 수 있다.

- 예배의 수평적인 차원을 무시할 수 있다.
- 현대적 표현에 있어 유연성이 적을 수 있다.[4]

예전적 예배는 교육적인 예배 성격이 강하기 때문에 '앎'에 대한 플라톤적 방식을 반영한다.[5] 즉 플라톤적 인식 방식은 생각하는 것을 중요하게 여긴다. 많이 알고 깊이 생각하면 삶에 영향을 준다고 믿는 사고 방식이다. 때문에 행동보다는 사람들로 하여금 진리에 대한 인식과 내면적 성찰을 지향하는 예배를 드린다. 때문에 예배는 이성 중심적이다.

전통적 예배 유형

전통적 예배 유형은 예전적 예배와 같이 교회력을 지키는 등 외관상 비슷한 것이 많이 있기 때문에 예전적 예배와 혼동될 수 있다. 그러나 전통적 예배는 몇 가지 면에서 예전적 예배와 구별된다. 가장 큰 차이점 중 하나는 전통적 예배에서는 인도자들이 교단의 예전 계획을 따르거나 기도서를 사용해야 할 의무가 없다는 것이다.[6] 교단의 지침이 제공되기는 하지만 예배를 계획하고 인도하는데 있어 많은 자유가 있다. 전통적인 예배 유형은 대부분의 한국 개신교 예배에서 발견되는 유형이다.

전통적 예배는 다음과 같은 일반적 특징이 있다.

- 4중 구조 예배 순서를 지키려고 한다. 즉 성찬이 없는 주일이 많지만 기본적으로 4중 구조를 가지고 있다.
- 찬송가에 기반을 둔다.
- 성가대에 기반을 둔다.
- 권위 있는 합창 작품을 사용한다.
- 오르간과 피아노가 주된 악기이다.
- 항상은 아니지만 성구집에 기반을 둔다.
- 표준적인 기도 유형을 사용한다(연도, 회개 기도, 주기도, 기타).[7]

전통적 예배의 장점은 다음과 같이 이해될 수 있다.

- 풍부한 내용의 유산을 사용한다.
- 찬송가들과 기도들은 좋은 신학의 보고이다.
- 일반적으로 객관적이다.
- 여러 세대가 함께 모이는 경향이 있다.[8]

하지만 전통적 예배는 다음과 같은 단점이 드러날 수 있다.

- 현 시대의 신선한 창의성을 무시하는 경향이 있다.

- 성가대와 특별 음악의 높은 참여로 인해 공연 예배가 되는 경향이 있을 수 있다.
- 프로그램 예배 대 기도 예배를 강조할 수 있다.[9]

전통적인 예배는 회중의 양육의 강조점을 두는 경향이 있기 때문에 예배는 설교 중심적 경향이 있다. 전통적인 예배에서 설교의 강조점은 하나님의 말씀을 깊이 깨닫고 실천하는데 초점을 둔다. 전통적 예배 유형은 이성 중심적 경향이 강하기 때문에 진리에 대한 바른 인식을 중요하게 여긴다.

현대적 예배 유형

현대적 스타일 예배 또는 찬양 중심적 예배의 가장 두드러진 특징은 찬양이 예배의 많은 부분을 차지한다. 이 예배는 탈 형식적이고, 음악적인 형태로 복음을 증거한다. 찬양 중심적인 이 예배는 "현대적 감각을 느끼게 하며, 가슴과 감정에 초점을 맞춤으로써 정서를 자극한다. 분위기는 고원의 축제와 유사하며, 예배는 삶의 중심이 된다."[10] 이 예배는 현대 문화에 익숙한 청년들이 전통적인 예배에 적응을 못하자 그들의 문화와 상황에 맞게 예배의 형식에 변화를 추구하는 과정에서 비롯되었다.[11] 또한 전통적인 예배가 삶과 직접적 관련이 없는 주제와 지루하고 역동성이 없는 예배, 죄의식이 지나치게 강조하는 분위기 등을 부정적으로 느끼고 교회를 떠난 사람들을 다시 찾게 하고, 나아가 비신자들에게 친숙한 예술적 장르들의 효과적인 활용을 통해 그들을 효과적으로 신앙으로 인도하려는 가운데 70년대에 주로 본격화되기 시작했다. 이러한 예배에 주도적 역할을 한 교회는 미국의 윌로우크릭(Willow Creek Community)교회라고 볼 수 있다.

현대 찬양 예배 또는 현대적 스타일의 예배의 중요한 두 가지 두드러진 특징이 있다. 첫째, 현대 음악과 분리될 수 없는 특징이 있다. 많은 현대적 예배가 음악을 제외하고는 스타일면에서는 전통적 예배와 다름이 없지만 중보 기도, 성경 낭독, 헌금 봉헌 같은 요소들은 축소되고 찬송과 설교만으로 구성된 2중 구조 예배가 되었다. 둘째, 현대적 예배는 사실 부머(Boomer) 세대와 밀접하게 관계되어 발전하였다. 베이비 부머 세대가 나이가 들어가면서 젊은 세대들이 전통적인 음악에 적응을 못하고, 전통적인 음악에 대해 흥미를 갖지 못하였다. 이머징교회 운동은 세대가 현대적 예배로부터 멀어져가고 있다는 한 예이다.[12] 현대적 예배에는 다음과 같은 특징들을 가지고 있다.

현대적 스타일 예배 또는 찬양 예배는 다음과 같은 일반적 특징이 있다.

- 음악 주도적이다.
- 찬양 코러스를 토대로 한다.
- 현대 악기(주로 전자 악기)를 사용한다.
- 찬양팀이 인도한다.
- 하나님의 임재에 초점을 맞춘다.
- 주관적인 경향이 있다.

- 현재 유행하는 현대적인 편곡을 사용한다.
- 기술 사용에 관심을 갖는다.
- 분위기와 외관이 격식을 차리지 않는다.[13]

현대적 스타일 예배 또는 찬양 예배의 장점은 다음과 같이 이해될 수 있다.

- 하나님과의 친밀감을 조성한다.
- 즐거운 예배를 증진한다.
- 구도자 친화적이다(참여를 위해 공동체의 많은 지식을 요구하지는 않는다).
- 기술을 사용하는데 있어서 문화와 결부시켜 생각한다.[14]

하지만 현대적 스타일 예배 또는 찬양 예배는 다음과 같은 단점이 드러날 수 있다.

- 주관적인 예배로 기울어진다.
- 예배 자가 하는 일에 대한 강조가 너무 많고 하나님이 행하신 일에 대한 강조는 너무 적다.
- 공동의 표현보다는 개인의 표현을 강조하는 경향이 있다.[15]

찬양 예배는 깊이 묵상하는 예배보다는 마음의 상처와 불완전한 삶을 안고 오는 사람들이 많이 있기 때문에 그들의 삶을 향한 하나님의 뜻을 가르치고 믿게 하는데 초점이 주로 있다. 찬양 예배의 앎의 방식은 플라톤적 방식에 반대되는 아리스토텔레스적인 방식을 반영한다.[16] 찬양 예배는 깊이 생각하고 묵상하는 예배보다는 온몸으로 행동하는 예배를 지향한다. 찬양 예배는 이성보다는 감성 중심적 성향이 강하다.

이머징 예배 유형

이머징(emerging)이란 용어는 원래 '방이나 차량 등과 같은 것에 둘러싸여 있거나 어두운 공간으로부터, 혹은 보이지 않는 곳으로부터 나아옴'을 의미한다. 이머징 예배의 선두 주자인 댄 킴벌(Dan Kimball)도 이에 대해 '고전적 신앙 예배'(vintage faith worship)라고 부르기도 한다. 이머징 예배는 초대교회 예배와 현대 예배의 절충적인 특성이 있다. 이머징 예배는 "사람들이 느끼는 필요에 의해서가 아니라 하나님은 누구시며 자신들은 누구이며 그리고 자신들은 어떤 존재가 되도록 창조되었는지를 인식하는 것으로부터 시작한다."[17] 전통적인 예배나 찬양 예배에서는 설교와 찬양이 많은 비중을 이루고 있지만 이머징 예배는 하나님 체험을 중요하게 여기고 다감각 예배를 중요하게 여긴다.[18] 때문에 노래들, 기도들, 공간 구조, 불빛과 같은 시각적인 것들 등이 모든 것이 하나님을 체험하는데 중요한 역할을 할 수 있다고 여긴다. 이머징 예배는 이성과 논리를 기초로 한 예배보다는 체험과 신비를 중요하게 여기는 예배를 지향한다.[19]

이머징 예배는 다음과 같은 일반적 특징이 있다.

- 인간의 정신에 대해서 이상주의적이지 않다.
- 본질상 감각적이다. 즉 예배에서 오감을 모두 사용하는 것을 가치 있게 여긴다.
- 경험적이다. 참여자들이 예배에 직접 관여한다.
- 리더들의 상하조직이 아니라 공동으로 인도한다.
- 고대의 예배 형식을 현대적인 방식으로 인식한다.
- 모든 예술 형식을 현대적인 방식으로 인식한다.
- 모든 예술 형식을 높이 평가한다. 즉 모든 예술 형식들은 하나님을 경험하는 것을 돕는다.
- 기술에 적당한 관심을 갖는다. 하지만 기술을 다소 인위적인 것으로 본다.
- 사람들을 그리스도와 관계를 맺게 하도록 노력한다.
- 예배를 재조정으로 여긴다. 즉 내가 하나님께 맞추는 것이지 하나님이 내게 맞추는 것이 아니다.[20]

이머징 예배의 장점은 다음과 같이 이해될 수 있다.

- 참여적이다.
- 많은 종류의 예술가들이 예배를 표현할 수 있도록 한다.
- 많은 예배 형식을 높이 평가한다.
- 다감각적인 경험을 존중한다.

- 현재의 세계관과 연결한다.[21]

하지만 이머징 예배는 다음과 같은 단점이 드러날 수 있다.

- 전체 공동체가 하나님으로부터 들은 말씀을 말함으로써 하나님 말씀의 역할에 협상의 여지가 있다. 즉 설교 등이 필요하지 않을 수도 있다.
- 꼭 설교하도록 부름을 받고 설교 훈련을 받은 사람일 필요가 없이 공동체가 하나님의 말씀을 해석한다.
- 개인주의적 경향이 있다. 예배자들이 개인의 예배 행위들을 하는 것 대 회중 단위로 공동체로서 예배 행위를 하는 것이다.
- 유지하는 데 많은 힘을 쏟는다. 계획, 자금, 모금, 창의성 등이 많이 요구된다.[22]

이머징 예배가 인간의 오감을 통한 전인적 복음 경험으로 이끌고 있다는 것과 참여성 강조, 다양한 인식 매개들 활용, 예수 중심, 말씀이 회중에게 충분히 노출되도록 추구한다는 것에서는 예배 실천에 중요한 의미가 있다. 하지만 다감각적인 시대의 배경 속에서 살아가는 사람들에게 특정 문화 양식을 마치 선험적 관습인 것처럼 일반화시킬 위험도 있다. 다른 하나는 이성 중심적 예배 전통의 틀에 익숙해 온 사람들에게 이머징 예배와 같은 전면적 변화는 문화적 충격이 될 수 있기 때문에 교회 현실에 맞게 적용할 필요가 있다.

예전의 현대적 흐름

　예전의 다양한 형태와 실천적 차이에도 불구하고 최근의 해석들 사이에는 괄목할만한 몇 가지 유사성이 나타나고 있다. 이러한 유사성을 가리켜 브라우닝(Robert Browning)과 리드 (Roy A. Reed)는 "성례에 관한 교회 연합적 이해"라고 부르면서, 그 대표적인 특징을 다섯 가지 항목으로 요약하여 기술하였다.[23]

　첫째, 과거에는 성례의 의미를 규명할 때 실체론적(substantialistic) 해석의 정당성에 관한 신학적 논쟁이 주요 관심으로 부각되었지만 최근에는 현상학적(phenomenological) 시각에서 성례의 의미를 재해석하려는 양상으로 그 관심의 초점이 바뀌고 있다는 것이다.[24] 예를 들면, 종교 개혁 당시 떡과 포도주에 대한 신학적 해석에 집중하여 그리스도의 임재에 대한 논쟁이 치열하였기 때문에 성만찬에 참여하는 사람들에게 일어나는 내적 변화 등에 대해서는 특별한 관심이 모아지지 않았다. 그러나 현대 상황에서는 성례에 대한 신학적 논쟁보다는 성례전에 참여하는 사람들이 구체적으로 체험하는 그리스도의 임재에 대한 경험적 차원에서의 분석에 초점을 맞추는 현상학적 접근을 통해 의미있게 수행할 수 있다고 보는 데에 학자들의 공통적인 관심이 모아지고 있다. 다시 서술하면, 성례전에 참여하는 사람들의 변화와 공동체적이고 선교적인 의미 등을 파악하려는데 현상학적 접근의 특성이 있다.[25] 이러한 현상학적 접근은 무엇보다도 성례의 본질과 의미를 성례 참여자들이 직접적으로 경험하는 하나님의 사랑에 대한 의식으로 파악하려는 것이라고 할 수 있다. 다시 서술하면, 성례전의 참여를 통해 얻게 되는 하나님의 은총은 궁극적으로 떡이나 포도주와 같은 중재물 그 자체와 관련된 것이 아니라, 성례전에 참여하는 사람들의 의식과 경험에 직접적으로 관련된 하나님의 뜻과 역사로 이해되어야 한다는 것이 최근의 논의에서 주장되는 요지이다.[26]

둘째, 전통적으로 성례전은 사람들을 세속적인 삶으로부터 거룩한 삶의 모습으로 변형시키는 특정의 종교 의식으로 이해되어왔다. 하지만 최근에는 이와 대조적으로 인간 삶의 전체 영역에서 역사하시는 하나님의 활동을 상기시키면서 신앙인의 책임과 사명에 관해 생각하고 실천을 위한 상징적 행위의 의미로 해석되고 있다. 다시 서술하면, 이러한 해석은 성례전에 참여하는 사람들로 하여금 일상적인 삶 속에서 역사하시는 하나님의 은총과 사랑을 직접 보고 느끼게 하는 신앙적 또는 종교적 경험으로 이해되어야 한다는 것이 성례에 관한 최근의 새로운 해석에서 제기되는 내용이다.

셋째, 과거에는 하나님의 은총을 인간에게 중재하는 최상의 통로로서 말씀과 성례 중 하나만을 상대적으로 강조해 온 신학적 입장의 차이로 인해 말씀과 성례 중에 어느 한쪽으로 치우치는 경향이 있어 왔다. 예를 들면, 예전을 중요하게 여기는 교회들은 성찬 중심의 예배를 강조하고 말씀을 중요하게 여기는 교회들은 설교 중심의 예배를 드려왔다. 하지만 최근에는 말씀과 성례 사이의 상호 호혜성을 인정하는 맥락에서 성례의 의미가 재해석되고 있다.[27] 다시 서술하면, 개신교회는 말씀의 선포를 통한 하나님의 은총을 그리고 로마가톨릭교회는 성례를 통한 하나님의 은총을 상대적으로 더욱 강조하는 입장이었지만 최근에는 개신교회에서는 성례의 가치를 그리고 로마가톨릭교회에서는 말씀 선포의 중요성을 새롭게 강조하는 흐름이 나타나고 있다.

넷째, 과거에는 성례의 의미가 성례 참여자들의 권리를 취득하는 주요 수단으로 이해되는 경향이 있었지만, 최근에는 긴 인생 여정을 살아가는 신앙인들이 거쳐가는 일련의 통과의례 과정으로 해석되는 경향이 나타난다. 보다 더 구체적으로 설명하면, 성례는 신앙인들로 하여금 교회생활과 사회생활을 대립적 구분관계로 보지 않고 신앙의 성숙을 통전적인 차원에서 해석하는 맥락에서 성례의 교육적 기능과 선교적인 의미를 규명하려는 것이다.

다섯째, 과거에는 예전이나 성례에 관한 교파간의 신학적 해석의 이질성을 밝히는데 관심이 모아졌지만, 최근에는 교회 연합적인 차원에서 성례에 관한 교파간의 대화의 노력들이 일어나고 있다. 물론 제임스 화이트의 견해처럼, 성례의 의미를 하나님의 주권적 활동과 인간의 수동적 수용이라는 구조로만 해석하려는 입장과 성례를 하나님의 활동을 기억, 축하, 격려하는 인간의 행위로 보는 입장 사이에 차이가 있지만, 성례에 대한 초교파적인 신학적 해석이 뚜렷하게 표출되는 특징이 나타나고 있다.

여섯째, 성례의 공동체적 의미와 교육적 기능 등이 중요하게 인식되고 있다. 과거에는 예전과 교육이 상호 별개의 영역으로 이해되어 왔지만, 최근에는 예전과 교육 간의 상호 관련성을 중요시하는 맥락에서 예전의 의미가 재해석되고 있다.[28] 개신교회에서 이같은 인식의 변화가 일어나야 할 필요성을 재기한 대표적인 학자 중의 한 사람은 존 웨스터호프(John H. Westerhoff, III)이다. 그에 의하면, 예전에의 참여 그 자체는 바로 의미 있는 종교적 교수-학습 과정이며, 동시에 종교적 문화화(enculturation)를 가능하게 하는 교육 행위라고 보았다.²⁹

웨스트호프는 기독교의 신앙을 후대에 효과적으로 전수시킬 수 있는 최상의 방법으로 예전을 제안한 대표적인 학자이다. 그가 예전의 교육적 기능을 새롭게 부각시키려했던 주요 이유는 학교 교육의 수업 형태를 모방하고 있는 교회 교육의 교수-학습 과정은 기독교의 전통전인 신앙 형태를 효과적으로 전수하는데 적절하지 않다고 여겼기 때문이다. 기독교 공동체는 수업이나 강의 형태의 신앙 교육보다는 신앙 공동체 구성원들 간의 상호 작용을 토대로 한 교육이 더 효과적이라고 보았기 때문이다. 특히 그는 '세 세대'(three generation)에 걸쳐 형성될 수 있는 신앙 공동체 구성원 사이의 상호 작용의 중요성과 교육적 효과를 강조하였다. 그는 이러한 신앙 전통의 전수현상을 가리려 문화화 과정이라고 불렀다.³⁰

신앙의 사회화 과정으로서의 예전

웨스터호프는 오늘날 교회 교육의 가장 심각한 현상 중의 하나는 기독교 신앙이 다음 세대에게 제대로 전수되지 못하고 신앙에 관한 지식만을 가르치는것이라고 하였다. 이러한 현상은 신앙 교육이 이루어지지 못하고 기독교 지식의 소개와 보급이라는 과업에만 지나치게 몰두하고 있기 때문이라는 것이다. 그러나 신앙 교육이란 일반 학교 교육과는 달리 기독교적 지식의 전수라는 단순한 차원을 넘어서 교육의 참여자들로 하여금 신앙적 삶을 살아갈 수 있도록 도와주는 일을 궁극적 목적으로 삼아야 한다는 것이다.

웨스터호프는 이와 같은 성격과 목표를 가진 기독교 교육의 특성을 가리켜 '종교 사회화'의 과정이라고 규정하였다.[31] 즉 그는 신앙 공동체 구성원 사이의 상호 작용을 통해 소개받고 경험하며 전유하게 되는 신앙의 형태는 바로 신앙 또는 종교 사회화를 통해 형성된다고 보았다. 웨스터호프가 사회화를 강조한 것은 교회 교육이 단지 지식전수에서 신앙 공동체를 통한 신앙을 형성하는 교육으로의 전환이 필요하다는 것을 역설하기 위한 것이다. 다시 서술하면, 종교 사회화의 과정은 개인들이 신앙 공동체생활을 통해 그 구성원들과 상호작용을 함으로써 특정의 가치체계나 삶의 양식을 배워가는 종교 교육의 과정이다. 종교 사회화의 과정이란 한 인간으로 하여금 특별한 가치체계를 터득하고 그에 따라 자신의 역할을 책임적으로 수행할 수 있도록 함으로써, 인지, 정서, 행동의 차원에서 특정한 삶의 형태를 추구하게 하는 신앙 공동체적 생활 양식에 참여하는 과정이다. 그러한 참여를 통해 형성하게 되는 자아 정체성을 발전시키도록 이끄는 과정이 바로 종교 사회화이다.

기독교 신앙의 전수와 교육은 학교 수업형의 교수법보다는 기독교 신앙이 생생하게 일어나는 공동체 안에서 자연스럽게 불러일으켜지고 자각되는 방법을 통해서 가장 효과적으로 달성될 수 있다고 여겼다. 이런 맥락에서 웨스트호프는 기독교의 신앙 전통을 후 세대에 효과적으로 전수시킬 수 있는 최선의 방법은 다양한 형태로 구성되어 있는 예전이라고 하였다. 물론 웨스터호프가 수업 형태의 교육을 모두 부정하는 것은 아니다. 수업 형태의 패러다임에 의해 주로 구성된 교육에만 의존하기보다는 다양한 예전에의 참여를 통한 종교 사회화가 중요하다는 것이다. 왜냐하면 총체적인 의미의 기독교의 신앙 전통 자체를 다음 세대에 전수시키기 위해서는 교회 회중으로 하여금 신앙 공동체의 의례, 예식, 상징, 신앙고백에 직접 참여함으로써 신앙적 삶의 양식을 터득하고 이를 계승하는 종교 사회화의 과정이 더욱 효과적일 수 있기 때문이다.

이런 맥락에서 웨스터호프는 효과적인 종교 사회화 과정을 이끌어 낼 수 있는 신앙 공동체의 기본 조건 혹은 특성을 네 가지로 제시하였다. 첫째, 신앙 공동체는 동일한 신앙 전통에 대한 기억, 이해, 전승이라는 공통의 목적과 이를 토대로 구성된 종교적 행동 양식을 공유하려는 공통의 의지가 선행되어야 자아 정체성을 유지하면서 공동의 신앙 전통을 추구할 수 있는 공동체로의 성장할 수 있다는 것이다.[32]

둘째, 신앙 공동체의 구성은 그 규모에서 너무 방대하지 않아야 한다는 점이다. 웨스터호프는 효과적인 사회화가 이루어지기 위해서는 신앙 공동체의 인원은 300명 정도의 규모가 좋다고 하였다. 왜냐하면 의미 있는 신앙 공동체로 그 자아 정체성이 유지되기 위해서는 그 구성원들 사이의 친교와 배려가 필요할 뿐 아니라 각 개인의 신앙 형성 과정에서 야기될 수 있는 여러 가지 어려움을 함께 공유할 수 있을 만큼의 친밀한 관계가 유지될 수 있을 정도로 그 규모를 제한할 필요가 있기 때문이라는 것이다.[33] 웨스터호프의 이러한 견해는 특히 한국교회가 대형교회로 재편되고 있는 상황에서 교육의 인식전환이 요구 된다고 할 수 있다. 대형교회가 프로그램과 지식전수를 위한 교육적 구조와 자원에서는 강점이 있다고 할지라도 신앙의 사회화 차원에서는 맹점을 가지고 있다고 할 수 있기 때문이다. 즉 대형화된 교회에서는 신앙 공동체의 삶의 양식을 통한 교육은 현저히 약화될 수밖에 없기 때문이다.

셋째, 종교 사회화를 가능하게 할 수 있는 신앙 공동체의 구성 형태로서는 세 세대(three generation)의 공존과 그 세대들 사이의 의미있는 상호작용이 전제되어야 할 필요가 있다는 것이다.[34] 구체적으로 서술하면, 제1세대는 미래를 향한 비전을 지닌 세대이고, 제2세대는 현재를 살고 있는 세대이며, 제3세대는 과거의 기억을 지니면서 살아가는 세대라고 특징지을 수 있는데, 여기서 제2세대는 제3세대인 기억의 세대와 제1세대인 미래의 세대 사이의 교량 역할을 함으로써 현재의 삶 속에서 바람직한 신앙적 자아 정체감을 확립해 나아갈 수 있게 된다는 것이다.

넷째, 신앙 공동체에서는 서로 협력하는 삶의 형태가 중시될 필요가 있다는 것이다. 즉 다른 은사와 기능을 지닌 여러 사람들로 구성된 신앙 공동체는 구별되는 각자의 역할이 충실하게 수행되어야 할 뿐 아니라 여러 기능들 사이의 협력이 이루어져야만 공동체로서의 가치를 유지할 수 있기 때문이다. 과거로부터 이어져 온 신앙의 전망을 현재의 삶 속에서 전수받아 구체화시키며, 또 이를 다음 세대로 계승시키기 위해서는 그들 간의 협력적인 관계 형성이 필연적으로 요청된다는 것이다.[35]

신앙의 문화화 과정으로서의 예전

웨스터호프가 이해한 예전은 교회생활의 핵심적 구성 요소로써 예배를 통해 하나님의 말씀을 듣고, 성찬에 참여하며, 교회와 세계를 위해 기도하고, 신앙을 새롭게 함으로써 삶을 변화시키는 신앙 공동체의 공식적인 행위 전체를 포괄하는 의미이다. 그 중 특히 의식(ritual)은 공동체가 기억하고 본 것을 표현하는 반복적이고 상징적인 행위로써 과거와 현재와 미래를 통합하면서 새로운 의미를 창출하게 하는 실존적인 의미의 종교적 또는 신앙적 행위를 가리킨다. 신앙 공동체 구성원들은 이 같은 의식을 통해 삶의 의미와 목적을 재확인하고, 그에 따라 삶을 더욱 온전한 모습으로 형성하려는 특징을 지닌다. 이러한 관점에서 의식에의 참여는 곧 상징적 행위로써 이루어지는 하나님과 인간 사이의 상호작용에 참여하는 것을 말한다. 또한 하나님과의 관계뿐만 아니라 신앙 공동체 구성원 각자의 개인적이며 사회적인 차원의 행동 양식에 대한 재확인과 성찰을 격려하는 행위까지를 포함한다고 볼 수 있다.[36]

이처럼 신앙 전통을 내면화(internalization)시킴과 동시에 그 신앙 전통이 교회 밖의 사회에서도 외재화(externalization)될 수 있도록 신앙 공동체 구성원들을 도와주며 촉진하는 신앙적 의식의 형태를 웨스터호프는 두 가지로 분류하였다.[37] 하나는 사람들을 기독교적 신앙 전통과 관련 맺게 하는 연대 의례(rites of solidarity)이다. 다른 하나는 사람들이 일생을 살아가는 동안 거치게 되는 의미 있는 사건들과 연계된 통과 의례(rites of passage)이다. 연대 의례는 삶의 의미 부여와 목적 설정 등에서 구성원들이 공통적으로 지니는 공동체 의식이나 소속감 등을 의미한다. 이는 공식적인 예배나 성찬에 참여함으로써 얻게 되는 특정의 연대 의례이다.[38] 통과의례는 일생을 살아가면서 의미있는 경험이나 변화를 축하하는 의식을 말한다. 이는 개인적으로는 출생, 결혼, 죽음과 관련된 의식이며, 공동체적으로는 교회 창립 등과 관계된 일련의 축하 의식이다.[39] 웨스터호프는 이러한 두 의례의 참여를 통해 신앙 공동체의 구성원들은 공동체적인 삶을 지향하는 신앙적 또는 종교적 경험과 하나님의 뜻을 이 땅에 구현하게 하는 '예언자적 행동'을 결합시켜야 한다고 하였다.[40]

이와 같은 예전에의 참여를 통해 기독교의 신앙 전통을 보다 효과적으로 전수시키는 것과 기독교적 삶을 형성해가는 과정을 웨스터호프는 신앙 공동체의 문화화라고 하였다.[41] 교회 교육이 상대적으로 신앙의 인지적 차원에 중점을 두어왔다면, 예전 참여를 통한 교육은 인지적 차원의 신앙 이외에도 정서적 차원의 신앙을 효과적으로 발전시키는 데까지 나아갈 수 있다. 또한 단지 지식 전수의 교육을 할 때는 사람들이 수동적인 위치에 놓이게 되지만 예전의 참여를 통한 교육은 능동적이며 자발적인 참여를 상대적으로 고무시킬 수 있는 장점을 지닌다고 할 수 있다.[42]

예전 참여를 통한 문화화 과정은 사회화(socialization)의 과정과는 구별되는 개념이다. 신앙의 사회화 과정은 신앙 공동체 안에서 다양한 경험과 다른 사람의 활동으로부터 필연적으로 받게 되는 여러 가지 형태의 영향력이 강조되는 반면, 문화화는 여러 연령층의 사람들 사이에서 또한 그 전체 속에서 진행되는 상호작용의 과정이 강조된다. 다시 서술하면, 문화란 사람들이 자신에 대한 이해와 삶의 방식을 터득하고, 유지하고, 변혁하며, 또한 그것을 전수하기 위해 활동하는 상호 호혜적 경험과 환경에 초점을 맞추는 맥락에서 그 개념이 정의되는 특징을 지닌다. 이러한 관점에서 문화화의 과정에서는 영향을 주는 사람과 영향을 받는 사람이 별도로 구분되지 않으며, 모든 구성원들이 모두 함께 자신 이외의 구성원들에게 응답하도록 기대되는 위치에 놓여 있게 되는 것이다. 문화화란 한 사람이 다른 사람들과 더불어서 함께 할 수 있는 일이 과연 무엇인지에 대해 질문하는 대등한 양자 사이의 대화적 관계로 구성되는 특징을 지닌다는 것이다. 이 같은 문화화의 모형을 통해 신앙 공동체의 모든 연령층 사람들이 함께 참여하는 상호 관계적 경험의 공유가 가장 효과적인 교육의 결과로 이어질 수 있는 것이며, 바로 이 점에서 예전의 교육적 기능의 효과적인 수행 가능성을 발견하게 되는 것이다.[43]

하나님과 커뮤니케이션으로서의 예전

예전을 신앙의 사회화와 문화화의 과정으로 이해한 웨스터호프의 관점은 부분적으로 비판을 받게 된다. 특히 로버트 브라우닝과 로이 리드는 웨스터호프가 예전의 본질을 이해할 때 지나치게 과거 중심적인 해석으로 인하여 예전을 통해 현재 역사하시는 하나님의 활동과 충분히 연계시키지 못했다는 것이다. 다시 서술하면, 예전은 교회 공동체 구성원들이 지켜야 할 전통적 규범 조항 중 하나로서가 아니라 하나님과의 상징적 커뮤니케이션을 통해 하나님의 현재 활동을 직접적으로 경험하는 신비적 사건으로 이해되어야 한다는 것이다. 브라우닝과 리드는 신비적 사건이란 하나님에 의해서 일방적이며 단독적으로 이루어지는 것이기보다는 성례나 예전에 참여하는 회중들과 더불어 그리고 그 회중들 속에서 행해지는 인격적이며 상호작용적인 사건으로 이해되어야 한다는 것이다.[44]

브라우닝과 리드는 예전의 중요한 요소인 성례의 본질과 특성을 다음과 서술하였다.[45] 첫째는 모든 삶은 성례전적인 것이다. 둘째는 성례란 인간에게 내리신 하나님의 선물이라는 사실을 보여주는 상징으로서 인간은 다른 피조물들과 더불어 하나님께 속한다는 것을 인식하게 하는 기능을 한다. 셋째는 하나님의 은총은 많은 방법으로 가시화되나, 그 중 그리스도를 통해서 나타난 은총은 유일한 것이다. 넷째는 교회 그 자체는 그리스도의 성례이다. 다섯째는 성례전적 사건들은 교회와 세계 안에서 보여 지는 그리스도의 임재이다. 여섯째는 성례는 인간들의 인지적 차원의 회상이나 정서적 차원의 독백이 아니라 인간들의 헌신과 행동을 불러일으키는 성령의 현재적 활동이며 힘이다. 일곱째는 성례는 하나님 나라와 연계된 행위이며, 그 미래적 모습을 보여주는 표지이다. 여덟째는 성례는 인간들에 의해 수행되는 의미 있는 행위로써 인생 주기의 변화에 따라 새롭게 요청되는 신앙의 성숙과 인간적 필요에 응답하게 하는 기능을 한다.

신앙 공동체의 행동 양식으로의 예전

전통적인 예전은 예전에 대한 신학적 이해와 예식에만 초점을 두고 예전 참여자들에게 어떤 의미가 있는지에 대해서는 상대적으로 소홀했다고 할 수 있다. 루이스 웨일(Louis Weil)은 이러한 전통적인 예전의 형태를 극복하기 위해서는 예전의 참여자들이 예전 집례과정 중 실제로 보고, 느끼며, 생각하는 총체적 차원의 경험을 무시하거나 배제하지 않는 맥락에서 새롭게 구성할 것을 피력하였다. 웨일은 예전을 총체적인 차원에서 신앙을 축하하는 행위라고 규정하였다. 때문에 예전에의 참여를 통하여 전인적이고 통전적인 차원의 신앙 경험과 성숙을 도모해야 한다는 것이다.

이러한 관점에서 예전의 본질을 규명하는 적절한 방법으로서 통전적 접근을 주장한 웨일은 예전을 통해 신앙을 가르치는 것이 아니라 상징적인 행위와 더불어 신앙을 축제화하는 것이라고 규정하였다. 여기서 축제화란 개인적 차원의 축하가 아니라 신앙 공동체 구성원들의 공통적이며 집단적인 성격을 축하하는 행위를 의미하는 개념이다. 이와 같은 맥락에서 볼 때, 예전의 수행은 예전 참여자들로 하여금 예전의 의식들이 기호(signs)를 통해서 불러일으켜지는 구원의 신비를 신앙 공동체 구성원들과 함께 경험하면서, 그 경험을 토대로 더욱 성숙된 형태의 신앙 생활을 지속하게 하려는 데 목적이 있다.[46]

그러나 문제는 오늘날 신앙적 경험이 공동체적 차원에서 이해되지 않고 주로 개인주의적 차원에서 해석되고 있기 때문에 예전 참여자들은 무의식적으로 이 같은 개인주의적 태도와 더불어 예전에 참여함으로써 결과적으로 예전의 기본적 상징이나 행위들을 바르게 이해하지 못하고 있다는 것이다. 웨일은 예전적 행위들은 신앙 공동체 구성원들에 의해 공유된 집단적 행동 양식을 표출하는 것이어야 하며, 동시에 그 구성원들의 신앙성숙에 도움이 되는 양육적 기능수행의 한 형태로서 구성될 필요가 있다고 하였다.

〈미주〉

1 Andy Langford, 『예배를 확 바꿔라』, 전병식 옮김 (서울: KMC, 2007), 41.
2 Constance M. Cherry, *The Worship Architect*, 231.
3 Constance M. Cherry, *The Worship Architect*, 231.
4 Constance M. Cherry, *The Worship Architect*, 232.
5 Andy Langford, 『예배를 확 바꿔라』, 37.
6 Constance M. Cherry, *The Worship Architect*, 232.
7 Constance M. Cherry, *The Worship Architect*, 233.

8   Constance M. Cherry, *The Worship Architect*, 233.
9   Constance M. Cherry, *The Worship Architect*, 233.
10 Andy Langford, 『예배를 확 바꿔라』, 43.
11 Constance M. Cherry, *The Worship Architect*, 233.
12 Constance M. Cherry, *The Worship Architect*, 234.
13 Constance M. Cherry, *The Worship Architect*, 234-35.
14 Constance M. Cherry, *The Worship Architect*, 235.
15 Constance M. Cherry, *The Worship Architect*, 235.
16 Andy Langford, 『예배를 확 바꿔라』, 45.
17 Sally Morgenthaler, "Emerging Worship," in Paul A. Basden ed., *Exploring the Worship Spectrum: Six Views* (Grand Rapids: Zondervan, 2004), 221.
18 Dan Kimball, *The Emerging Church* (Grand Rapids: Zondervan, 2003), 136.
19 Dan Kimball, *The Emerging Church*, 60.
20 Constance M. Cherry, *The Worship Architect*, 237-38.
21 Constance M. Cherry, *The Worship Architect*, 238.
22 Constance M. Cherry, *The Worship Architect*, 238.
23 Robert Browning and Roy A. Reed, *The Sacraments in Religious Education and Liturgy: An Ecumenical Model* (Birmingham: Religious Education Press, 1985), 3-25.
24 Robert Browning and Roy A. Reed, *The Sacraments in Religious Education and Liturgy*, 4-7.
25 Maurice Merleau-Ponty, "Preface to the Phenomenology of Perfection," Robert C. Solomon ed., *Phenomenology and Existentialism* (New York: Harper and Row, 1972), 317-34.
26 Robert Browning and Roy A. Reed, *The Sacraments in Religious Education and Liturgy*, 8-11.
27 Robert Browning and Roy A. Reed, *The Sacraments in Religious Education and Liturgy*, 15-7.
28 Robert Browning and Roy A. Reed, *The Sacraments in Religious Education and Liturgy*, 21-3.

29　John H. Westerhoff, III and William H. William, *Liturgy and Learning throughout the Life Cycle* (Minnesota: The Seabury Press, 1980), 60.
30　John H. Westerhoff, III, *Will Our Children Have Faith?* (New York: Seabury Press, 1976), 50.
31　John H. Westerhoff, III, "A Socialization Model," John Westerhoff, III, ed., *A Colloquy on Christian Education* (Philadelphia: Pilgrim Press Book, 1972), 80-96.
32　John H. Westerhoff, III, *Will Our Children Have Faith?* 52.
33　John H. Westerhoff, III, *Will Our Children Have Faith?* 52.
34　John H. Westerhoff, III, *Will Our Children Have Faith?* 53. 여기에서 '세세대'라는 말은 연령적 관점에서가 아니라, 교회 공동체의 현장의 기능적 관점에서 본 것이라고 할 수 있다. 젊은이들을 중심으로 하여, 미래의 비전을 가진 청소년 세대를 제1세대로, 현재를 살고 있는 장년 세대를 제2세대로, 과거의 기억을 가지고 사는 노년 세대를 제3세대로 표현하고 있다.
35　John H. Westerhoff, III, *Will Our Children Have Faith?* 53-4.
36　John H. Westerhoff, III, *Learning Through Liturgy* (New York: Seabury Press, 1978), 96-7.
37　John H. Westerhoff, III, "A Socialization Model," 85.
38　John H. Westerhoff, III, ""A Socialization Model," 85-6.
39　John H. Westerhoff, III, ""A Socialization Model," 86.
40　John H. Westerhoff, III, Learning Through Liturgy, 99.
41　John H. Westerhoff, III, *Will Our Children Have Faith?* 50.
42　John H. Westerhoff, III, *Will Our Children Have Faith?* ch. 1.
43　John H. Westerhoff, III, *Will Our Children Have Faith?* 79.
44　Robert L. Browning and Roy A. Reed, *The Sacraments in Religious Education and Liturgy*, 36-46.
45　Robert L. Browning and Roy A. Reed, *The Sacraments in Religious Education and Liturgy*, 120.
46　Louis Weil, "Facilitating Growth in Faith through Liturgical Worship," *Handbook of Faith* (Birmingham: Religious Education Press, 1990), 206-07.

14

예배와 영혼의 어두운 밤

예배와 영혼의 욕구

하나님의 형상으로 창조된 인간은 에덴의 이야기가 분명하게 증언하듯이 욕구가 포함되어 있다. 토마스 머튼(Thomas Merton)은 "우리 안에는 천국을 향한 욕구, 하나님의 소유가 되기 원하는 타고난 욕구가 있다"라고 하였다.[1]

하나님을 향한 우리의 기본적인 욕구는 하나님께서 주신 선물이다. 하나님이 "인간에게 영원을 사모하는 마음"(전 3:11)을 주셨기 때문이다. 인간의 생물학적 윤리적 영적 욕구는 잘못된 것이 아니다. 순수한 욕구에서 비롯되는 소망이나 열망이나 갈망 같은 특성은 하나님이 주신 자연스러운 것이다. 이런 욕구는 인간의 삶에서 중요한 역할을 할 뿐만 아니라 창조를 낳고 복지를 증진시키기도 한다. 욕구는 하나님의 계시와 부르심에 응답하는 중요한 역할을 한다. 그러나 하나님이 주신 이러한 자유의지는 왜곡되기 쉽다. 왜곡된 자유의지 또는 욕구는 집착의 특성으로 변한다. 이러한 집착은 더 움켜쥐고 더 많이 소유하기 위해 많은 윤리적 문제를 낳고 갈망의 대체물을 찾는다. 메이(Gerald D. May)는 인간의 이러한 특성을 다음과 같이 설명하였다.

> 우리가 하나님을 향한 열망을 우리가 집착하는 대상들을 통해 채우려 든다는 것이다. 예를 들면, 하나님은 우리에게 완전한 사랑을 주고자 한다. 그러나 우리는 인간관계에서 완전한 사랑을 추구하며, 완전한 사랑을 받지 못할 때 실망한다. 하나님은 우리에게 궁극적 안정을 주고자 하신다. 그러나 우리는 권력과 소유에서 안정을 찾으려 하며, 그 결과 끊임없이 그것들에 대해 염려해야 한다는 것을 발견한다. 우리는 하나님과 무관한 수많은 방법으로 영적 열망을 만족시키고자 한다. 그리고 머지않아 절망하게 된다.[2]

인간은 하나님의 사랑스런 얼굴을 원하기보다는 만질 수 있고 느낄 수 있고 볼 수 있는 하나님의 창조세계 안에서 궁극적 만족을 찾는다. 하나님이 아닌 하나님의 창조물을 더 사랑하게 된다. 심지어 하나님의 창조물인 피조세계의 것들은 더 얻기 위해 하나님을 우상화시키기까지

한다. 즉 더 움켜쥐고 더 많이 소유하기 위해 하나님도 대상화(it)시킨다. 인간은 하나님을 사랑하는 것이 아니라 하나님의 것을 더 많이 소유하기 위해 하나님을 사랑한다. 인간은 하나님 대신에 감각적인 것들을 숭배하고, 이것들에 정성을 기울이며, 시간과 에너지를 바친다. 대체 중독이 심화된다. 즉 대체중독은 우리의 가장 깊고 진정한 욕구의 대상이며 근원인 하나님의 사랑을 대체한다. 하나님의 인격성을 대상성으로 전환한다.

마치 탕자가 아버지와의 관계보다 물질에 더 집착했던 모습과 같다. 이렇게 아버지(Thou)보다 아버지의 것(it)을 더 사랑했던 탕자의 귀향 여정을 가리키는 영적인 명칭이 많다. 정화, 성화, 자유, 영혼의 어두운 밤 등이다.

예배와 영혼의 어두운 밤

영혼의 영적 여정에서 하나님 앞으로 가지고 나아가야 할 연약함과 욕구가 있다. 이러한 연약함과 욕구를 가지고 하나님 앞으로 나아갈 때 영혼은 영적 긴장관계(spiritual tension)에 놓이게 된다. 이는 하나님의 신실한 사랑의 '이미'(already)의 인격성(thou)과 시간과 공간 속에서 영혼의 욕구로 인해 하나님을 대상화(it)시키는 '아직'(not yet) 극복되지 않은 인간적 파토스 가운데 놓이게 되는 긴장이다.[3] 인간의 파토스는 분명 예배를 통해 자신의 말, 가치관, 만족을 추구한다. 이러한 인간의 파토스는 하나님을 예배하기보다는 하나님에 대한 어떤 이미지를 섬기는 결과를 초래할 수 있다.

제럴드 메이(Gerald May)는 "하나님에 대한 어떤 확고한 이미지에 너무 집착한다면 결국 우리는 하나님을 예배하는 것이 아니라 하나님에 대한 우리의 생각을 예배하게 된다. 이것이 바로 영적인 신경증, 정신의 우상이다"라고 강조하였다.[4] 예배를 통해 영혼은 하나님의 생명력을 인식하고 경험할 수도 있지만 영적 신경증을 초래할 수도 있다. 즉, 영혼은 예배를 통해 우리의 감각적인 단맛을 강화시키고 정신적 우상을 섬길 수 있다.

십자가의 요한(John of the Cross)에 따르면, 하나님은 영적 여정에서 감각적 단맛을 추구하고 정신적 우상을 섬기는 영혼의 감각과 파토스를 정화시키기 위해 영혼에게 '밤'을 경험하게 하신다. 요한이 말하는 영혼의 어두운 밤은 사람들이 한때 기도와 예배와 같은 영성생활에서 누렸던 기쁨을 잃어버리는 시기를 말한다. 하지만 하나님은 이러한 밤을 통해 영혼을 더 정결하게 하여 깊은 신앙으로 이끄신다. 하나님은 영혼의 어두운 밤을 통해서 감각적인 단맛에 중독되어 있는 영혼을 정화시키는 데 목적이 있기 때문이다. 하나님은 영혼을 정화시키기 위해 메마름을 경험하게 하신다. 요한이 이해한 영혼의 어두운 밤은 우리의 예배생활에 중요한 의미를 제공해 주고 도전을 준다.

예배와 영혼의 영적 여정

대부분의 영혼은 영적 여정의 초기에 예배와 기도를 통해 말로 표현할 수 없는 기쁨을 경험한다. 하나님을 만난 경험은 감각적인 기쁨으로 충만해진다. 분명히 이러한 기쁨은 영적 여정의 한 부분이며 존중되어야 한다. 하지만 어느 순간에 흥분된 예배와 기도가 사라지고 몇 달 혹은 몇 년 동안 영적 메마름에 빠질 수 있다. 이러한 여정이 시작되면 하나님은 영혼을 더욱 성숙한 믿음으로 성장시키기 위해 젖 떼는 과정을 시작하신다. 십자가의 요한은 이러한 영적 여정을 '영혼의 어두운 밤'이라는 표현을 통해 설명하였다. 요한은 하나님을 만난 후에 예배와 기도와 같은 영적 기쁨을 경험하다가 어떤 단계나 시기에 "마치 사랑하는 어머니가 아이를 가슴에 품고 좋은 젖과 부드러운 음식을 먹이며, 팔에 안고 쓰다듬듯이…하나님께서는 그렇게 영혼을 양육하시고 쓰다듬으실 때가 많다"라고 하였다.[5] 우리는 영적 여정에서 예배의 기쁨과 감격을 경험한다. 찬송이 기쁨을 가져다주고, 성만찬도 특별한 감격을 준다. 때로는 그리스도 안에 사는 삶이 기쁨과 감사로 넘친다. 페네롱(François Fénelon)은 영적 여정의 초기에 경험하는 기쁨을 이렇게 설명하였다. "이러한 감각의 증거는 어린 신자들에게는 버팀목이 된다. 이것은 갓 태어난 영혼의 젖이다. 이들은 이 젖을 오래 빨아야 한다. 이 젖 떼는 것은 위험할 것이다."[6] 이는 마치 어린 아이가 어머니의 사랑을 감각적인 것을 통해 깨닫는 것과 같다. 어린 아이에게 제공되는 감각적인 것들은 어머니의 사랑을 확인하는 매개체이기도 하다. 드 살레에 따르면 하나님께서는 우리를 '세상의 즐거움'에서 끌어내시고 '하나님의 사랑을 경험하게' 하시기 위해 이러한 '천국의 기쁨을 맛보게' 하신다. 하나님을 모르는 사람은 감각적인 것에 따라 움직인다. 때문에 하나님은 이러한 사람들을 자신의 품으로 인도하시기 위해 감각을 사용하신다.[7] 그러나 어느 정도의 시간이 지나면 하나님께서는 감각의 버팀목을 걷어내시고 젖

떼기 여정을 시작하신다.

하나님께서 젖떼기 여정을 시작하시면 그동안 예배의 즐거움과 기도의 기쁨도 거두어가신다. 왜냐하면 영혼은 예배하는 하나님보다 하나님을 예배하는 우리의 느낌이나 감각을 즐기기 때문이다. 어거스틴은 감각적인 신앙의 특성을 비유적으로 설명한다. "누구든지 하나님 주변의 어떤 것 때문에 하나님을 구한다면 하나님을 순수하게 사랑하지 않는 것이다. 아내가 남편의 돈 때문에 남편을 사랑한다면, 그녀는 순수하지 못하다. 왜냐하면 그녀는 남편이 아니라 남편의 돈을 사랑하기 때문이다."[8] 하나님은 예배를 통해 하나님을 사랑하기보다 하나님이 주신 선물을 추구하는 영혼에게 영혼의 어두운 밤을 주신다. 감각적인 메마름을 경험하게 하신다.

영혼의 메마름은 형태와 정도는 다양하게 찾아 올 수 있다. 프란시스 드 살레(Francis de Sales)는 십자가의 요한의 '영혼의 어두운 밤'의 맥락에서 영혼의 메마름이 시작되는 여섯 가지 이유를 기술하였다. 첫째 이유는 하나님께서 영혼이 영적 탐식을 막으시기 위해서이다. 폭식이 아이의 건강에 해를 끼칠 것을 염려하여 어머니가 아이의 탐식을 경계하는 것처럼, 영혼이 감각적인 위안으로 인하여 헛된 만족을 취하고 자기 교만이라는 영적인 병에 걸려 있을 때 하나님께서는 영혼에게서 그것들을 거두어 가신다. 둘째 이유는 영혼이 적절한 때에 하나님의 사랑의 달콤함과 기쁨을 맛보는 일을 등한시한다면, 하나님께서는 영혼의 게으름을 깨닫게 하시기 위해서 영혼에게서 느낌들을 제거하실 수 있다. 셋째 이유는 영혼이 감각적인 위로의 요람에 중독되지 못하게 하시기 위해서 메마름을 주실 수 있다. 넷째 이유는 하나님께서는 영혼을 진리로 인도하시기 위해 영적 메마름을 허락하신다. 다섯째 이유는 영혼이 세상의 감각적인 기쁨에 중독되면 그 기쁨이 영혼에게 재난이 되어 진정한 영적 기쁨을 경험하지 못하게 되기 때문에 이러한 감각적인 기쁨에 중독되는 것을 예방하시기 위해 메마름을 주신다. 마지막으로 영혼이 이미 받은 위로의 열매를 조심스럽게 보존한다면 영혼은 새로운 열매를 기대할 수 있다. 그러나 영혼이 부주의해서 이미 받은 것을 잃어버렸다면, 더 이상 받지 못할 것이기 때문이다.[9]

영적 메마름은 이러한 여섯 가지 이유에서 기인하는 경우가 대부분이다. 이러한 메마름은 주기적으로 반복될 수도 있고, 수개월 또는 수년간 지속될 수도 있다. 영혼은 이런 여정 속에서 당황하거나 분노하거나 심한 영적 좌절을 경험할 수도 있다. 하나님은 영혼에게서 감각적인 달콤함을 거두어 가시기 때문이다. 하나님은 영혼에게 대화하지 않으시고 침묵하시기 때문이다. 그러나 하나님의 침묵은 그분이 영혼을 버리셨거나 사랑의 손을 놓았다는 것을 의미하는 것이 아니라 영혼이 감각적인 것에서 벗어나게 하는데 목적이 있다.

예배와 영혼의 영적 감정

우리는 예배를 통해 영적 느낌을 지나치게 추구할 수 있다. 예배에서 영적 느낌은 긍정적으로 작용할 수도 있고 부정적으로 작용할 수도 있다. 예배에서 영적 느낌은 마치 하루의 날씨가 우리의 일을 더 즐겁게 할 수도 있고 더 어렵게 할 수도 있는 것과 같은 것이다. 그러나 날씨가 우리의 일을 규정해서는 안되는 것처럼, 영적 느낌이 우리의 예배를 좌우하도록 해서는 안 된다. 영적 느낌이 우리의 예배생활의 방향을 좌우해서는 안 된다. 우리는 예배에서 하나님으로 충만한 마음에서 노래하듯이 기도할 수 있다. 그러나 그 반대인 경우도 있다. 중요한 것은 우리의 삶에서 기쁨과 즐거움이 필요하지만 지나치게 기쁨에만 몰두할 경우, 오히려 산만해져서 우리의 의지를 진정으로 하나님께 드리지 못할 수도 있다. 우리는 좋은 예배와 좋은 느낌을 동일시하는 것을 경계해야 한다. 예배가 좋은 느낌에 의해 좌우되면 본질을 놓치기 때문이다. 드살레는 "항상 예배가 우리로 하여금 눈물짓게 하며 어떤 영적 활동에서 만족을 찾게 하는 달콤함이나 기쁨이나 위로나 마음으로 느껴지는 부드러움을 주는 것은 아니다"라고 하였다.[10]

우리가 영적 느낌을 우리의 특별한 영적 헌신에 대한 상급이라고 잘못 생각하면 오히려 영적 느낌만을 강화시킬 수 있다. 이러한 왜곡된 영적 느낌에 의해 고조된 감정은 감각적인 단맛에 중독되는 결과를 초래하기 쉽다. 하지만 지혜롭지 못한 조언자들은 영적 느낌을 잃어버린 것과 맞서 싸워야 한다고 말하기도 한다. 오히려 영적 느낌을 탐식하게 한다. 그러나 영적 느낌에 대한 탐식은 오히려 영적 탐식에 대한 굶주림과 그 외적 죄를 포함하는 다른 욕구들로 이어지는 문을 열게 만든다.

나아가 우리의 느낌이나 지식은 실재하는 것을 상징화하고자 우리 뇌가 창조해 낸 표상과 개념에 불과하다는 것을 간과하게 만든다. 어떤 것에 대한 우리의 생각이나 느낌은 결코 그 자체가 아니다. 특히 우리의 느낌은 더욱 그러한 특성이 강하다. 때문에 우리의 느낌과 생각은 표상과 설명에 불과하기 때문에 그것을 실재로 착각해서는 안 된다. 삶에서 중요한 것을 인식하기 위해서는 어느 정도 사고나 느낌의 금욕, 즉 지적 활동과 감각의 절제가 약간 필요하다.[11]

물론 예배와 영성생활에서 영적 느낌을 단지 부정적인 차원으로만 여겨서는 안된다. 왜냐하면 영적 느낌이 사람에 따라 다르게 작용할 수 있다는 것도 인식해야 하기 때문이다. 페네롱은 이렇게 설명하였다.

> 지팡이가 없이는 걸을 수 없는 사람은 누구라도 자신에게서 그 지팡이를 빼앗도록 놔둘 수 없다. 그는 연약함을 느낀다. 그는 넘어질까봐 두려워하며, 이러한 그의 두려움은 옳은 것이다. 그러나 지팡이가 필요 없는 건강하고 강한 사람을 보고 당황해서는 안 된다. 건강한 사람은 지팡이 없이 걷는 게 더 자유롭다. 마찬가지로 그는 지팡이가 없이는 걸을 수 없는 사람을 결코 비웃어서는 안 된다.[12]

핵심은 예배에서 영적 느낌이 초점이 될 때, 예배는 우리의 진정한 마음 상태를 숨겨버리고 영과 진리로 드리는 예배를 방해한다. 다시 서술하면, 예배의 초점을 하나님에게 두지 않고 영적 느낌들에 두게 되면, 이러한 느낌들을 예배의 헌신을 나타내는 표시라고 잘못 믿게 된다. 그러나 이러한 영적 느낌들이 예배의 표지는 아니다. 하나님은 우리가 이러한 영적 느낌에 의해 형성된 예배생활을 거부하신다. 그때 우리는 영적 메마름을 경험하게 된다. 하나님은 영적 탐식으로 인해 강화된 영적 느낌을 치료하시기 위해 메마름을 경험하게 하신다. 하나님은 감각적인 단맛에 중독된 영혼을 치료하시고, 영혼을 진정한 예배자로 부르시고 영혼이 "오 하나님, 당신은 나의 하나님이시니 내가 사는 날 동안 당신을 따르리이다"라고 고백하게 하신다.

예배와 탕자의 어두운 밤

신약의 탕자도 영혼의 어두운 밤을 경험한다. 탕자가 감각적인 욕구에 집착되어 있을 때는 아버지를 향한 욕구가 없었다. 하지만 역설적이게도 탕자는 그의 감각적 욕구를 통해서 아버지를 향한 일차적 욕구를 되찾기 시작한다. 그러나 탕자의 아버지를 향한 욕구는 자신의 선택이 아니라 그의 메마름과 비참함이었다. 그의 메마름과 비참함은 아버지를 향한 욕구를 불러일으켰다. 그리고 아버지가 그를 집으로 초대한다. 다시 서술하면, 표층적인 차원에서 볼 때 탕자가 아버지를 찾아가는 것처럼 보이지만 심층적으로 보면 그의 아버지가 탕자를 초대한 것이다. 왜냐하면 탕자의 마음에 있는 자애로운 아버지가 그를 집으로 향하도록 하였기 때문이다. 집으로 가는 여정, 아버지 안에 안기는 여정은 그가 집착하며 중독되었던 감각적인 것들로부터 멀어지는 것이었다. 탕자가 아버지를 향해 가는 여정에서, 그가 집착의 대상으로 삼았던 것을, 떠나보내는데 수반되는 불가피한 메마름을 경험했을 때, 그는 고통과 불안을 경험했을 것이다. 이 여정에서 탕자의 감각적인 집착은 줄어들고, 아버지를 향한 마음은 더 충만해져 갔을 것이다. 그가 집에 도착하여 누리게 되는 기쁨은 감각적인 것이 아니라 아버지의 사랑이었다. 아버지의 재산이 아니라 아버지였다.

하나님께서 탕자의 영혼의 어두운 밤을 통해 우리에게 원하시는 것은 '아버지'이다. 탕자의 모습은 또한 우리의 모습이기 때문이다. '나는 다른 좋은 것들을 경험해 보았습니다. 정말 멋지고 아름다웠습니다. 하지만 내 마음이 진정 원하는 것, 내가 모든 것 중에 선택한 것은 바로 당신입니다.' 예배의 대상은 하나님이지 우리의 느낌이나 좋은 설교나 감동을 주는 찬양이 될 수는 없다. 우리가 예배를 통해 하나님을 경험하지 못한다면 이는 진정한 예배가 아니다.

중요한 것은 우리는 영혼의 어두운 밤을 통해 하나님은 부재 중에도 현존하신다는 영적 신뢰를 쌓게 된다. 이는 우리를 향한 하나님의 마음, 즉 "너희를 향한 나의 생각은 내가 아나니 재앙이 아니라 곧 평안이요 너희 장래에 소망을 주려하는 생각"(렘 29:11)을 더욱 깊이 인식할 수 있기 때문이다. 이와 같은 신뢰를 형성한 사람은 영혼은 어두운 밤에도 진정한 자유를 체득하게 된다. 자신의 보잘것 없는 세계관, 감각적인 것에 중독된 자기에 대해서는 죽고, 하나님에 대해서는 산다. 이러한 사람은 하나님의 현존에 마음을 열고 모든 것에서 그리스도를 보고 그리스도 안에서 모든 것을 보게 된다. 이러한 사람은 하나님의 현존에 마음을 열고 세계를 사랑한다. 왜냐하면 모든 것에서 하나님을 보고, 하나님 안에서 모든 것을 보는 체험을 하기 때문이다. 이러한 경험이 바로 진정한 예배이다.

아빌라의 테레사는 우리가 느낌이나 감각적인 만족이 아니라 믿음으로 살며 아무리 메마르게 느껴지더라도 인내함으로서 하나님께 대한 사랑을 드리라고 하였다.[13] 예배는 믿음으로 하나님의 부르심에 응답하는 것이다. 예배는 감각적인 느낌이나 만족을 위한 것이 아니다. 하나님은 우리에게 즐거움이 따르든지 고통이 따르든지 변함없이 섬기길 원하신다. 우리가 하나님을 예배하는 것은 그분이 하나님이요 주님이시기 때문이다. 우리를 구원의 축제로 초대하시기 때문이다. 하나님이 우리를 구원의 축제에 초대하신 것은 단지 좋은 느낌이나 감각적인 만족을 위해서가 아니라 "의를 추구하며 정의를 행하는 삶 속에서 인간들이 하나님의 성품을 구현함으로써 하나님의 영광을 반영하도록 창조된 방식과 같은 가장 중요한 것들을 열거"하시기 위해서다.[14] 나아가 우리를 구원의 축제에 초대하신 것은 하나님의 은혜를 잊고 죄를 의식하지 못하고, 이웃에 대해서 관심 없음이라는 언어를 가지고 사는 세상의 삶 대신에, 세상 속에서 그러나 세상이 아닌 감사와 회개, 사랑하는 것을 배우게 하기 위해서다.[15] 예배는 감각적인 느낌이나 만족보다 훨씬 크고 보배롭고 아름다운 것이다.

감각 중심 예배에서 하나님 중심 예배로의 전환

영혼의 어두운 밤에 대한 이해는 현대 예배의 정신과 목적에 대한 깊은 성찰을 요구하는 도전을 준다. 현대 예배의 목록과 유형이 어느 때보다도 다양하고 풍성하지만 하나님 중심성을 견고하게 유지하고 있는지를 점검해 볼 필요가 있다. 현대 예배가 설교와 찬양이라는 2중 구조 속에서 주지주의적인 설교와 감각적인 찬양에 지나치게 몰두하는 특성을 지니고 있다. 설교와 찬양 중심적 예배가 하나님을 사랑하고 경험하기 보다는 어떤 의미에서 설교를 통한 정신적인 단맛과 찬양을 통한 감각적인 단맛에 몰두하는 현상을 초래하고 있다. 즉, 예배를 통해 하나님을 경험하기보다는 하나님이 주신 지적이고 감각적인 선물을 추구하는 예배가 심화되어가고 있다. 하지만 예배는 살아있는 하나님을 경험하는 것이다. 제임스 메거(James Magaw)는 자신의 경험과 견해를 통해 교회에 나가는 이유들을 다음과 같이 기술하였다.

- 기분이 좋아지기 위해
- 내가 좋아하는 사람들과 함께 있기 위해
- 예수님에 대해 배우기 위해
- 내가 어떤 편에 속해 있는지 보여주기 위해
- 왜 교회에 오지 않았는지 질문 받는 것을 피하기 위해
- 내가 좋아하는 옛 찬송을 부르기 위해
- 설교를 통해 영감을 받고, 배우고, 도전 받기 위해[16]

그는 계속해서 예배의 의미와 중요성에 대해서 다음과 같이 설명한다.

> 예배할 때 나는 결과에 대해서 어떤 통제도 없이 하나님의 능력에 나 자신을 내어 놓는다. 때로 치료, 평안, 용서, 대립, 소망을 얻는다. 언제나 내가 이미 다다랐던 곳 너머로 나를 옮겨간다. 미지의 세계로 나를 밀어 넣는다. 교회에 가는 것은 쉽다. 그러나 예배는 다른 문제이다. 살아계신 하나님의 손 안에 놓여 있는 자신을 알게 되는 놀라운 일이다.[17]

다니엘 베네딕트(Daniel Benedict)와 크랙 밀러(Craig Miller)는 현대 예배의 방향성을 다음과 같이 제시한다.

> 21세기의 포스트모던 및 정보시대의 문화 속에서 사람들은 그들에게 일상의 삶을 넘어서게 해주는 하나님에 대한 경험을 제공하는 교회로 갈 것이다. 이미지와 소리들로 채워진(오락) 세상에서는, 믿음의 공동체 안에서 살아있는 하나님을 예배하는 실제적인 경험이라는 한 가지 방법 말고는 일상의 경험에 필적하기 어려울 것이다.[18]

예배에서 하나님에 대한 지식과 정서적 만족보다 더 중요한 것은 하나님을 경험하는 것이다. 예배에서 하나님과의 만남에는 놀라운 반응이 일어난다. 거룩한 하나님을 진실하게 만나면 변화를 경험하게 된다. 예배 참여자들이 하나님께 반응하는 것이 수반된 예배를 디자인하고 인도해야 된다. 하나님경험 중심의 예배가 되기 위해서는 예배를 디자인하고 인도하는 사람들은 다음과 같은 질문들을 할 필요가 있다.

하나님이 원하시는 예배에 대한 반응의 유형에 대해 기도했는가?
예배의 주제가 하나님인가? 아니면 사람인가?
하나님의 말씀이 요구하는 모든 것들을 사람들에게 도전하고 있는가?
하나님께 능동적이고 구체적으로 반응할 수 있는 예배 요소가 있는가?
하나님을 경험하는 예배를 추구하고 있는가?
아니면 지적인 추구와 감각적인 반응에 초점을 두고 있는가?
현대 예배가 프로그램 중심적 예배로 흐르는 것을 지양하고 하나님을 섬기는 예배로 전환하기 위해서는 프로그램 예배의 한계와 문제에 대한 인식이 있어야 한다. 즉, 프로그램 예배는 하나님을 향한 것이 아니라 깔끔한 설교와 감동적인 찬양에 무게 중심이 있다. 하나님이 예배의 원천이 아니라 예배의 주제가 되어있다. 예배의 분위기보다는 공연의 분위기로 흐르는 경향이 있다. 공연 지향적인 프로그램 예배에서 벗어나 하나님을 경험하는 예배로 전환하기 위해서는 다음과 같은 내용들을 점검해야 한다.

하나는 우리는 하나님이 예배의 주제가 아니라 원천이 되시도록 계획해야 한다. 이를 위해 첫째는 하나님의 이름을 부르며 하나님께 말씀드리는 회중 노래를 선택해야 한다. 둘째는 한 공동체로 모인 곳에 그리스도께서 참으로 임재해 계신 것을 상기시키는 언어들을 사용해야 한다. 셋째는 하나님만이 청중이시라는 인식을 조성해야 한다.

다른 하나는 인간의 기쁨에 대한 강조로부터 하나님의 기쁨에 대한 강조로 바꾸려고 노력해야 한다. 이 일을 위해서는 첫째는 예배가 하나님의 임재 의식에 대한 충만함 속에서 행해져야 한다. 둘째는 참된 예배에 대한 하나님의 기대가 무엇인지를 배우도록 해야 한다. 셋째는 우리가 좋아했거나 좋아하지 않았던 것들에 대해 불필요하고 비판적인 의견을 내는 것을 피해야 한다.

〈미주〉

1 Thomas Merton, *The Sign of Jonas* (New York: Harcourt Brace Jovanovich, 1953), 112.
2 Gerald D. May, *Addiction & Grace: Love and Spirituality in the Healing of Addiction* (New York: HarperCollins, 1998), 92-3.
3 Don E. Saliers, 『거룩한 예배』, 53.
4 Gerald G. May, 『사랑의 각성』, 42.
5 John of the Cross, "The Dark Night," *in John of the Cross: Selected Writings*, ed. and trans. Kieran Kavanaugh (New York: Paulist Press, 1987), I.1:2.
6 François Fénelon, *Christian Perfection*, trans. Mildred Whiteny Stillman (Minneapolis: Bethany House, 1975), 48.
7 Francis de Sales, *Introduction to a Devout Life* (Rome: Frederick Pustet, n.d.), 331.
8 Augustine, *Confession*, trans. Henry Chadwick (Oxford: Oxford University Press, 2009), 46.
9 Francis de Sales, *Introduction to a Devout Life*, 323-24.
10 Frnacis de Sales, *Introduction to a Devout Life*, 315.
11 Gerald G. May, 『사랑의 각성』, 42.
12 François Fénelon, *Christian Perfection*, 141.
13 Teresa of Avila, *The Interior Castle*, trans. by Kieran Kavanaugh and Otilio Rodriguez (New York: Paulist Press, 1979), VI.9:18.
14 Mark Labberton, *The Dangerous Act of Worship: Living God's Call to Justice* (Dowers Grove: IVP Press, 2012), 13.
15 Michael J. Quicke, *Preaching as Worship*, 147.
16 James Magaw, "The Power We Invoke," *Alive Now* (May-June 1988), 60.
17 James Magaw, "The Power We Invoke," 60-1.
18 Daniel C. Benedict and Craig K. Miller, *Contemporary Worship for 21st Century: Worship or Evangelism* (Nashville: Discipleship Resources, 1994), 5.

제5부

교회력과 성례

15 예배와 교회력
16 예배와 성례로서의 세례

15

예배와 교회력

교회력의 이해와 역사

교회력(church year, liturgical year, Christian calendar)은 교회가 처음 시작한 때부터 고대 이스라엘의 절기와 축제에 영향을 받아 발전하였다. 기본적으로 교회력은 하나님이 이 세상에서 행하신 일에 기초해서 때를 표시한다. 특히 하나님의 큰 구원의 역사적 사건인 예수 그리스도의 탄생, 삶, 죽음, 부활, 승천, 재림을 가리킨다. 교회력은 이 땅에서 예수님의 삶과 행적과 관련되어 형성되었다. 교회력은 예수님의 구원 사건에 따라 시간의 영적인 리듬에 맞춰 그리스도인들이 기념하는 날짜나 절기

들이나 때를 표시한다.[1]

　교회력은 그리스도의 구속사의 이야기를 통해서 우리가 그리스도의 이야기를 기억하고 그 이야기를 통해서 우리의 삶의 이야기를 써가도록 하는 시간의 드라마이다. 그리스도의 삶, 죽음, 부활을 경축함으로 우리는 그의 죽으심과 부활하심을 본받는 삶으로 계속 나아가게 되는 것이다.

　교회력을 따르는 예배는 계속해서 하나님의 구속 행위를 상기하게 하고, 우리가 하나님의 변혁의 힘을 경험하도록 도와준다. 교회력 중심의 예배는 우리가 아니라 그리스도 중심적 예배이다. 이것은 시간의 흐름만이 아니라 우리 삶에 있는 그리스도의 임재를 기념하는 예배이다.

　교회력의 발전에 따라 2세기 말에는 모든 교회에서 부활절의 축제인 파스카(*Pascha*)를 기념했다. 여기에다 부활절 후 50일째 날인 오순절(Pentecost)이 추가되었다. 부활절과 오순절 사이의 기간은 기쁨의 50일(Great Fifty Days)로 알려지게 되었다. 오순절은 기쁜 부활절의 마지막을 나타냈다. 사순절(Lent)은 3세기에 추가되었다. 로마 황제 콘스탄틴이 312년에 회심으로 인해 교회력이 더욱 발전하게 되었다. 교회 지도자들은 콘스탄틴 대제의 힘을 이용해 321년의 칙령으로 일요일을 휴일로 공인하게 하였다. 성탄절(Christmas)과 주현절(Epiphany)은 4세기에 추가되었다. 부활절 철야와 축제는 부활절 성삼일(*Easter Triduum*)로 확정되었다. 부활절 성삼일은 세족 목요일(Maundy Thursday), 성금요일(Good Friday), 성토요일의 부활절 철야(*Easter Vigil*)이다.

　우리가 지킬 수 있는 교회력은, 먼저 대림절(Advent)이다. 대림절은 메시아의 오심을 기다리는 절기이다. 대림절에 그리스도께서 우리 자신의 삶에 영적으로 임재하시기를 사모하는 절기이다. 성탄절(Christmas)은 우리 안에 그리스도가 태어나심을 경축한다. 주현절(Epiphany)은 이방 세계에 그리스도를 통한 하나님의 구원을 선포함을 기뻐하는 절기이다. 사순절(Lent)은 그리스도에 거역하는 우리 자신의 죄를 깊이 통감하며 갱신을 구하는 절기이다. 고난주간(Holy Week)은 종려주일의 승리의 입성부터 십자가에 달려 죽으시고 장사 지내기까지 마지막 날들을 상기하는 절기이다. 고난주간에 우리는 죄를 회개하고 죄에 대해 죽는 것을 경험하는 시간이다. 부활절(Easter)은 그리스도의 다시 사심을 경축하는 절기이며, 우리 자신의 부활과 거듭남의 시간이다. 오순절(Pentecost)은 성령의 오심을 경축하며 우리 삶에 성령이 새로운 은사를 부어주시기를 사모하는 절기이다.

교회력을 지키는 목적은 그리스도와 함께 죽고 그와 함께 부활하며 그와 함께 거듭나며 그의 부활과 재림을 향한 참된 소망 속에서 사는데 있다. 성 레오(St. Leo)는 교회력을 통해서 그리스도의 구원 사건의 효력에 관하여 이렇게 기술하였다. "사랑하는 자여! 우리가 믿음 안에서 존경했던 것을 우리도 그대로 받아 누리며 이를 뒤따른다는 것을 보면, 구주께서 인류를 위하여 행하신 것을 기억하는 일은 우리에게 가장 유익한 것입니다. 우리를 향한 그리스도의 신비를 서로 나누는 가운데 그 가르침이 가져다주는 은혜의 능력과 격려, 이 모든 것들이 성도들에게도 함께 나타나는 것입니다. 그리고 그 덕분에 우리는 믿음의 영으로 고백하는 그분을 우리의 행동으로 따를 수 있을 것입니다."[2] 교회력을 따르는 예배는 계속해서 하나님의 구속 행위를 상기하게 하고, 우리가 하나님의 변혁의 힘을 경험하도록 도와준다.

교회력의 개요와 의미

교회력은 크게 빛의 주기(the cycle of light)와 생명의 주기(the cycle of life)로 구성되어 있다. 빛의 주기는 대림절, 성탄절, 주현절로 구성된다. 이 절기들은 빛의 주기로 부르는 것은 그리스도의 빛이 세상의 어두움을 쫓아내고 온 세계를 비추기 때문이다. 생명의 주기에는 사순절, 고난주간, 부활절이 있고 오순절로 끝난다. 이 절기들은 생명의 주기로 불리는데 이들이 예수님의 삶, 죽음, 부활을 다루면서 우리를 주와 함께 죽고 다시 사는 부활의 삶으로 이끌기 때문이다. 사순절과 고난주간이 그리스도의 죽음을 바라보고 부활절은 부활을 경축한다.

대림절

교회력은 대림절로 시작된다. 대림절은 '하나님이 오신다'는 의미이다. 대림절은 이 땅에 오실 메시아의 탄생에 초점을 맞추게 한다. 성탄절인 12월 25일 전 4주간 동안을 그리스도의 오심을 기념하며 지킨다. 기독교 역사에서 그리스도의 오심에 대한 시각적 표현으로 대림절 화환이 회중에게 보이도록 단상 중앙에 놓았다. 대림절 화환의 기원에 대해서는 정확하지는 않지만 중세 때부터 사용해 왔다. 대림절 기간 동안 사용되는 색상은 보라색(죄에 대한 뉘우침과 속죄와 기다림을 의미)과 분홍색(슬픔의 의미인 보라색과 기쁨의 의미인 흰색의 중간색을 사용하여 성탄의 서광을 기뻐하며 쉬어간다는 의미로 셋째 주에 사용)을 사용한다. 현대에는 보통 색깔 있는 초를 사용하기도 한다. 이 땅에 빛으로 오신 예수 그리스도를 기념하는 의미로 촛불 점화를 함으로 예배를 시작한다. 성탄절 예배까지 하여 보통 대림절 기간 동안 5개의 초를 사용한다. 이 예배의 중심과 설교의 중심은 이미 오셨던 예수님의 성탄을 그리고 또 다시 오실 예수님을 맞이하는 기다림에 초점이 맞추어져야 한다.

대림절은 우리의 영적 건강을 위해서 하나님께서 변혁의 힘으로 우리 삶 속에 개입하는 것을 준비하며 기다리는 기간이다. 대림절 기간에 교회는 가난한 사람들, 결혼에 실패한 사람들, 병과 싸우고 있는 사람들과 같이 하나님의 도우심을 기다리고 있는 사람들에게 대림절 예배를 통해서 그들의 소망을 구체화하는 데 도움이 되도록 예배를 시행하면 좋다.

성탄절

성탄절은 하나님의 아들 예수 그리스도가 아낌없이 내어줌 그 이상이다. 성탄절 예배는 생명에 대해 경축하는 예배여야 한다. 구체적으로는 그리스도의 탄생을 일반적으로는 성도들의 삶을 경축한다. 생명은 창조주 하나님께서 우리에게 주신 값진 선물이다. 예수님의 탄생은 이러한 선물을 경축하고 우리의 삶을 예수님의 삶까지 끌어올리도록 도와준다. 베들레헴에서 태어나신 예수님은 우리 삶에서도 태어나셔야 한다.

성탄절은 그리스도께서 탄생을 그저 기억하고 경축하는 과거의 사건이 아니라 영적이고 실천적인 의미가 있다. 성탄절은 베들레헴에 나셨던 그리스도를 경축할 뿐만 아니라 온 우주 만물과 피조세계를 하나님의 계획 속으로 회복하기 위하여 친히 사람이 되셨다는 신비와 실천적인 의미가 담겨져 있다. 성탄절은 온 우주 만물을 회복하는 하나님의 사역의 출발점이다.

그리스도께서 이 땅에 오신 성육신 사건은 두 가지 의미가 있다. 하나는 하나님 쪽에서는 인간과 연합한 하나님이다. 하나님은 인간과 연합하려고 스스로 인간과 연합한 것이 성육신의 핵심이다. 인간과의 연합을 주도하시는 분은 하나님이다. 하나님께서 우리에게 먼저 찾아오셔서 연합을 주도하셨다. 성육신 사건, 즉 하나님과 연합은 오직 하나님의 은혜로만 가능한 것이다

성육신 사건의 또 하나의 의미는 인간이 하나님의 이 은혜에 반응해야 한다는 것이다. 그렇다면 우리는 어떻게 이 은혜 속으로 들어갈 수 있는가? 기독교 전통에서 우리가 하나님과의 연합의 과정에서 겪게 되는 과정을 의지의 회심과 정욕으로부터 자유, 그리고 그리스도의 온전한 사랑을 획득하는 세 단계로 구분하였다.[3] 먼저 의지의 회심은 회개에 근거한 것이다. 여기서 회개는 죄악으로부터 전환하는 단회적인 행위가 아니라 매일 순간마다 죄로부터 벗어나서 하나님과 연합 속에서 살아가는 삶을 지향하는 것이다. 다음 단계인 정욕으로부터 자유하게 되는 단계이다. 그리스도는 성육신 사건을 계기로 우리를 정욕으로부터 자유하게 하시며 첫 번째 아담의 속박으로부터 자유하게 하셨다. 그리스도 안에서 회개한 성도는 새로운 삶을 바라보게 된다. 다시 서술하면, 예전의 습관과 삶의 방식을 버리고 새로운 습관과 새로운 삶의 방식을 받아들인다. 마지막 단계는 성도는 계속해서 영적인 진보의 단계로서 하나님과의 친교 안에서 구현되는 온전한 사랑을 추구하게 된다. "예수께서도 지상에서 삶을 통해서 하나님과 연합하는 쪽을 선택하기로 결정하셨던

것처럼 우리 역시 우리의 의지를 예수의 의지와 연합하며 그 안에서 성부 하나님과 연합하라는 명령을 받았다.[4] 그리스도와 연합한 우리의 인성은 성령의 역사와 기도를 통해 하나님과 연합될 수 있다. 성령과 기도를 통해서 회복된 하나님과의 연합은 사랑의 결실을 맺는다. "사랑을 통해서 하나님과 근본적으로 연합했다는 증거는 예수 그리스도께서도 자신을 내어 보여주듯이, 성도 역시 자기 이웃을 사랑함으로 분명히 드러난다."[5]

주현절

주현절은 '나타냄'(manifestation)을 의미한다. 주현절 예배는 이스라엘을 넘어서 온 세계에 나타나심을 경축하는 예배이다. 기독교 역사에서 주현일은 1월 6일에 지켰다. 하지만 이날과 가장 가까운 주일에 지킬 수도 있다. 원래 이날은 그리스도 탄생을 경축하는 날이었다. 하지만 태양신 축제의 날인 12월 25일로 옮겨가면서, 이 때부터 동방박사가 아기 예수를 경배하러 온 날이라고 추정되는 1월 6일을 주현일로 지키게 되었다.

주현절은 그리스도의 빛이 우리 안에서 비추게 하고 그리스도가 삶의 의미라는 것을 다른 사람들에게 증거하는데 목적이 있다. 주현절은 그리스도를 우리 삶의 구세주요 주님으로 순종하면서 다른 사람들이 그분 안에서 삶의 참된 의미와 보람을 발견하도록 돕는데 있다. 주현절의 주요한 목적은 그리스도인들을 행함과 나눔과 증거의 삶으로 나아가도록 하는데 있다.

주현절 다음에 오는 주현절 이후 절기는 사순절의 시작인 재의 수요일(Ash Wednesday)까지 계속된다. 주현절 이후의 예배들은 우리의 삶에 그리스도의의 현현을 상기시킨다. 사순절이 시작되기 전인 참회의 수요일 전까지는 사순절(Lent)을 준비하는 기간이기도 하다. 이 때 서양의 교회에서는 사순절 연구모임(Lent Study)을 조직하여 약 4 주간 동안 매 주 모인다. 지역의 목회자연합회는 작은 연구모임들을 조직하며 평신도들이 이 모임을 인도하게 한다. 이 모임은 주로 개교회 중심이 아니고 지역교회가 연합하여 모인다. 그 해의 연구 주제와 자료를 이 모임을 인도할 지도자들에게 미리 배포하고 교육시킨다. 따라서 어느 교회에 있는 모임에 참석하든지 각 모임에서는 동일한 주제를 배우고 나누게 된다. 사순절 연구모임의 주된 주제는 그리스도와 그리스도인으로서 우리의 삶을 묵상하는 것이며, 성경 본문 뿐만 아니라 기독교적 가르침과 사상을 담은 문학작품, 미술작품, 음악, 사진 등을 재료로 삼기도 한다. 이 때는 이웃교회 교인들과 같은 그리스도인으로서의 삶과 신앙의 이야기를 나눌 수 있는 매우 중요한 연합의 시간이 되기도 한다. 우리나라처럼 개교회 중심인 문화를 고려하면, 이때 만이라도 지역 중심의 이러한 연합 모임이 이루어진다면 좋은 연합의 기회가 될 수 있을 것이라고 생각한다. 현실적으로 이러한 지역 연합모임이 이루어지기 어렵다면, 개 교회 중심으로라도 사순절이 시작되기 전에 혹은 사순절 기간 중에라도 이러한 사순절 연구모임을 행할 수도 있다.

사순절

　사순절(Lent)이라는 단어는 라틴어에서는 봄(spring)을 의미한다. 사순절은 교회의 봄에 그리스도의 죽음을 위해 영적으로 준비하는 기간을 의미한다. 교회력을 통한 영적 순례에서 사순절은 준비한다는 의미를 지닌다. 이 기간 동안에 우리는 그리스도의 죽음뿐 아니라 자신의 죄와 죽음에 대해 준비할 수 있는 믿음으로 이끈다.

　사순절은 우리의 삶 속에 자리하고 있는 죄에 대하여 죽고, 우리 마음에 자리한 하나님과 인간에 대한 무관심을 전환하는 시간이다. 다시 서술하면, 사순절은 옛 생활에 대하여 죽음으로써 태어난 새로운 생명의 능력으로 부활한 자들에게 요구되는 삶의 근본적인 변화를 경험하는 절기이다.

　사순절에는 특별히 성도들에게 성경의 요엘 2:1-2; 시편 103:2; 고린도후서 5:20-6:10; 마태복음 6:1-6; 16-21을 자주 읽고 묵상하며 기도하도록 하면 좋다. 복음서 낭독을 통해서 예수님은 우리에게 금식하고 기도하며 자선을 베푸는 것을 부탁하셨다(마 6:1-6, 16-21). 하지만 기억해야 할 것은 금식과 기도와 자선을 베푸는 올바른 복음적인 동기는 다른 사람에게 보이려는데 목적이 있지 않다. 하나님으로부터 호의를 얻는데 목적이 있는 것이 아니라 하나님과 이웃, 그리고 자신과의 성숙한 관계를 이루는데 있다. 그러나 주일은 금식은 하는 날이 아니다. 왜냐하면 주일은 부활의 날이며 시간을 초월하여 장차 있을 부활에 미리 참여하는 날이기 때문이다. 주일은 작은 부활절이다. 그러므로 주일에는 금식을 해서는 안 되고, 즐거워하며, 축복하며, 즐거워하는 가운데 미래의 부활을 경험해야 한다.

　사순절 기간에 그리스도께서 우리의 죄를 위해 고난받으셨던 것처럼 우리도 불의와 싸우는 시간이기도 하다. 즉 사순절은 우리를 대항하여 역사하는 어두운 권세의 실체를 확인하며 그리스도의 능력을 힘입어 이런 어두운 실체들과 싸우는 시간이다. 사순절은 우리는 죄를 회개의 시간, 생각과 행위를 조절하는 능력을 확인하는 시간, 과도한 성공의 집착과 야망과 싸우는 시간, 소외된 자들과 가난한 자와 집 없는 자와 병자들에 대한 무관심과 싸우는 시간이다. 또는 아동 학대, 외국인에 대한 무관심, 가정의 불화 문제 등과 싸우는 시간이다. 우리는 이러한 문제들을 관심있게 다루어야 한다. 그래서 우리는 그러한 사람들을 주의 죽으심 앞으로 인도해야 한다.

　사순절에 종려주일은 단지 예수님께서 예루살렘에 입성하신 것을 회상하는 날이 아니다. 종려주일에는 성도들이 직접 가장 장엄하면서도 가장 영광스러운 파스카의 신비 속으로 진입하는 시간이다. 서방교회에서 사순절은 고난주간을 정점으로 끝나는 반면에 동방교회에서는 고난주간을 그 자체의 독립된 절기로 본다.

　사순절 기간은 공식적으로는 고난주간 목요일 저녁에 끝난다. 목요일 저녁부터는 3일간의 일정이 시작된다. 목요일 밤에 예수님은 성만찬을 제정하셨으며 제자들의 발을 씻겨주고 사랑의 새 계명을 말씀하시고 체포되셨다. 교회 전통에서는 예수님이 목요일에 행하신 일들을 기념하고 그 정신과 가르침을 삶에 적용하기 위해 세족 목요일 예배를 드렸다. 금요일은 예수님이 십자가에서 죽으신 날이다. 교회 전통에서는 금요일에는 예수님의 가상칠언(the seven last words)과 십자가의 죽으심을 생각하며 예배를 드렸다. 토요일에는 주님이 무덤에 머무르셨다. 목요일 저녁부터 토요일 저녁까지를 성삼일이라고 부르는데, 이 성삼일은 대 파스카 전야 예배 혹은 부활절 전야 예배에서 성경 낭독과 세례, 그리고 부활의 성찬식으로 끝나게 된다.

사순절 이후 예수님이 부활하기 전 성삼일은 그리스도인들이 파스카의 신비 속으로 들어가기 위하여 특별히 구별되어야 하는 기간이며, 그리스도인들에게 주어진 모든 시간의 의미를 규정하는 시간일 뿐만 아니라 주어진 모든 시간들을 위한 영적인 본질과 그 삶이 집약된 시간이다.

부활절

사순절과 고난주간이 그리스도의 죽음을 바라보고 있는 반면에 부활절은 예수님의 부활을 경축한다. 사순절과 부활절은 그리스도의 죽음과 부활이 단지 과거 사건이 아니라 우리의 삶 속에서 경험되어야하므로 그리스도와 함께 죽고 다시 살아남을 경험하는데 목적이 있다. 우리는 이 사건의 방관자가 아니라 이 사건 속으로 들어가서 우리 자신이 죽고 다시 사는 경험을 해야 한다.

오늘날 부활절은 하루뿐이지만 고대교회는 성령강림의 날인 오순절 주일까지 7주 동안 계속 지켰다. 이 기간 동안 제자들은 그리스도의 임재를 경축하고 승천을 기억했다. 예수님은 부활하신 이후 40일 동안 제자들에게 나타나셔서 하나님 나라의 진리를 가르쳐주셨다(행 1:3). 40일째 되던 날에 하늘로 승천하셨다. 그로부터 10일이 지난 후에 성령께서 강림하였다(행 2:1-47). 부활절을 지키는 전통은 예수님의 부활 이후의 구원의 역사를 따라서 예수님의 승천에 대한 기념을 포함하는 7주간으로 확장되었다. 이 절기는 성령강림주일을 기점으로 끝나게 된다. 오늘날의 교회도 초대교회처럼 부활을 강조하고 오순절을 더 적극적으로 표현하는 부활절 절기를 보내야 할 필요가 있다.

부활절에 우리에게 부여되는 소명의 핵심은 예수님이 우리 안에서 사시며 믿음으로 그의 새로운 생명을 받고 그 새로운 생명으로 하여금 우리를 사로잡게 하고 온 세상의 생명을 위한 그의 죽음과 부활에 참여하는 것이다.

부활의 성경적인 은유는 세례이다. 세례받은 삶은 그리스도의 죽음과 부활의 패턴을 따라 사는 삶이다. 부활의 이러한 은유는 로마서 6장에서 찾아 볼 수 있다. "그러므로 우리가 그의 죽으심과 합하여 세례를 받음으로 그와 함께 장사되었나니 이는 아버지의 영광으로 말미암아 그리스도를 죽은 자 가운데서 살리심과 같이 우리로 또한 새 생명 가운데서 행하게 하려 함이라"(롬 6:4). 부활과 세례의 상관관계는 다음 구절에 나타난다. "만일 우리가 그의 죽으심과 같은 모양으로 연합한 자가 되었으면 또한 그의 부활과 같은 모양으로 연합한 자도 되리라"(롬 6:5). 예수님의 죽음과 연합함으로 우리도 죄에 대하여 죽고, 예수님의 부활과 연합함으로 우리는 새로운 생명으로 부활해야 한다. 우리의 새로운 생명이 세례의 은유 안에서 어떻게 예수님의 죽음과 부활과 관계가 있는가에 대해 레오 대제는 다음과 같이 진술하였다.

> 하나님의 아들이 세상의 화해를 위하여 행하고 가르쳤던 모든 것들은 단순히 과거의 역사적 사건에 대한 기록으로 우리에게

알려진 것이 아니다. 우리는 이 모든 것들을 그분의 현재 구원 사역의 권능을 통해서 직접 체험한다. 때문에 그리스도의 고난에 동참하는 자들은 용기있고 영광스러운 순교자들만이 아니라 중생한 모든 성도들 역시 각자의 중생의 삶 속에서 그 고난에 함께 참여한다. 사람들이 사탄과의 관계를 끊고 하나님을 믿을 때, 또 타락으로부터 벗어나서 새로운 생명으로 들어갈 때, 그리고 세상에 속한 형상을 벗어버리고 하늘에 속한 자의 형상을 입을 때 그들 역시 그리스도의 죽음과 부활을 통과하기 때문이다. 그리스도로부터 용납되고 그리스도를 영접한 자는 세례 이후에는 결코 그 이전과 같은 존재가 아니다. 중생한 그리스도인의 육신은 이제 십자가에 못 박힌 그리스도의 몸이 되었다.[6]

부활절은 가장 중요한 절기이지만 역사적 사실에 국한되지 않도록 주의해야 한다. 우리도 그리스도와 함께 부활하였다는 것을 알아야 한다. 부활은 또한 천지만물의 새로운 출발을 알리는 것이다.

교회력 도표

다음은 각 절기별로 사용하는 색깔의 의미, 절기 계산법 그리고 절기 중 고려할 점 등을 도표로 표현한 것이다.[7]

교회력 도표

교회력	색깔	절기계산법	절기 중 특별히 고려할 점
대강절	보라색	성 안드레 날인 11월 30일에서 가장 가까운 주일 대림절 첫째 주일로 시작하여 4주간 계속됨(12월 25일 전 4주간).	대림절 셋째 주일에는 핑크색(장미색)을 사용하여 기다림의 긴 기간 중 잠시 쉬어가는 기쁨을 표현하는 경우도 있음.
성탄절	흰색	12월 25일 성탄일로부터 주현일인 1월 6일 전날인 1월 5일까지가 성탄절기임.	성탄장식은 대림절에 시작하여 주현일인 1월 6일 이전까지 하는 것이 좋음.
주현절	녹색	주현일인 1월 6일부터 사순절의 시작인 재의 수요일 전날 화요일까지임.	1월 6일이 지난 후 첫 번째 주일은 주님의 수세주일로 예수님께서 세례받으신 것을 기념하는 날임. 주현절이 마지막 주일은 주님의 산상변모 기념주일로 주님께서 변화산에서 변모하신 것을 기념하는 주일임.
사순절	보라색	재의 수요일부터 시작하여 부활절 전날까지임(재의 수요일로부터 부활절 전까지는 46일이 되나 이를 사순절이라고 칭하는 것은 46일 중에 속한 주일 6번을 제외하기 때문임).	부활절 전 주를 보통은 종려주일이라 하여 주님께서 마지막 예루살렘 성에 입성하신 것을 기념하는 주일로 지킴. 사순절 기간 중 넷째 주일에는 핑크색(장미색)을 사용하여 긴 고난의 기간 중 잠시 쉬어 가는 기쁨을 표현하는 경우도 있음. 최근 세족목요일 행사가 교회마다 많이 시행되는데 이는 종려주일(고난주일)이 지난 목요일에 실시함(오순절교단에서는 세족례를 성례로 인정함).
부활절	흰색	매년 춘분 후 만월 후 첫째 주일을 부활절로 정함.	부활절로부터 40일째 되는 목요일은 주님의 승천기념일로 부활하신 주님께서 40일 만에 부활하신 것을 기념하는 날임.
성령강림절	적색·녹색	부활절로부터 50일째 되는 날이 성령강림일로 이날부터 또 다시 대림절이 시작되기 직전까지가 성령강림절임.	성령강림일 다음 주일은 삼위일체주일임. 일부교단에서는 8월 마지막 주일부터는 왕국절이라고 하여 긴 오순절에 활력을 넣으려 하는 교단도 있음.

〈미주〉

1 교회력은 시간의 연대기적 단위인 '크로노스'(chronos)를 사용해서 일(days), 주(weeks), 계절(seasons)을 표시하지만, 그 의미는 그것들이 나타내는 중대한 사건인 '카이로스'(kairos)에 있다. '카이로스'는 하나님의 관점에서 중요한 순간, 즉 하나님이 새로운 차원의 실재를 성취하실 알맞은 혹은 적절한 때를 가리키는 시간을 의미한다. 역사적 시간 안에서 중요한 사건인 예수님의 십자자의 죽으심과 부활하신 것과 같은 사건이 '카이로스'이다. '크로노스'는 달력의 시간을 의미한다. 이 단어에서 '연대기'(chronology)라는 말이 나왔다.

2 Robert E. Webber, 『교회력에 따른 예배와 설교』, 이승진 옮김 (서울: CLC, 2012), 37에서 인용.

3 Robert E. Webber, 『교회력에 따른 예배와 설교』, 86-90.

4 Robert E. Webber, 『교회력에 따른 예배와 설교』, 84-5.

5 Robert E. Webber, 『교회력에 따른 예배와 설교』, 89.

6 Adrian Nocent, *The Liturgical Year*: vol. 3: Paschal Triduum, *Easter Season, and Solemnities of the Lord*, vol. 3 (Collegeville, MN: Liturgical Press, 1977), 173-74에서 인용.

7 최범선, "예배와 교회력," 『복음주의 예배학』, 한국복음주의 실천신학회 편 (서울: 요단, 2001), 205.

16

예배와 성례로서의 세례

성례로서의 세례

성례(sacrament)란 단어는 라틴어 '사크라멘툼'(*sacramentum*)에서 유래한 것으로서 신약성경의 '미스테리온'(*mysterion*)의 번역어이다. 미스테리온은 문자적으로 '신비,' '비밀'의 의미를 가지고 있다. 특히 바울 서신에서는 계시를 통해 알려진 비밀인 하나님의 구원 계획(엡 6:19), 그리스도중심적 영적 실상(골 1:27) 등을 의미한다. 때문에 일반적으로 미스테리온은 그리스도를 통해서 행하시는 하나님의 측량할 수 없는 구원의 사건을 표현하는데 사용되었다. 성경시대 이후에는 세례나 성찬 등의 의식을 가리켜 '미스테리온'이라고 하였다. 이것을 라틴어 성경(Vulgate)에서 사크라멘툼으로 번역함으로써 사크라멘툼은 교회 의식들을 지칭하는 용어가 되었다.

기독교 역사에서 성례전에 대한 본격적인 논의는 어거스틴(Augustine)으로부터 시작되었다. 어거스틴은 성례를 '불가시적인 은총의 가시적 형태'로 정의하였다. 기독교 성례는 하나님의 불가시적인 은총의 가시적인 형태와 관계된 것이다. 때문에 성례는 보이는 가시적인 형태나 행위를 통해서 하나님의 은총을 경험하는 것과 관계된 것이다. 성례전에서 사용되는 가시적인 형태들과 어떤 행위들은 하나님의 불가시적인 은총을 드러내는 상징들을 지시하는 것이다. 어거스틴은 상징들이 신적인 것들에 적용이 되면 성례전이라고 하였다. 다시 서술하면, 이 상징들이 지시되고 있는(signified), 또는 상징되고 있는 실재와 어떤 관계를 가지면 성례전이지만 그것들이 지시하는 실재와 아무런 유사성이 없으면 성례전이라고 할 수 없다고 하였다.[1]

성례전은 하나님이 제정하신 은혜의 방편으로써 불가시적인 은혜를 경험하는 가시적인 수단이라고 할 수 있다. 성례전의 이러한 특성 때문에 교회 역사에서 중요하게 여겨왔다. 성례의 용어는 교회에서 실행된 각종 의식을 의미하는 명칭이 되었다. 교회 역사에서 성례라는 명칭의 적용 범위는 광범위하게 사용되었다. 초대교회는 성례라는 명칭을 교회의 가르침, 예배, 기도, 축복, 여러 예식들에까지 광범위하게 사용하였다.[2]

초대교회 이후 중세교회가 성례를 '주요 성례'(major sacraments)와 '소성례'(minor sacraments)를 구분하기 시작하였다. 주요 성례는 세례(baptism:

영혼이 중생하는 일, 요 3:5), 견진(confirmation: 중생한 영혼이 성령을 받는 것, 행 8:17; 14:22; 19:6; 히 6:2), 성찬(the eucharist: 성혈에 참여해 그리스도의 몸과 피를 받음, 요 6:53-56; 고전 11:23-26), 고해(penance: 영세 이후 지은 죄를 용서받음; 약 5:16), 종부(extreme unction: 죽음에 대비해 남은 모든 죄에서 정결하게 됨, 막 6:13' 약 5:14), 신품(ordination: 직분자에 대한 임명, 딤전 4:14; 딤후 1:6), 혼배(matrimony: 결혼의식, 엡 5:32)을 7개의 성례를 주요 성례(major sacraments)였다. 나머지는 소성례(minor sacraments)로 구분하였다. 소성례들은 불가시적인 은총에 대한 가시적인 형태로는 이해하였지만 은총의 보증을 지닌다고 보지는 않았다. 12세기부터 7성례를 인정하여 왔지만 공식적인 인정은 1546년부터 1563년에 열렸던 트렌트 공의회에서 재확인되어 현재에까지 이르고 있다.[3]

종교개혁자들 중에 루터는 7성례에 대해 의문을 제기하고 1529년에 그의 저서 『교회의 바빌론 포로』(*Babylonian Captivity*)에서 본격적으로 성례의 문제를 다루었다. 루터는 견진, 혼배, 신품, 종부 등을 성례전으로 받아들일 수 없다고 주장하였다. 고해는 개인적으로 선호하였지만 성례전에 포함시키지는 않았다. 루터의 성례의 판단 기준은 두 가지였다. 하나는 성경에서 명시하는 의식이어야 하고, 다른 하나는 성경에서 지시하는 표지이어야 한다. 루터는 성경에서 직접 명시하는 의식과 성경이 지시하는 표지가 있는 것만을 성례로 받아들였다. 루터는 성경에서 직접 명시하고 지시하는 세례와 성만찬만을 성례로 받아들였다. 칼빈도 루터와 같이 세례와 성만찬만을 성례로 받아들였다. 그는 안수 또는 신품을 성례로 보는 것을 반대하지만 않았지만 정규적인 성례전에 포함시키지는 않았다. 왜냐하면 안수는 모든 신자에게 해당되는 일상적이고 일반적인 것이 아니라 특별한 직무를 위한 의식이기 때문이다. 영국성공회도 세례와 성만찬만을 성례로 인정하였다. 다른 의식들은 주님으로부터 제정된 가시적인 표지와 의식이 없기 때문이다.

개혁자들에 의해 성례전으로 규정된 세례와 성찬은 하나님의 불가시적인 은혜를 가시적인 형태를 통해서 경험하는 상징적인 의식이다. 때문에 성례전이 상징을 통한 진리와 은혜의 효과적인 전달의 수단이요 방편이다. 하지만 은혜의 수단인 성례가 개인의 신앙적인 응답이 있을 때에 유효하다고 보았다. 종교개혁자들은 성례전이 유효하게 되기 위해서는 믿음이 결정적인 역할을 한다고 보았다.

성례로서의 세례의 역사적 배경

세례가 기독교의 성례 의식으로 자리 잡게 된 요인은 다음과 같은 역사적 배경이 있다고 할 수 있다.[4] 첫째, 율법에 규정된 의식적 정결(ritual purification)이다. 회막에서 의식을 집행하기 전에 제사장들은 물로 손을 씻는 관습이 있었다(출 40:12, 31-32). 속죄일에는 대제사장이 제사장복을 입고 희생 제사를 드리기 전에 그의 몸을 씻었다(레16장).

둘째, 유대인의 할례(circumcision) 의식도 어느 정도 기독교 세례에 간접적인 영향을 주었을 것으로 보인다. 유대인의 할례는 남성의 성기 끝에 있는 표피를 태어나서 8일 만에 제거하는 의식(창 17:12; 레 12:3) 이었다. 할례 의식은 언약 공동체에 포함된다는 외적 표시였다.

셋째, 이방인이 입교할 때 요구되는 침수식도 중요한 배경이 되었다고 할 수 있다. 이방인이 유대교에 입교하려면, 서기관에 의한 교훈, 할례, 침수식, 짐승 제사가 필요했다. 그 가운데 침수식은 입교자가 새로운 신분으로 거듭났음을 상징했다.

넷째, 초대교회 세례에 가장 많은 영향을 주었을 것으로 보이는 것은 세례 요한의 세례이다. 그 근거 중 하나는 유대인의 씻음 의식들이 대부분 자기 스스로 씻는 것이었지만, 요한의 세례는 다른 사람에 의해서 시행되었다는 점이다. 다른 하나는 유대인의 씻음 의식은 반복적이지만 요한의 세례는 단회적 사건이었다. 또한 요한의 세례는 회개를 통한 삶의 전환과 관계된 것이었다(마 3:2). 요한의 세례는 메시아가 오심을 준비한다는 의미에서 죄를 회개하고 사죄를 받도록 하기 위해 베풀어졌다(막 1:4).

유대인의 여러 정결 의식이 기독교 세례의 역사적 배경이 되었다고 할 수는 있지만 요한의 세례로부터 가장 많은 영향을 받았다고 할 수 있다. 그러나 기독교 세례와 요한의 세례와 구별되는 특징이 있다. 먼저, 요한의 세례는 삶의 전환을 강조하는 회개와 관련된 종말론적 차원을 강조하였다. 하지만 기독교 세례는 삶의 전환뿐만 아니라 성부와 성자와 성령의 이름으로 행해지고, 하나님과 그 백성들 사이의 새로운 언약에 들어감을 나타내는 의식이라는 점에서 요한의 세례와는 구별된다.[5]

성례로서의 세례의 의미

　세례는 초대교회 때부터 교회 공동체에 입교 과정의 중심적 사건이었다. 예수를 구세주로 영접하고, 신앙을 고백하고, 공동체의 일원이 되는 중요한 의식이었다. 성경과 교회 역사에서 세례는 죄의 용서, 하나님 나라의 표지, 그리스도의 죽으심과 부활에 참여, 그리스도의 몸과의 연합, 성령의 세례에 대한 확증 등을 의미하는 의식으로 이해되어 왔다.[6]

　첫째는 죄의 용서로서의 세례이다. 세례는 죄의 씻음과 용서를 의미하는 의식이다. 베드로는 "너희가 회개하여 각각 예수 그리스도의 이름으로 세례를 받고 죄 사함을 받으라 그리하면 성령의 선물을 받으리니"라고 선언한다(행 2:38). 성경은 세례를 좋은 양심의 외적인 씻음과 내적인 씻음에 비유한다(벧전 3:21; 히 10:22). 세례 의식을 죄의 용서에 강조점을 두는 교회는 미국연합교회, 루터교회, 미국성공회, 장로교회 등이다.

　둘째는 그리스도의 죽으심과 부활에 참여로서의 세례이다. 세례의 중요한 의미는 그리스도의 죽음과 부활 속에서 그 자신과 연합하는 것이다(롬 6:3; 골 2:12). 교회 역사에서 4세기까지만 해도 세례는 주로 부활절에 시행되었다. 부활절에 시행한 이유는 그리스도의 죽음과 부활의 이미지를 부활절이 가장 잘 담고 있기 때문이었다. 하지만 그 후 유아 사망률이 높아지면서 태어난 후 7일 이내에 유아세례를 신속하게 베푸는 것이 일반화되면서 세례를 부활절에 실행하는 것이 약화되기 시작하였다. 그리스도의 죽음과 부활에 참여로서의 세례를 중요하게 여기는 교회는 미국연합교회, 미국성공회, 루터교회, 장로교회이다.

셋째는 그리스도의 몸과의 연합으로서의 세례이다. 바울은 "한 성령으로 세례를 받아 한몸이 되었다"라고 말한다(고전 12:13). 세례를 통해서 그리스도와 연합하게 되고, 모든 시대와 장소에 처한 전체 교회와 연합하게 된다. 교회 역사에서 세례는 기독교 공동체의 일원이 되는 수단으로 실행되었다.

넷째는 성령의 세례의 확증으로서의 세례이다. 세례는 성령의 세례를 확증하는 의식이라고도 할 수 있다. 비록 누가가 "회개하고 성령을 선물로 받으라"라고 진술한 내용과 연관시켜 세례를 성령을 받는 것과 연관시키는 경우도 있지만, 성경의 전체적인 맥락에서 성령의 받음 또는 세례는 물세례보다 선행하기 때문에 세례는 성령세례에 대한 확증으로 이해하는 것이 더 타당하다고 할 수 있다. 때문에 세례를 성령을 받는 사건으로 보기보다는 성령을 받은 것에 대한 확증으로 이해하는 것이 더 타당하다고 할 수 있다.

다섯째는 하나님 나라의 표지로서의 세례이다. 하나님 나라의 표지로서의 세례는 새로운 세상을 향하여 나아감의 표시이다. 세례는 옛 질서에서 새 질서로 나아가는 과정을 의미한다. 세례는 세상에서 다가올 하나님 나라의 시민이 되도록 준비시키는 의미를 담고 있다. 세례를 하나님 나라와 다가올 세상에서의 삶의 표지로 이해한 교회는 재세례파였지만 미국연합감리회, 루터교회, 장로교회도 중요하게 여기고 있다.

성례로서의 세례의 역사적 이해

초대교회의 세례는 회심을 하면 바로 실행하다가 주일 성찬 예배 때 베풀어졌다. 초대교회 당시에는 신앙의 결단만 있으면 세례를 베풀었다. 신앙의 내용은 그리스도의 이름을 부르거나 그리스도가 하나님의 아들이라는 고백만으로도 충분했다. 신앙고백과 함께 즉시 세례를 받을 수 있었다. 하지만 초대교회 상황에서의 신앙고백은 생명을 건 행위였다. 때문에 오늘날 상황과는 다르다는 것도 이해해야 한다. 그리스도를 주로 고백하는 것은 삶과 신앙의 방향전환을 의미하는 것이었기 때문이다.

초대교회 이후, 세례에 큰 변화가 일어난다. 그 중 하나는 세례는 신앙고백과 함께 바로 베풀지 않고 교육을 거친 후에 베풀었다. 교육 기간은 길어져서 입교자는 이 기간 동안 복음을 듣고 성경에 대한 가르침을 받았다. 이 기간이 길어지면서 세례 의식은 더욱 성대하게 베풀어졌다. 세례일이 다가오면 마지막 준비일에 입교자는 축사 기도, 안수 기도를 받고, 금식, 철야 등을 준수해야 했다.

『디다케』에 따르면 세례는 주로 흐르는 물에서 베풀었는데, 성부, 성자, 성령의 이름으로 3회 침례를 시행했다. 세례를 받는 사람은 물론 베푸는 사람도 미리 하루나 이틀 동안 금식하면서 준비를 하도록 했다. 세례를 받은 후에야 성만찬에 참여할 수 있었다. 세례 의식이 발전하면서 일반성도들은 세례를 베풀 수 없게 되었고, 감독과 장로만이 세례 집례를 할 수 있는 성례가 되었다. 하지만 세례는 죄를 사한다는 믿음이 생겨나면서 세례수가 특별한 효력이 있다고 믿는 현상까지 발생하게 된다.

교회 초기에 3년까지 늘어났던 입교자교육이 기독교 공인 이후 개종자들이 많아지면서 40일로 짧아지기 시작하였다. 4세에서 5세기경의 세례 의식은 부활절에 세례를 받기 원하는 사람은 사순절이 시작될 때 입교자 등록을 했다. 예비자교육은 거의 매일 이루어졌는데 이 기간 동안 성경과 부활에 대해서 가르침을 받았고, 신조와 주기도문에 대해서도 배우고 암송했다. 또한 귀신 축사가 행해졌고, 예비자교육을 마치면 세례를 받기 전 성 토요일에 철야를 했다. 나중에 이 철야는 교회 전체 축제로까지 발전하였다. 세례는 부활절 새벽에 베풀어졌다. 하지만 세례자가 점점 많아지면서 세례는 부활절과 오순절에도 베풀어졌다. 4세기에서 5세기만 해도 세례 방식은 주로 침례였지만 점차 관례수 등도 병행하여 행해졌다. 성찬만은 세례를 받은 후에 참석할 수 있었다.

5세기 중반 이후부터는 유아세례가 점차 일반화되기 시작하면서 예비자 교육은 사라지고 세례문답도 부모가 대신하게 되었다. 유아세례를 베풀 때 아이들은 지각은 없었지만 아이가 배울 것이라고 여기고 신조나 주기도문을 외워 듣게 했다. 당시 높은 유아 사망률 때문에 유아세례를 수시로 시행하게 되면서 유아세례는 보편화되었다.[7] 나중에는 아이가 태어난 후 7일 이내에 세례를 받도록 규정되었고 점차 유아세례는 출생신고와 동일시되었다. 이렇게 유아세례가 일반화되면서 더 이상 불신자가 존재하지 않는 현상에 이르게 된다. 유아세례는 출생신고와 동일해지면서 교회와 함께 국가의 일원으로 등록되는 행정적인 의식이 되었다. 유아세례는 신앙고백과는 점차 괴리되는 현상을 낳았다. 중세 말기에는 부모들이 태어난 아이를 데리고 아무 때나 성당을 찾아가 유아세례를 받을 수 있었다. 성당으로 찾아온 아이에게 사제 혼자 유아세례를 베풀기까지 하였다.

　기독교 공인 이후 점차 세례와 신앙적 삶과의 관련성은 희박해지기 시작하였다. 세례와 신앙적 삶의 열매와의 연관성이 약화되어지게 된 결정적인 원인은 유아세례가 행정적인 의식으로 변화되면서였다. 교회의 상황이 이렇게 되자 교회의 신앙적 갱신의 필요성 차원에서 수도원 운동이 일어났다.[8]

　종교개혁자들은 중세 서방교회 세례 의식과 전통으로부터 개혁을 시도하였다. 첫째, 하나님의 이름으로 물세례를 주는 것 이외에 다른 모든 예전적 습관을 거부했다. 둘째, 많은 예전적 습관을 인간에 의해서 고안된 미신적 관행으로 여겼다. 셋째, 예배당 안에서 사제 혼자 형식으로 세례를 거행하는 관행을 개선하고자 하였다. 넷째, 유아들을 신앙으로 양육하지 못하는 대부제도를 개선하고자 하였다. 다섯째, 라틴어로 유아세례를 베푸는 것을 반대했다.[9]

　종교 개혁 이후에는 루터로 인해 독립된 세례 의식과 성만찬이 개혁교회에 등장하였다. 칼빈은 세례는 언약과 표지와 신적인 제정에 한정된 이해를 가지고 있었다. 세례는 과거의 죄에 대한 용서일 뿐 아니라 세례 후에 짓는 죄로 인하여 그 효력이 상실되는 것이 아니라는 것을 강조하였다. 칼빈은 "우리는 세례가 과거에 관련하여 주어진 것으로 생각해서는 안 된다. 우리가 세례 후에 죄로 넘어짐으로 다른 새로운 구원의 방법을 찾아야 하는 것이 아니라, 어떠한 시대에도 우리는 세례를 받은 자들이며, 단 한 번의 사건으로 우리의 삶이 씻어졌으며, 정결케 된 것이다. 설사 죄에 넘어졌다 할지라고, 세례를 다시 기억해서 피난처를 취해야 하며, 전적으로 우리가 항상 죄 용서에서 안전하고, 확실해지기를 원하도록 믿음 안에서 강한 자가 되도록 해야 한다"고 하였다.[10] 종교개혁자들은 세례는 중생과 구원의 표지임과 동시에 그리스도의 교회로 입교하는 것을 의미했다.

성례로서의 세례의 방식

신약성경에서 세례라는 용어는 '밥티조'(*baptizo*) 또는 그와 비슷한 단어로 사용되었다. 신약에서 '밥티조'란 용어는 포괄적인 언어이기 때문에 반드시 온몸을 물에 잠그는 것만을 의미하지 않는다.[11] 세례의 방식에 대한 최초의 언급은 기원 후 100년경에 기록된 열두 사도들의 교훈집인 『디다케』에는 입교문답 교육과 금식 기간을 가지면서 세례를 준비하는 것에 대해 언급하고 있다. "세례를 베풀기 전에 세례 베풀자와 세례 받을 자, 그리고 할 수 있는 다른 이들도 금식을 해야 합니다. 그리고 당신은 세례 받을 자를 미리 하루 혹은 이틀 금식하도록 말해야 합니다."[12] 교회 역사에서 세례는 금식과 기도와 함께 행해졌다는 것을 알 수 있다. 『디다케』에는 세례 방식에 대해서도 설명하고 있다.

> 세례에 관해서 여러분은 이렇게 세례를 주시오…아버지와 아들과 성령의 이름으로 세례를 주시오. 만일 살아있는 물이 없으면 다른 물로 세례를 주시오. 찬물로 할 수 없으면 더운물로 하시오. 둘 다 없으면 아버지와 아들과 성령의 이름으로 머리에 세 번 부으시오.[13]

『디다케』에서 말하는 '살아있는 물'은 웅덩이에 고여 있는 물이 아니라 강물이나 샘물처럼 움직이고 신선한 물을 의미한다.[14] 초대교회의 대부분의 세례 의식은 강이나 냇가에 가서 흐르는 찬물에 온몸이 잠기도록 하는 방식으로 실행하였다.[15] 215년경에 기록된 『사도전승』은 세례를 다음과 같이 베풀라고 기록하고 있다.

> 수탁이 울 시간에 먼저 물에 기도할 것이다. 샘에서 흘러나오는 물이나 위에서부터 흐르는 물이어야 한다. 불기피한 경우를 제외하고는 그렇게 할 것이다. 만일 불가피한 경우가 항존하고 절박하다면, 현지에 있는 물을 사용할 것이다...세례받을 사람이 물에 내려가면 세례를 베푸는 이는 그에게 안수하면서 '전능하신 하나님 아버지를 믿습니까?'하고 물어볼 것이다. 세례받을 사람은 '믿습니다'라고 대답할 것이다. 그러면 즉시 그의 머리에 안수하면서 한 번 침수시킬 것이다.[16]

여기서도 온몸을 물에 잠그는 세례 방식을 제안하고 있다. 초대교회에서는 예외적인 경우를 제외하고는 야외나 강가나 냇가에서 머리꼭대기까지 물에 잠기는 방식의 세례를 베풀었다. 교회 역사에서 교회 건물 안에 세례를 위한 욕조를 성인이 잠길 정도로 크게 만들어 세례 의식을 시행해 왔지만, 5세기경에 유아세례가 성행하면서 세례 욕조는 유아가 잠길 정도로 작아지기 시작했다.

초대교회에서는 세례가 경건하게 금식과 함께 행해졌다는 것을 알 수 있다. 현대교회도 초대교회의 이런 전통을 계승하여 실행하면 매우 의미 있는 세례 의식이 될 수 있다. 특별히 세례받는 자가 어느 정도 성숙한 믿음을 가지고 있다면 하루 정도 금식을 하고 세례를 받게 하고, 세례를 베푸는 자도 함께 하루 정도 금식하며 기도하는 것이 좋다. 또한 이미 세례를 받은 성도들도 세례받는 사람의 영적인 순례를 각자의 영적 수련의 일환으로 받아들이며 하루 정도 금식에 동참하는 것이 좋다.

세례받는 사람들은 오랜기간 영성 훈련과 신앙 수련의 시간을 가져야 했다. 특별이 세례받는 사람에게 멘토가 있었다. 세례받는 사람은 멘토에게 기도하는 방법과 성경을 읽고 영적 전투를 분간하며 가난한 사람들이나 병자들, 그리고 집 없는 사람들을 돕는 것 등에 대해 배웠다. 세례받을 때는 세례받는 사람의 이름이 불리면 자신의 멘토와 함께 앞으로 나갔다. 세례받는 사람에게 '당신은 사탄과 죄와 죽음에 속한 모든 것을 배격합니까?'와 '예수 그리스도를 당신의 구주와 하나님으로 영접합니까?'라는 질문을 하였다. 질문에 확신있게 대답을 하면, 무릎을 꿇고 사도신경을 고백하면서 하나님에 대한 자신의 신앙을 표현하게 하고 나서 성부와 성자와 성령의 이름으로 세례를 받았다.

유아세례의 이해와 실천적 의미

신약성경의 공동체가 유아세례를 시행했는지 아닌지에 관해서는 판단할 수 없다. 신약성경에는 유아세례에 관한 찬성 혹은 금지를 나타내는 명시적인 사례나 가르침이 없기 때문이다. 초대교회 때는 거의 나타나지 않았던 유아세례가 2세기가 지나면서 시행되기 시작했다고 추정되지만 교회가 유아세례를 시행했다는 문헌적 증거는 3세기에 나타난다. 즉 유아세례에 대한 구체적인 자료는 기원후 215년경의 문서인 『사도전승』에서 찾아볼 수 있다.[17]

기원 후 4세기 말에서 5세기 초에 이르러서는 유아세례가 보편화되기 시작했다. 5세기 중반 이후부터는 유아세례가 점차 일반화되었고, 이후에는 장년세례보다 유아세례가 더 활발하게 시행되었다. 8세기 말에는 신성로마제국을 위한 표준 의식상 세례의 대상은 곧 유아를 의미하게 되었다. 모든 어린이는 태어난 지 7일 이내에 서례를 받아야한다는 표준화가 이루어졌기 때문에 성인세례에 대한 흔적들이 남아있기는 하였지만 유아세례가 대부분이었다. 종교개혁 때까지 약 1,000년 동안 유럽 사회에서는 태어난 아기에게 유아세례를 주는 것이 아주 자연스러운 일이었다.

교회 역사에서 16세기 종교개혁자들 중 유아세례를 반대한 사람들이 생겼다. 바로 '재세례파'(Ana-baptist)이다. 재세례파는 지각 능력이 부족한 아이가 순전히 부모의 의지에 의해 세례를 받은 것은 아무 의미가 없으므로 주체적으로 신앙을 고백할 수 있는 시기에 다시 세례를 받아야 한다고 주장했다. 이들이 '재세례파'라고 이름 붙여진 이유는 바로 이 때문이다. 재세례파는 신앙은 개인적이고, 인격적이고, 경험적인 것이기 때문에 반드시 중생의 경험을 한 사람에게만 물세례가 베풀어져야 한다고 주장하였다.[18]

유아세례는 동방교회를 비롯하여 로마가톨릭, 성공회, 루터교, 장로교, 감리교 등에서 유아세례를 시행하고 있지만 침례교는 시행하지 않고 있다. 재세례파는 유아세례를 성례로 인정하지 않고 대신 '헌아식'이라는 제도를 만들어냈다. 헌아식이란 부모가 교회 공동체 앞에서 자신의 아이를 신앙 안에서 양육하겠다는 것을 하나님께 서약하는 의식을 말한다.

기원후 215년경의 문서인 『사도전승』에는 유아세례에 대한 구체적인 진술을 담고 있다. 이 문서에는 당시의 세례 후보자들은 일정 기간의 교육을 받아야만 했다. 그 과정에 들어가기 전에 먼저 개종하려는 이유에 대해 심사를 받았다. 그 다음에 입교자 준비교육 과정은 3년이었다. 이 과정을 마친 후에 그들은 세례를 받았다. 하지만 모든 준비 과정이 끝나고 세례를 줄 때에는 "어린이들에게 먼저 세례를 주십시오. 그리고 그들이 스스로 대답할 수 있으면 그렇게 하게하고, 그렇지 못하면 부모나 가족 중에서 다른 사람이 대신 대답하게 하십시오"라고 권고함으로써 스스로 대답할 수 없는 어린이에게도 세례를 베풀었음을 알 수 있다.[19]

칼빈은 아이들에게 유아세례의 베푸는 것은 그들의 미래적인 믿음과 회개에 근거하여 베푸는 것으로 이해했다. 그는 유아세례를 통한 아이들의 미래적인 믿음과 회개에 대해 우리는 어떤 근거도 인식할 수 없지만, 이에 대한 씨앗은 성령의 비밀한 작용을 통하여 아이들에게 심겨진다고 보았다.[20] 그는 유아세례는 하나님의 언약에 근거하여 구약시대에 하나님의 백성들에 대한 택함의 표가 할례를 받는 것에 있었던 것처럼, 유비적 관계로 이해하여 그리스도를 통한 새 언약관계에서 세례는 그 아이들에게도 적용되도록 한 것이다. 칼빈은 유아세례는 세례를 받은 아이와 관련된 것이 아니라 아이의 세례를 뒷받침하는 부모의 신앙과 세례에 동행하는 '대부'(paten)에 대한 책임이 강조되기도 한다. 이러한 차원에서 개혁교회의 유아세례도 단지 성례적인 차원뿐만이 아니라 아이에 대한 부모의 신앙적 교육도 포함하고 있다고 할 수 있다. 종교개혁자들도 유아세례를 부모나 대부가 아이 대신 교리문답을 하고 아이를 신앙으로 양육하겠다는 다짐을 하게 했다.[21] 칼빈은 유아세례에 대한 성경적 근거로 마태복음 28장 19절과 19장 14절과 마가복음 10장 14절을 근거로 하여 유아세례의 정당성을 주장하였다.

대부분의 개신교회에서 유아세례를 성례로 받아들이고 아이들에게 세례를 베푼 후에는 전혀 관심을 갖지 않는다. 하지만 유아세례는 성례전적 의미도 있지만 교육적 책임도 있다고 할 수 있다. 교회는 유아세례를 받은 아이들의 신앙의 특성과 정서와 같은 문제를 잘 이해하고 신앙적으로 잘 지도할 수 있는 부모 세미나와 같은 교육을 제공할 필요가 있다.

〈미주〉

1 Alister E. McGrath, 『역사속의 신학』, 김홍기 외 옮김 (서울: 대한기독교서회, 1998), 647-48.

2 Adolf Adam, *Foundations of Liturgy: An Introduction to Its History and Practice* (Minnesota: The Liturgical Press, 1985), 103.

3 로마가톨릭에서 칠성사라고 부르는 개념이 발전된 것은 13세기가 되어 스콜라 학자들의 노력에 의해서 구체화되었다. 특히 파리의 감독이었던 롬바르트 (1095-1169)에 의해 성례전의 수가 7개로 확고해졌다. 7성례는 1274년 제2차 리옹 공의회에서 공표되고, 그 후 플로렌스 공의회에서도 공표된 후에 트렌트 회의에서 재확인됨으로써 오늘까지 내려오고 있다(Alister E. McGrath, *Reformation Thought: An Introduction* [New Jersey: Wiley-Blackwell, 2012], 159).

4 Margaret Mary Kelleher, "Baptism in Scripture," in Peter E. Fink, ed., *The*

Dictionary of Sacramental Worship (Minnesota: The Liturgical Press, 1990), 83–4.
5   Margaret Mary Kelleher, "Baptism in Scripture," 84.
6   James F. White, *The Sacraments in Protestant Practice and Faith* (Nashville: Abingdon Press, 1999), 52–72.
7   E. J. Yamold, "Initiation: The Fourth and Fifth Centuries," in Cheslyn Jones, ed., *The Study of Liturgy* (New York: Oxford University Press, 1992), 130–44.
8   Phillip Schaff, 『교회사 선집 2: 니케아 이전의 기독교』, 이길상 역 (서울: 크리스찬다이제스트, 2004), 147–48.
9   J. D. C. Fisher, "Initiation: Lutheran, Anglican, and Reformed Rites," in Cheslyn Jones, ed., *The Study of Liturgy* (New York: Oxford University Press, 1992), 154–60.
10 John Calvin, *Institutes of the Christian Religion*, trans. Ford Lewis Battles (Grand Rapids: Eerdmans, 1995), IV. 15,3.
11 John Murray, 『기독교 세례론』, 김소영 역 (서울: 대한기독교서회, 1980), 17ff.
12 Didache, 7. Cyril Richardson, *Early Christian Fathers* (New York: Touchstone Books, 1995), 174.
13 정양모, 『열두 사도 교훈집: 디다케』(왜관, 경북: 분도출판사, 1993), 55–7.
14 정양모, 『열두 사도 교훈집: 디다케』, 55.
15 Andre Hamman, *Baptism: Ancient Liturgies and Patristic Texts* (New York: Alba House, 1967), 10.
16 이형우 역주, 『사도전승: 히뽈리뚜스』(왜관, 경북: 분도출판사, 1992), 127–31.
17 『사도전승』은 기원 후 215년 경 로마에서 기록된 것으로 여겨진다. 이 문헌은 세례에 어떤 자료보다도 상세하게 기록하고 있다. 이 문서는 3세기 당시에 교회의 생활과 질서에 관해 유용한 기록을 포함하고 있다. 이 문서는 크게 세 부분으로 구성되어 있다. 첫째 부분은 성만찬이 포함된 감독과 사제와 부제의 안수 의식 등에 한한 것이다. 둘째 부분은 평신도에 관한 것으로서 훈련과 양육과 처음 교회에 들어와서부터 세례받을 때까지의 과정에 관한 내용이다. 셋째 부분은 금식, 병자 방문, 성지가의 매일 모임, 장례 등에 관한 교회 규정에 대한 내용이다.
18 Timothy George, *Theology of the Reformers* (Nashville: Broadman Press, 1988), 265.

19　Geoffrey J. Cuming, *Hippolytus: A Text for Students* (New Jersey: Gorgias Press, 2010), 18.
20　John Calvin, *Institutes of the Christian Religion*, IV.16,20.
21　이명희, 『현대예배론』(대전: 침례신학대학출판부, 2011), 412.

예배와 영성
Worship and Spirituality

2017년 3월 20일 초판 발행

지 은 이 | 최창국

편   집 | 변길용
디 자 인 | 김종수, 서민정
펴 낸 곳 | 사)기독교문서선교회
등   록 | 제16-25호(1980. 1. 18)
주   소 | 서울시 서초구 방배로 68
전   화 | 02) 586-8761~3(본사) 031) 942-8761(영업부)
팩   스 | 02) 523-0131(본사) 031) 942-8763(영업부)
홈페이지 | www.clcbook.com
이 메 일 | clckor@gmail.com
온 라 인 | 기업은행 073-000308-04-020, 국민은행 043-01-0379-646
          예금주: 사)기독교문서선교회

ISBN 978-89-341-1637-0 (93230)

* 낙장·파본은 교환해 드립니다.

이 도서의 국립중앙도서관 출판시 도서목록(CIP)은 서지정보유통지원시스템 홈페이지(http://seoji.nl.go.kr)와 국가자료공동목록시스템(http://www.nl.go.kr/kolisnet)에서 이용하실 수 있습니다.
(CIP제어번호: CIP2017004550)